大 学 问

始 于 问 而 终 于 明

中国现代
思想史十讲

王锐 著

GUANGXI NORMAL UNIVERSITY PRESS

广西师范大学出版社

·桂林·

中国现代思想史十讲
ZHONGGUO XIANDAI SIXIANGSHI SHIJIANG

图书在版编目（CIP）数据

中国现代思想史十讲 /王锐著. --桂林 ：广西师范
大学出版社，2021.8
ISBN 978-7-5598-3707-3

Ⅰ．①中… Ⅱ．①王… Ⅲ．①思想史－中国－现代
Ⅳ．①B26

中国版本图书馆 CIP 数据核字（2021）第 063652 号

广西师范大学出版社出版发行

（广西桂林市五里店路 9 号　邮政编码：541004）
网址：http://www.bbtpress.com

出版人：黄轩庄

全国新华书店经销

广西广大印务有限责任公司印刷

（桂林市临桂区秧塘工业园西城大道北侧广西师范大学出版社
集团有限公司创意产业园内　邮政编码：541199）

开本：880 mm ×1 240 mm　1/32

印张：12.125　　字数：250 千

2021 年 8 月第 1 版　　2021 年 8 月第 1 次印刷

定价：68.00 元

如发现印装质量问题，影响阅读，请与出版社发行部门联系调换。

目　录

第一讲 为什么要了解中国现代思想史

一 历史的重要性

中国是一个历史悠久的政治与文化共同体。这里的"政治",主要指在历史进程中形成幅员辽阔、广土众民的大一统国家的政治制度、政治实践与政治学说。而"文化",则是在此基础上形成的一套伦理规范、价值准则、学术思想。在中国的历史变迁中,"政治"与"文化"密不可分、相互影响,使得"文化"具有极强的政治属性,"政治"显现出深厚的文化内涵。这是我们理解中国历史与现实的重要认知基础。

因此,史学在中国具有十分重要的地位,历代史籍十分丰富。孔子曰:"我欲载之空言,不如见之于行事之深切著明也。"历代史籍不但记载并总结了历代中国人的政治、经济与社会实践中的经验教训,为后人提供了丰富的政治与生活智慧,而且它彰显出特定的文化价值观,使人们在历史长河中确立自己的人生价值,让历代政权在以史为鉴的古训之下建立自己的政治合法性根基。因此，要想辨明中国人之所以为中国人的最基本特征，很大程度上要看其是否具有与大多数中国人相似的历史与文化记忆，是否分享着在历史变迁中形成的价值与伦理内涵。"孔曰成仁，孟曰取义"，古圣先贤的事迹与理想是历代大多数中国人的人生榜样，塑造着人们对家庭、社会、国家、天下的基本认识与责任。"惜秦皇汉武，略输文采；唐宗宋祖，稍逊风骚。一代天骄，成吉思汗，只识弯弓射大雕"，历代成败兴亡事，通过各种渠道与方式流传着，让人们认识到何谓良政、何谓衰世，让"得民心者得天下""水能载舟，亦能覆舟"这样的政治古训通过历代史事而被人们所熟悉。也提醒着人们"富者连阡陌，贫者无立锥""汉儿尽作胡儿语，却向城头骂汉人"是十分恶劣，必须予以批判的现象。同时使"数点梅花亡国泪，二分明月故臣心""安得广厦千万间，大庇天下寒士俱欢颜"这样的政治理想成为许多中国人奋斗、付出、奉献的最根本动力。

在现代中国，历史知识在大众文化中更是具有举足轻重的地位。20世纪初期梁启超等人所宣扬的"新史学"，其最直接的目的就是通过重新叙述中国历史，激发人们的爱国热情，让国人能够努力奋斗，使我们的国家摆脱积贫积弱的境地，使现代中国人具有爱国家、爱民族、爱人民的良好情操，同时形成独立、自强、自尊的人格。毛泽东在1938年指出："我们这个民族有数千年的历史，有它的特点，有它的许多珍贵品。对于这些，我们还是小学生。今天的中国是历史的中国的一个发展；我们是马克思主义的历史主义者，我们不应当割断历史。从孔夫子到孙中山，我们应当给以总结，承继这一份珍贵的遗产。"①新中国成立之后,关于如何弘扬爱国主义,史家嵇文甫就认为:"我们成天说'爱祖国',但'祖国'并不是一个空洞的概念,那里面包含着丰富的历史内容,如果对祖国了解得愈多,便愈是觉得情意深长,所以历史是很容易和爱国主义结合,而且是最自然不过的事。"②

按照梁启超的理想,现代历史学很大程度上是要为大多数民众提供一个良好的历史读本。他指出:

> 今日所需之史,则"国民资治通鉴"或"人类资治通鉴"而已。史家目的,在使国民察知现代之生活与过去未来之生活息息相关,而因以增加生活之兴味,睹遗产之丰厚,则欢喜而自壮;念先民辛勤未竟之业,则矍然思所以继志述事而不敢自暇逸;观其失败之迹与夫恶因恶果之递嬗,则知耻知惧,察吾遗传性之缺憾而思所以匡矫之也。③

1930 年代,章太炎目睹"九一八"事变之后民族危机愈发加剧,于是在苏州设坛讲学,希望以此激励人们的爱国之志。他尤其强调必须熟悉中国历史,这样有助于立身处事本末兼具、学以致用:

---

① 毛泽东:《中国共产党在民族战争中的地位》,载《毛泽东选集》第 2 卷,北京:人民出版社,1991 年,第 533—534 页。
② 嵇文甫:《历史教育与爱国思想》,载《嵇文甫文集》中册,郑州:河南人民出版社,1990 年,第 568 页。
③ 梁启超:《中国历史研究法(正补编·新史学合刊)》,台北:里仁书局,1984 年,第 47 页。

盖历史譬一国之账籍，彼夫略有恒产者，孰不家置一簿，按其簿籍而即了然其产业多寡之数。为国民者，岂可不一披自国之账籍乎？以中国幅员之大，历年之久，不读史书及诸地志，何能知其梗概！且历史非第账籍比也，鉴往以知来，援古以证今，此如奕者观谱，旧谱既熟，新局自创。天下事变虽繁，而吾人处之裕如，盖应付之法，昔人言行往往有成例可资参证，史之有益于吾人如此……从古讫今，事变至赜，处之者有经有权，观其得失而悟其会通，此读史之益也。盖人之阅历广则智识高，智识高则横逆之来无所恧缩。故读史须贯穿一事之本末，细审其症结所在。前因后果，了然胸中。①

新中国成立后，史家范文澜也强调：

中国人民需要好的中国通史，这是因为中国各民族人民千辛万苦，流血流汗，一直在创造着自己的祖国，创造着自己的历史。既然是自己创造的，产生热爱祖国，热爱历史的心情，也是很自然的。今天人民革命胜利了，劳动人民真正当了自己国家的家，对自己祖先创造历史的劳动和伟大，特别感到亲切与尊敬，要求知道创造的全部过程，为的继承历史遗产，从那里吸收珍贵的经验，做更伟大更美好的新创造。几千年来，中国劳动人民对自然界作斗争的生产斗争史，对统治阶级及侵略民族作斗争的阶级的民族的斗争史，都有非常光辉的

---

① 章太炎：《读史与文化复兴之关系》，载章念驰编订《章太炎演讲集》，上海：上海人民出版社，2011年，第384、386页。

成就。统治阶级中的一部分人，以各个不同的程度，参加这种斗争，全部或部分的符合人民的意志和利益。在政治经济上，在武力卫国上，在文化思想上也作出了许多大小事业，给历史以大大小小的贡献，这与劳动人民的成就，同样值得人民的纪念与学习。①

今天，随着中国与世界形势发生极为深刻的变化，许多行之已久的旧的历史叙事已经很难准确、全面地论述中国历史与现实的基本面貌。与此同时，对于中国而言，要想正确地认识过去、展望未来，就不能缺少合理的、自洽的长时段历史叙事，借此揭示中国社会文化的基本特征，分疏中国历史演进过程中的主流与枝干，总结中国当代历史实践的得与失，并在此基础上形成审视中国问题的恰当切入点，培育广大人民群众正确的政治认同与文化认同。而另一方面，倘若一旦在学术文化领域丧失产生这种历史叙事的能力或机制，则很有可能会让一些历史叙事以学术之名行政治企图之实，混淆视听，使人们在不知不觉间认为只有那样的角度才是认识中国的正途或捷径，甚至使之变成各行各业的从业者分析中国问题的知识基础。

二　思想史的意义

在现代史学门类中，以研究某一时期的学说、思潮、意识形态、

---

① 范文澜：《关于中国历史上的一些问题》，载《范文澜史学论文选集》，北京：中国社会科学出版社，1979年，第77—78页。

政治经济话语等内容为职志的思想史有着极为特殊的作用。不少论者已经观察到,在当今中国,思想史于大众层面颇为流行。这里面的根本原因在于,中国思想史的内容大多为对安邦济世之道的探讨,所讨论的问题与对象,往往关系到大多数人的生活,因此现实感非常强。很大程度上,谈论这些思想史的内容,就是在谈论中国的政治、经济与社会问题。加之在现代中国,不少知识分子对于中国未来发展道路的辨析,很多时候是由认识与评判各种古今中西之学说为起点,这就使得有关此认识与评判的各种言说,成为后来者进一步思考相关问题的重要参考。更为关键的是,现代世界可以说是一个意识形态盛行的世界,不同的意识形态影响着不同的道路选择,因此不同的意识形态之间的激烈论争是现代政治活动的重要组成部分。冷战时期被西方阵营奉为理论界翘楚的哈耶克就宣称:

> 在争取世界各民族的道德支持的竞争中,谁缺少一个强有力的信念,谁就会处于劣势。怀疑自己的理想和所获成就的价值,只考虑如何创造一个"更美好的世界",这长期以来就是西方知识分子的态度。然而,这种情绪无助于赢得追随者。我们若想在这场大竞争中获胜,就必须首先自己搞清楚,我们的信仰是什么。我们还必须清楚我们想维护什么,如果我们不想让自己误入歧途的话。我们同其他民族的交往同样要求我们必须阐明我们的理想。今天,对外政策的问题在很大程度上是哪种政治哲学将取得胜利的问题。我们的文化能否存在下去可能取决于我们能否在世界上将一股足够强大的力量

团结在一个共同的理想之下。①

必须声明,笔者并不认同以哈耶克为代表人物的新自由主义思潮。但他在这里指出的具有强烈意识形态特征的所谓"信念""价值""理想"对于现实政治的巨大作用确实是存在着的。而如何树立、辨析、论证这些"信念""价值""理想",则离不开思想史的分析与历史叙事的建立。

对于这一点,毛泽东其实也有十分清醒的认识,他指出:

> 任何国家的共产党,任何国家的思想界,都要创造新的理论,写出新的著作,产生自己的理论家,来为当前的政治服务,单靠老祖宗是不行的……无产阶级哲学的发展是这样,资产阶级哲学的发展也是这样。资产阶级哲学家都是为他们当前的政治服务的,而且每个国家,每个时期,都有新的理论家,写出新的理论。英国曾经出现了培根和霍布斯这样的资产阶级唯物论者;法国曾经出现了"百科全书派"这样的唯物论者;德国和俄国的资产阶级也有他们的唯物论者。他们都是资产阶级唯物论者,各有特点,但都是为当时的资产阶级政治服务的。所以,有了英国的,还要有法国的;有了法国的,还要有德国和俄国的。②

① [英]哈耶克:《自由宪章》,杨玉生等译,北京:中国社会科学出版社,1999年,第15页。
② 《毛泽东读社会主义政治经济学批注和谈话(简本)》,北京:中华人民共和国国史学会,1998年,第48—49页。

这里所谈到的各国学者的学说"是为当时的资产阶级政治服务的",早已被各种西方政治思想史或政治哲学史研究论著所证明,在此无须多言。然而,如何通过认识不同意识形态所显现的现实意图,并在此基础上"创造新的理论,写出新的著作,产生自己的理论家",这同样离不开思想史的分析。就此而言,思想史在当今中国十分流行是一件很正常的事。甚至随着中国与世界局势发生深刻变化,更需要从新的实践出发,重新认识、辨析各种曾经流行于世的思想学说,区分哪些内容能够成为今天鲜活的思想资源,哪些内容只是历史进程中的过眼云烟。了解中国现代思想史,就是为了更好地认识现代中国走过的历史道路,提高认识历史与现实的理论水平,摒除各种当代大众意识形态所营造的历史幻象,以至于把一些失败的政治实践与本无多少见地的思想言说视为某种美好的东西。

关于何谓"思想史",如何研究"思想史",晚近以来,争论颇多,[1]甚至往往主张只要分析某种思想文本是如何形成,通过何种渠道来传播,在何处刊刻发行,类似出版史或文献掌故式的"史",而摒去探讨其内涵,分析其观点,勾勒其影响的"思想"性因素。[2]当然,前者在研究思想史时也十分重要,有助于丰富历史场景的内容,但关键不能流于买椟还珠。关于思想史研究,笔者比较认同日本学者丸山真男的论述。丸山指出:

---

[1] 关于思想史研究当中对方法、范畴等问题的讨论,参见张汝伦《现代中国思想研究》,上海:上海人民出版社,2014年,增订版序言,第1—12页。
[2] 当然,这种"史"在多大程度上与确实发生过的历史相吻合,其实依然可以再做探讨。

与音乐演奏一样,思想史家的工作不是思想的单纯创造,而是双重创造。就是说,假借东西古今的思想家来展开自己的思想的做法不能算思想史,但仅仅把思想排列在历史的顺序中的做法也不能算思想史。与一般的历史学或政治史、经济史的研究一样,确定某事实或命题的操作也是思想史学家的必须作业。不用说,即使在一般历史学中,完全排除历史叙述者来自主体的构成的因素的"实证"主义,实际上是不存在的。由人来叙述的历史与由事件构成的客观历史本来不可能相同,它多多少少包含有撰写人主体的结构。在思想史中,这种主体的结构具有决定性的重大意义。比如不可能有康德思想的单纯的忠实再现,其结果必然只能是叙述者自己思想支配下的对康德的解释。反过来说,即在对康德的解释过程中,必然渗入自己的思想创造。因此,正如牡蛎附在船肚上一样,只对纠缠史实关心的人……往往不会对思想史感兴趣。然而与之完全相反、不能忍受史料的客观制约,不能忍受历史对象本身的结构严格制约的"浪漫主义者"或"独创"思想家,也不会对思想史感兴趣。思想史家的思想毕竟是过去思想的再创作的产物。换言之,思想史家的特征是:埋没于历史中时表现得傲慢,从历史中脱出时表现得谦逊。一方面是严守历史的拘束性,另一方面是自己对历史的能动工作(所谓"对历史",并不能误解为对现代,这是指自己对历史对象的能动工作)。在受历史制约的同时,积极对历史对象发挥能动作用,在这种辩证的紧张关系中再现过去的思想。这就是思想史本来的课题,也是思想史之妙趣的源泉。[①]

换言之,我们可以把思想史理解为研究者与研究对象之间就某一观念或议题展开的古今"对话",在尽量呈现历史本相的同时,挖掘历史流变中呈现出的思想问题与思想资源,于此基础之上思考如何形成新的思想之契机。"所谓注重观察思想创造过程中的多重价值,就是注目其思想在发端时,或还未充分发展的初期阶段所包含的各种要素,注目其要素中还未充分显示出的丰富的可能性。"[②]

三 近代中国的变局与危局

本书聚焦于中国现代思想史。着重分析 19 世纪末以降中国人在认识中国与世界各种面貌的基础上,如何思考改变近代以来积贫积弱的现状,探讨中国未来的发展道路问题。同时分析在这一过程当中,中国的历史与传统如何被人们用新的视角与理论重新诠释。毋庸多言,近代以降的历史内容庞杂、史料繁复,很难在一本著作里完全呈现所有的历史要素。声称无所不包,往往只是另一种言不及义。因此,本书的内容主要偏重政治思想,兼及学术思想,在具体的历史语境中呈现在笔者看来对于理解中国现代思想变迁与政治变迁过程中较为重要的问题。至于一些早已众所周

① [日]丸山真男:《关于思想史的思考方法——类型、范围、对象》,载《福泽谕吉与日本近代化》,区建英译,上海:学林出版社,1992 年,第 191—192 页。
② [日]丸山真男:《关于思想史的思考方法——类型、范围、对象》,载《福泽谕吉与日本近代化》,区建英译,第 195 页。

知的史事,则尽量一笔带过,不再展开详论。在叙述时尽可能地做到兼顾学术性与通俗性,让关心中国历史与现实的读者在回顾中国现代的思想脉络同时,能够形成一个分析中国问题的历史框架,不至于在谈及相关议题时漫无边际,缺少历史感与现实感。

认识中国现代思想史,首先要认识近代以来中国所遭遇的变局与危局。

在《共产党宣言中》,马克思与恩格斯写道,近代西方在强劲的资本主义浪潮之下,"由于一切生产工具的迅速改进,由于交通的极其便利,把一切民族甚至最野蛮的民族都卷到文明中来了。它的商品的低廉价格,是它用来摧毁一切万里长城、征服野蛮人最顽强的仇外心理的重炮。它迫使一切民族——如果它们不想灭亡的话——采用资产阶级的生产方式;它迫使它们在自己那里推行所谓文明制度,即变成资产者。一句话,它按照自己的面貌为自己创造出一个世界"。其结果,"使东方从属于西方"。[①] 这导致具有悠久历史且延续不断的中华文明,在近代西方列强的坚船利炮面前遇到了根本性的危机。1895 年,目睹前一年清廷在甲午之战中惨败于日本的康有为便痛陈:"中国大病,首在壅塞,气郁生疾,咽塞致死。欲进补剂,宜除噎疾,使血通脉畅,体气自强。今天下事皆文具而无实,吏皆奸诈而营私。上有德意而不宣,下有呼号而莫达。"[②]但这仅仅是一种身处历史现场的直观感受,从今天的后见之

[①] ［德］马克思、恩格斯:《共产党宣言》,载中共中央马克思恩格斯列宁斯大林著作编译局编译《马克思恩格斯选集》第 1 卷,北京:人民出版社,2012 年,第 404 页。

[②] 康有为:《上清帝第二书》,载姜义华、张荣华编校《康有为全集》第 2 集,北京:中国人民大学出版社,2008 年,第 44 页。

明来看,中华文明所遇到的困境与挑战主要表现在以下几个方面:

首先,具有悠久历史的中国小农经济受到列强资本主义的巨大冲击。自秦汉以来,中国形成了具有相对稳定性与广泛性的小农经济,一方面可以生产粮食,一方面进行家庭手工业与副业的活动。在长期的历史进程中,它是中华文明得以延续的最主要物质基础。并且随着大一统政权的建立,各地的交往日益频繁且便捷,形成了以地方市镇为代表的区域性市场,以及具有全国联系的更广泛的经济网络。这些促进了各地经济作物的流通,提升了整体的物质水平。关于这一点,一个很明显的体现就是明清之际西方传教士来到中国,不少人对中国城市之繁华、商品之丰富赞誉有加。

而随着晚清西方列强借坚船利炮来输入资本主义,中国广大农村遭受严重的经济危机。在资本主义大工业生产模式下,外国的纺织品大量流入中国,占据市场,严重打击了中国农村的手工业,许多以丝织为业的农民趋于破产,生计维艰。随着中国成为全球资本主义体系中的下游环节,中国的农业生产被卷入全球市场之中,农产品的价格渐渐被列强所操控,这对长期自给自足的小农经济造成极大的损害。同时,由于清政府与列强签订不平等条约,中国丧失关税自主权,列强获得内河航运权与在中国内地设立工厂的权利,大量洋货倾销到中国,中国的资金被进一步掠夺。此外,由于缺少国家的有力保护,导致民族资本主义的发展倍感艰难,难以与列强在华投资相抗衡。总之,中国经济状况愈发险峻,中国人民,特别是占人口绝大多数的农民,生活在水深火热之中。

其次,中华文明在长期的历史演进过程中形成一套十分成熟的制度体系。在社会层面,主要是以宗族、宗法为核心的乡里秩序。长幼有序、敬宗收族、老有所养、幼有所安、守望相助、劝耕兴学是这一制度的基本伦理准则。它维持着基本的社会秩序。在政治层面,自秦以降,郡县制维系着中央与地方的关系,保证中央政令能够直达地方,地方信息得以上达中央。全国范围内有一套颇为细致、完备的官制系统,虽然具有一些难以克服的弊病,但大体上能够制定出比较合理化、客观化的政策,并实施于四方。在官员选拔上,韩非所言的"宰相必起于州部,将帅必起于卒伍"成为历代铨选的基本前提。隋唐以后,科举制日益盛行,形成一套具有客观标准,体现一定社会流动的选拔机制,让地方上具备政治能力的人有机会进入官僚系统,保证执政集团能够周知民情、更新换代。

这套制度体系在近代西方列强的威胁之下越发显得千疮百孔、难以为继。伴随着农村经济的凋敝,乡里秩序面临解体的危机。在资本主义生产方式下,"一切封建的、宗法的和田园诗般的关系都破坏了"。[①] 长期师从章太炎,后来成为马克思主义者的吴承仕就指出:"五伦的相对性,亦可应用于劳动者与资本家之间么?在资本家御用的经济学者看来,劳资两方,当然是对等的契约关系——朋友关系;但是从另一方面看,资本家是支配者,劳动者是被支配者,资本家是剥削者,劳动者是被剥削者,当然是不平等的君臣关系,其君臣关系的强化程度——所谓生杀予夺之权,且非宗

---

① ［德］马克思、恩格斯:《共产党宣言》,载中共中央马克思恩格斯列宁斯大林著作编译局编译《马克思恩格斯选集》第 1 卷,第 403 页。

法封建时代所能及其万一。"①乡村解体的后果,便是出现大量巧取豪夺的劣绅,农村的剩余劳动力要么成为城市底层劳工,要么成为流民、会党,要么被迫加入地方武装,成为之后军阀混战中的炮灰。

在政治制度方面,近代西方资产阶级民主制使得国家的动员、汲取、宣传能力大为提高,能够迅速集结经济与军事力量进行海外扩张,资本家在政府中具有很大的发言权,国家全力支持殖民活动,掠夺世界各地的生产资料与劳动力,将殖民地作为原料获得地与商品倾销地。相较之下,中国传统政治制度讲求低成本、低赋税的稳定,强调"君民不相扰",在"皇权不下县"的政治传统下,组织与动员能力非常有限。加之清中叶以后,政治风气愈发败坏,出现大规模的官吏贪污、滥权,而官僚系统内部却缺乏根治的机制。一些有识之士,如洪亮吉、龚自珍、沈垚等人都十分深刻地揭示了这一点。这正如钱穆所论,即便没有西方势力入侵,按照中国古代的王朝兴衰率,清王朝也已渐渐步入末世。在此情形下,中国政治制度运作出现种种弊端,不能有效抵御外侮,必须进行改弦更张。

最后,中华文明的核心是产生了许多具有原创性与生命力的思想学说。在中国历史上,每逢社会转型与动荡之际,便会出现对整个时代诸问题进行反思与探讨的人物。晚周之际,诸子百家蜂起;汉魏之际,名法玄理之士各有擅场;明清之际,士人遗老著书反省世变,中国传统思想在这些时代里表现得尤为绚丽多姿。而在近代,面对西方资本主义的政治、经济与意识形态,中国传统思想

---

① 吴承仕:《五伦说之历史观》,载《吴承仕文录》,北京:北京师范大学出版社,1984年,第10页。

显得十分缺乏应对能力,既不能深刻解释、批判这些新事物,又不能从传统内部学理中提出一套摆脱危局之道。深受民族危机刺激的严复就在戊戌年间直言,传统诗赋与汉学考据,"非今日救弱救贫之切用";宋明理学与古代经世之学,"救死不赡,宏愿长赊。所托愈高,去实滋远"。① 基本上对中国传统思想尽皆否定。他的这种态度或许略带偏激,但体现出清末士人对传统学说的合法性深表质疑。

四 中国传统的"能动性"

总体地看,近代中国面临两大时代主题:一为中国出路何在,一为古今东西之争。随着晚清以来国势衰微,中国传统思想与学术受到极大冲击,许多人开始质疑禹域旧章能否在滔滔世变中为人们提供有效的因应之道,让中国得以振衰起微。而规模日渐宏大的西学东渐,更让中国士人认识到中国之外,犹有其他学问存焉,且后者看起来本末兼具,有体有用。加之这种了解与接触是建立在西方的坚船利炮对中国的威胁之上,学问的高低,往往被认为与国力的强弱息息相关,因此近代中国人对于西方与西学,很大程度上并非平心静气的扬榷得失,而是以被迫面对为开端,进而产生仰慕歆羡,视西学为近世世界文明的象征,是能使国家臻于富强的利器。在这一过程中,产生出许多带有强烈政治诉求的思想与文化流派,对如何继承、阐释、吸收中华文明丰富历史遗产展开各种

---

① 严复:《救亡决论》,载王栻主编《严复集》第 1 册,北京:中华书局,1986 年,第 43、44 页。

各样的思考、论辩,甚至颇为极端的情绪化表达。因此,现代中国整体思想状况,在思考、论证、论争"中国出路何在"之时,很大程度上是在"古今中西"交汇的历史语境中进行的,这一点几乎已成常识,毋庸多言。因此对这一历史演变展开论述,无论从哪个角度切入,也几乎必须要面对"传统"与"西方"两种因素。这也是本书在叙述历史变迁时尤为重视的分析视角。

王汎森认为在思想史研究中,"应当留意思想传统如何被以形形色色的方式在'使用',以及在不同的时代脉络之下,不同的'使用'所发生的历史作用"。① 诚然,认识到传统在近代思想流变中不容忽视的地位,有助于更为深入地分析近代思想的多重面向。但是在笔者看来,是否可以改变一下思考问题的视角,从传统自身出发,来分析其在近代所形成的各种样态? 特别是不把传统视为一种被动的、包袱式的因素,而通过挖掘其自身内在的思想逻辑与问题意识,使之成为一种具有主动形态的思想、文化、制度资源。由此为出发点,或许可以重新勾勒些许不同于以往的近代思想史图景,思考一些更为深层次的历史问题。正如姜义华老师所言:"传统文化作为历史的重要组成部分,它积极参与造就了我们所面对的现实环境、外部世界以及作为主体的我们自身。"②

在伽达默尔看来,一切认知都是受到"前见",即历史与传统的影响,人不能完全无视并摆脱传统。因此,近代启蒙运动主张用理

---

① 王汎森:《中国近代思想中的传统因素——兼论思想的本质与思想的功能》,载《中国近代思想与学术的系谱》,台北:联经出版事业公司,2003年,第159页。
② 姜义华:《中华传统文化:在批判中继承,在创新中发展》,《文汇报》,2017年8月13日,第7版。

性来排斥传统,实际上乃一种偏见。此外,在承认传统对后世具有影响力的基础上,必须认识到,长期以来形成的权威,并非自然而然的存在,而是依赖于承认,并且这种承认本身即为一种理性的活动。同时所谓传统,也需要不断的肯定、培养与掌握,在此基础上,传统并非一成不变,而是在不断的阐释过程中被赋予了新的内涵。①

　　就中国历史流变而言,战国时期,诸子蜂起,百家争鸣,各派学说,并行于世,墨子非儒,庄子嘲讽曾、孔,韩非将儒墨列入五蠹之中。儒家学说,在当时绝非一枝独秀,而是常受到其他学说的批评,并且诸子各派,像墨、道、法、阴阳等,也皆有一套系统的学说,彼此相互激荡、影响。这些思想,虽然汉代以降,多处于隐而不彰的地位,但其影响力却依然可见。每当政治动荡,社会混乱之时,许多被儒者视为异端的思想便又进入士人视野里,像汉晋之际,先是名法之学兴盛,继之以道家式的清谈,其间还有鲁胜注释《墨辩》,阐扬绝学。唐代虽有官方编订的《五经正义》,但杨倞注《荀子》,杜牧注《孙子》,这些文本对后世影响依然存在。唐末五代,藩镇混战,道家思想又被人们拾起,作为批判君主制度的利器。历代政治改革,如王安石变法与张居正新政,表面上遵循儒家之道,实际上从政策到政风,基本上属于法家思想体系。而墨学看似汉代以后趋于消亡,但其提倡的伦理准则在民间社会依然长存不衰。

---

① ［德］伽达默尔:《真理与方法——哲学诠释学的基本特征》,洪汉鼎译,北京:商务印书馆,2007 年,第 362—394 页。关于诠释学在中国思想史研究中的启示,参见陈荣华《高达美诠释学:〈真理与方法〉导读》,台北:三民书局,2011 年,第 135—144 页。

就算是儒门内部同样也分成不同学派：汉儒明天人，讲致用；魏晋南朝，清谈之余，重视礼法，以义疏之法治经；宋代以降，关闽濂洛之学日渐兴盛，同时复有金华、永嘉经世之学等不容小觑。这些学说其实都属于"传统思想"，它们在近代的被发现、被诠释，进而成为构建时代思潮的要素，皆应该予以足够的重视，并从中国传统思想内部变迁的角度展开分析。

或许可以这样认为，中国传统思想本身乃一多元的形态，且蕴含着丰富的诠释之可能，人们可以根据具体的历史脉络，从中国自身现状出发，对之进行阐释，在不失本相的前提下使之或发扬光大，或推陈出新，体现出另一种富有生机的形态。它们自具生命力，能够成为时人面对世局思考因应之方时的重要参考，而非枯枝败叶、一潭死水。

五 "西方"的复杂性

关于"西方"对包括中国在内的非西方国家的影响，二战后在法国思想界颇具影响的雷蒙·阿隆认为："现代西方不仅仅向全球传播了技术和作为技术之基础的数学、物理或生物科学工具，也传播了许许多多理念，其中在我看来，历史意识的理念是让人印象最深刻的。使印度人对自己过去产生意识的，正是欧洲人。给开化了的日本人提供对本民族历史解释的，正是欧洲人所运用的科学历史学。激发当前中国领导人对良好社会的构想，还有他们对民族历史的看法及对未来的想象的，也是 20 世纪诞生于西欧的一种历史哲学。"①在此基础上,中国现代思想史的研究领域里,很大一部分主题就是考辨、分析各种西方学说(或者经过日本改造的"东学")如何影响中国知识分子,以及后者通过何种途径去了解、阅读前者。

　　固然,强调西方思想学说对现代中国的巨大影响并无不妥。②但是在西学传入中国之后,中国知识分子是否会根据中国的历史与现实,去理解、吸纳,甚至反思、批判各种域外新知呢? 如果忽视了这一过程,就会造成以某一类西学在西方的面貌为标准,来审视其进入中国之后的各种样态,一旦发现二者之间有所不同,就轻易地判断中国人"误读"了西方,或者探讨中国如何被"落后性"所制约,导致不能有效接受被上升为"普世价值"的西洋物什。③ 但是,

① ［法］雷蒙·阿隆:《历史意识的维度》,董子云译,上海:华东师范大学出版社,2017年,第 57 页。

② 史华慈曾说,"很少有人会断言,18、19 世纪以来的西方在政治、社会、意识形态等各方面形成了一个轻易可被理解的综合体"(参见［美］史华慈《寻求富强:严复与西方》,叶凤美译,南京:江苏人民出版社,1990 年,第 1 页)。但正如论者所言,"西方文明"在 18、19 世纪里,已成为一重要概念,并且将"西方"与"东方"做对比,更是由来已久。参见［英］雷蒙·威廉斯《关键词:文化与社会的词汇》,刘建基译,北京:生活·读书·新知三联书店,2005 年,第 564—566 页。犹有进者,在现代中国的语境里,不可否认的是,时人对于西方,特别是西欧与美国,除去一二超拔之士,基本上将其视为进步的、华美的象征,特别是当拿中国与之做对比时,更是如此。

③ 子安宣邦在反省近代日本的中国学时,认为在后者的论述里,出于凸显在东亚政治格局下日本的优越性与中国的落后性,于是"每当中国与近代性的改革发生龃龉的时候,伴随着叹息,这个中国像即与变革无缘、于深层有着使自己自我充足而得以持续下去的能力的中国像,便会出现在人们的口中"。［日］子安宣邦:《东亚论:日本现代思想批判》,赵京华编译,长春:吉林人民出版社,2004 年,第 173 页。可这种带有很强政治诉求、蕴含极强"东方学"色彩的论调,在长期以来的中国近代史研究中是否被给予足够的反思与批判呢?

正如丸山真男对近代日本思想史上接受西学的分析那样：

> 当时的自由民权家也是广泛地从卢梭、密尔、斯宾塞那里引进所需要的思想。不用说卢梭与密尔之间，就是密尔与斯宾塞之间本来也存在着相当大的不同，从这个角度看，他们确实是在误解卢梭、密尔的过程中引进其思想的。但如果我们换一个角度来观察，看他们是针对什么、为解决什么问题去引进卢梭等人的思想的，那么又可以发现明治初期的思想家是非常自由、非常具有主体性的。在那种把卢梭、密尔、斯宾塞混同一气的作业里，潜藏着不能被简单非难的意义。以欧洲的思想为基准，看其在引进过程中如何发生含义的变化，这种比较研究本身当然是需要的。然而如果对他们所抱的问题意识和解决问题的手段，以及对欧洲近代思想的运用方法等问题不给予理解，那么那段历史当然会全部被涂上"误解的历史"的颜色，或者会导致思想历史研究上的所谓"思想缺乏论"——认为他们只是把欧洲有而日本没有的东西收罗在一起。或者会出现与"思想缺乏论"对立的倾向——寻找西欧思想与日本思想相抵触的因素，反过来说明西欧思想在日本的适应过程。[①]

相似地，现代中国许多积极引进域外新知的例子，或许也可从这一角度进行分析，这样会不会勾勒出一些侧重点不同于往昔的近代

---

① ［日］丸山真男：《关于思想史的思考方法——类型、范围、对象》，载《福泽谕吉与日本近代化》，区建英译，第194页。

西学东渐史？比如斯宾塞的"社会有机体"论在近代中国就成为士人鼓吹"合群保种"的理论支撑，反而不具备其在西方所显现的个人自由与国家权力之对立，这一差异，不能看作近代中国知识分子如何"误读"了西方，而应由此分析现代中国面临的真正时代主题。① 这正如毛泽东所指出的，"任何思想，如果不和客观的实际的事物相联系，如果没有客观存在的需要，如果不为人民群众所掌握，即使是最好的东西，即使是马克思列宁主义，也是不起作用的"。②

此外，现代中国所面临的西方，很大程度上是一个开始趋于分裂与危机的西方。启蒙运动之后，随着西方各国国力的提升，一种将西方历史进程视为人类普世文明的意识形态开始抬头，"在特殊中获得普遍性，是和西方世界历史性的扩张及其在此过程中的获得的自我意识分不开的。这不只是经济、军事、政治上的扩展，也是观念、文化、体制上的构建"。③ 在此前提下，近代的西方社会科学也充满了政治意涵，借此来呈现西方"正常的变化"，进而为政治议程提出具体建议，甚至认为这种变化仅对"文明"国家而言是正常的，所以这些国家有义务把变化施加于与之反抗的其他地区。④ 而正如施特劳斯所言，近代西方的危机也正出现于马克思主义兴

---

① 傅正：《斯宾塞"社会有机体"论与清季国家主义——以章太炎、严复为中心》，《近代史研究》，2017 年，第 2 期，第 34—51 页。

② 毛泽东：《唯心历史观的破产》，载《毛泽东选集》第 4 卷，第 1515 页。

③ 张旭东：《全球化时代的文化认同：西方普遍主义话语的历史批判》，北京：北京大学出版社，2006 年，第 117 页。

④ ［美］沃勒斯坦：《否思社会科学：19 世纪范式的局限》，刘琦岩、叶萌芽译，北京：生活·读书·新知三联书店，2008 年，第 17—19 页。

起之后,"西方事实上已经不能确信自己的目标",即 19 世纪资产阶级所许诺的美好社会愿景不再是势所必至,至少不再具有普遍性。①

在这样的历史背景下,关于中国现代思想史的论述,除了梳理时人对域外新知的援引,还应关注他们是否对近代西方的历史进程展开反思与批判。特别是近代的西学东渐是在中国被卷入由西方列强主导的国际体系与资本主义市场这样的背景下进行的,中国的变革,一方面深受近代西方的影响或制约;另一方面,中国不同阶段的救亡与革命运动,又深刻地影响了国际体系的变化,成为全球反殖民主义运动中的重要组成部分。就此而言,所谓中国"融入"世界的过程,更应视作中国根据自身的处境,了解、反思,进而改变近代世界的政治与经济现状的过程。② 因此,中国现代知识分子是如何对现代性展开批判性反思,并基于此去阅读、借鉴、传播、实践西方思想中大量存在的对近代处于霸权地位的"中庸自由主义"的持批判态度的著作和观点,③也应是研究西学东渐史时不容

① [美]施特劳斯:《我们时代的危机》,载《苏格拉底问题与现代性——施特劳斯演讲与论文集》卷二,刘振、彭磊等译,北京:华夏出版社,2016 年,第 337 页。

② 从对近代世界体系的理解角度来分析中国近代思想的特征,章永乐对康有为的研究给予笔者极大的启示,即康有为身处"万国竞争"之世,借由对世界各国政治与文化的观察,来思考中国未来的发展道路。参见章永乐《万国竞争:康有为与维也纳体系的衰变》,北京:商务印书馆,2017 年。

③ "中庸自由主义"是沃勒斯坦在《现代世界体系》第 4 卷中提出的概念,主要是借此来定义"法国大革命对作为整体的世界现代体系产生的文化影响"。他将这种影响"视为一种适用于世界体系的地缘文化的形成,这种地缘文化是一揽子思想、价值观和规范,它被整个体系广泛接受,并由此制约人们的社会行为"。参见沃勒斯坦《现代世界体系》第 4 卷,吴英译,北京:社会科学文献出版社,2013 年,《序言》,第 8 页。

忽视的面向。

　　总之，晚近 20 年来，全球化趋势日益明显，中国也一步一步地加入全球化网络之中，随着全球经济联系的日益紧密，一种思想文化上的"国际化"也相伴而生。但在这种表象之下，蕴含着许多不平等的全球政经支配关系、看似多元实则单一的文化想象、虚假荒诞的繁荣景象、愈发升温的自我认同危机。在此情形下，伴随着今天中国综合国力的明显提升，作为一项鉴往知来的事业，对于中国现代思想史的研究就更应充分认识到传统的复杂性与能动性，避免某种本质主义的简单定义；同时也更应对近代西方的历史变革有清晰完整的、动态的认识，祛除其中自我想象的美化成分。这项研究，在回顾历史的同时，更需呈现给世人近代中国人通过上下求索来认识自己、了解世界的充满艰辛曲折的过程，中国近百年的历史实践能提供给这个世界怎样的建设经验与思想资源。只有做到了这一点，或许才是真正具有国际意义的中国学问。

第二讲　重新审视晚清士人的"开眼看世界"

　　第一次鸦片战争以来,西方列强用坚船利炮迫使清政府签订了一系列不平等条约,从此中国被卷入以近代西方资本主义国家为主导的世界体系当中。在此之前,中国对待周边国家有一套行之久远并日趋于成熟的制度体系。① 在此体系之下,中国历代王朝与周边国家进行各种类型的交往,并依据这些从具体政治和经济实践中产生出来的政治文化,从理论层面对中国与周边国家的关系进行论述、定义。即便其中有些许制度或实践方面的变动,也是在这一套政治文化逻辑之下的调整。换言之,这一体现中国传统政治文化核心意涵怀柔远人之"道",其自身合法性并未遇到过猛烈而全面的冲击。

　　在此情形下,中国的士阶层必须要更为主动地、全面地、深入

---

① 关于这一体系的内容与运作方式的概述,参见张启雄《中华宗藩体系的挫败与转型》,载王建朗、黄克武主编《两岸新编中国近代史(晚清卷)》上册,北京:社会科学文献出版社,2016 年,第 158—169 页。

地了解近代世界,特别是以西方资本主义国家为主导的世界体系的基本特征、渊源流变、运作逻辑、交往方式等。这样才能让中国于世变之中得以立足,才能思考解决中国内部问题的方案,保卫作为政治与文化共同体的中国。而长期以来的中国近代史书写,也把当时有意愿、有热心去进行这项事业的人视为现代中国的"先驱",对他们报以极高的尊敬,将其刻画为时代的榜样。

这样做自然有一定的意义。但是从今天的角度来看,分析那一时期中国士人的"开眼看世界",就不能仅把他们有无这样的主动性视为唯一标准,而须以今天我们对于近代以来世界形势的基本认知,去审视那一代人的思想,尤其是关注他们的这种"开眼看世界",究竟是否看到了近代世界一些本质性内容?他们的"看世界",是有条件接收比较充足的信息,还是建立在信息缺失的基础之上?他们是从中国所处的地位与中国解决困局的需要出发去"看世界",还是在不知不觉间被域外知识与意识形态宣传所"带入",以至于只能看到一个后者所希望他们看到的世界,甚至通过这种世界认知来回视中国?这些问题,在今天都需要进行重新审视。这样才能区分时人的哪些言说可以作为一份思想遗产被人们继续重视,哪些言说只是在一种特定时刻产生的认知偏差,在今天非但不能延续这样的认知,反而要对之进行检讨。

一　王韬对西方列强的观察

在晚清士人里面,王韬的经历颇为独特,他是近代第一批"职业报人",在沿海城市办报纸、当编辑、做主笔,具有某些新式知识分子的生活特征,这与之前读书人要么参加科举入仕为官,要么选择当师爷或西席,要么在乡下做士绅的生活方式非常不同,王韬身上带有一定的商业与资本主义印记。此外,1867 年,他应理雅各的邀请,从香港出发至欧洲,实地考察参观了近代西方国家,因此,他在认知上较之那些从传教士撰写的论著里了解西方的读书人,要有更多的亲身体验与深入观察。

面对时代变局,王韬自然反对那种深闭固拒,将西方列强视为"夷狄"的做法。他主张更为全面地认识西方,建议中国正视后者之所以富强的方法。在他看来,这也是一种"道",并且和中国的古圣先贤之道并不冲突。他说:"东方有圣人焉,此心同此理同也;西方有圣人焉,此心同此理同也。盖人心之所向即天理之所示,必有人焉,融会贯通而使之同。故泰西诸国今日所挟以凌侮我中国者,皆后世圣人有作,所以混同万国之法也。"他相信,未来全球文化会形成某种融合的态势。具有这样的心态,自然能让他以比较开放的眼光来审视世界格局。

但王韬的独特之处在于,正是由于他相信必须"开眼看世界",所以他强调要从中国自身的立场出发,探究列强为什么能够侵略中国,中国应如何做才能因应这一危局。这就让他的"开眼看世界"是以思考当时列强的真实行动逻辑为主,而非是后者的宣传口号在中国大地上的传声筒,这使得王韬的观察显现出极强的独立思考的特征。

比如他在《洋务》一文里论述中国在列强环伺的当务之急时指出:

处今之世，两言足以蔽之：一曰利，一曰强。诚能富国强兵，则泰西之交自无不固，而无虑其有意外之虞也，无惧其有非分之请也。一旦有事，不战以口舌，则斗以甲兵。不折冲于樽俎，则驰骋于干戈。玉帛烽燧，待于二境，惟命之从。不然，讲论洋务者愈多，办理洋务者愈坏，吾诚未见其可也。①

此外，在文章中他还强调：

至今日而谈洋务，岂易言哉？至此几于嗫口卷舌，而绝不敢复措其手足。盖洋务之要，首在借法自强。非由练兵士，整边防，讲火器，制舟舰，以竭其长，终不能与泰西诸国并驾而齐驱。顾此其外焉者也，所谓末也。至内焉者，仍由我中国之政治，所谓本也。其大者，亦惟是肃官常，端士习，厚风俗，正人心而已。两者并行，固已纲举而目张。②

可见，王韬并不反对汲取西人之长。但他很在意需要汲取什么，以及此举是为了什么目的。他提醒世人，列强之所以能入侵中国，并非后者所宣扬的诸如中国"不文明""不信教""野蛮"，而是由于列强武器精良、战法优秀，"富"的背后有"强"作为支撑。中国没有"强"，那么无论怎样在外交层面折冲樽俎，都难以抵挡列强的入侵。因此，中国必须把提高武器装备与武器生产作为首要任务，并

---

① 王韬：《洋务上》，载《弢园文新编》，北京：生活·读书·新知三联书店，1998 年，第 30 页。

② 王韬：《洋务下》，载《弢园文新编》，第 30—31 页。

且重视军事训练,加强作战能力,巩固国防,只有这样,才能变"强"。只有"强",才能保障"富"。否则,"富"而不"强",只能进一步沦为他人的板上之肉。毕竟按照今天的研究,直至鸦片战争前夕,中国的经济总量在世界上仍然首屈一指。

此外,王韬也并不否认中国的内政需要改革。他所谓的"肃官常,端士习,厚风俗,正人心",涉及提高政治效率、整肃政治风气、营造良好的政治氛围等方面。但他认为,改革应以实现富强为目标,而非为了追求在形式上类似于列强而率尔操觚,以至于牺牲富强。

在《答强弱论》一文里,王韬再次申说其义。他认为:"世变至此极矣。中国三千年以来所守之典章法度,至此而几将播荡撕灭,可不惧哉。"[1]因此,为了应付这一巨大的危机,必须有所改变,这是毫无疑义的。但王韬又说道:"吾所谓变者,变其外不变其内,变其所当变者,非变其不可变者。所谓变者,在我而已,非我不变而彼强我以必变也。彼使我变,利为彼得;我自欲变,权为我操。"[2]总之,要掌握变革的主动权,要根据中国自身的状况和需要来寻求变革。基于此,他如是描述当时的世界状况及中国的自处之道:

夫用兵以刀矛一变而为枪炮,航海以舟舰一变而为轮舶,行陆以车马一变而为火车,工作以器具一变而为机捩。虽刀矛枪炮同于用兵,舟舰轮舶同于航海,车马火车同于行陆,器具机捩同于工作,及其成功一也。然而缓速利钝,难易劳逸,

① 王韬:《答强弱论》,载《弢园文新编》,第 101 页。
② 王韬:《答强弱论》,载《弢园文新编》,第 102 页。

不可同日而语矣。凡此四者,皆彼所有而我无其一。使我无
彼有,而彼与我渺不相涉,则我虽无不为病,彼虽有不足夸,吾
但行吾素可耳。独奈彼之咄咄逼人,相形见绌也。且彼方欲
日出其技与我争雄竞胜,絜长较短,以相角而相凌,则我岂可
一日无之哉? 一变之道在乎师其所能,夺其所恃,况彼之有是
四者,亦不过百年数十年间耳,而被及于中国者如是之速。天
其或者将大有造于中国也乎? 准诸天道,揆诸人事,将见不及
百年,四者必并有行于中国,行之若固有,视之如常技。①

很明显,王韬认为生产力的提高带动了军事领域的装备升级,新式
武器层出不穷,这是西方列强能够横行世界的重要原因。既然中
国也被迫卷入了这样的世界体系之中,那么,是否同样能拥有坚船
利炮,就不是一个文化上夷夏之辨的问题,而是一个能够在这样的
世界环境中生存的问题。值得注意的是,他预言"百年数十年"之
后中国也能拥有先进的武器装备,从历史的发展来看,确实是被证
明了。因为中华人民共和国成立之初,十分重视为重工业打下坚
实基础,同时开展军工领域的科研攻关工作,在十分困难的内外条
件下,提高了中国的国防与军事实力,一扫晚清以来落后挨打的
颓势。

　　从今天的角度来看,王韬的这番认识无疑是看透了近代西方
列强的一些本质特征。按照今天的历史社会学研究,作为 19 世纪
的世界霸主,英国在近代早期开始,国家的征税能力极强,使得国

---

① 王韬:《答强弱论》,载《弢园文新编》,第 103 页。

家收入大为提高,兼之有一套富于效率的官僚体系,这就进一步完善了国家基础能力,能够有效完成重商主义的政策,同时,英国政府将税收的很大一部分用于整军经武,提高军事实力。此外,它在国内还营造了带有强烈纪律性和总体感的国家认同与民族主义。总之,英国是一个典型的财政—军事国家。这与当时清政府的低效率、低成本、低动员、轻视军事装备升级的统治模式形成鲜明对比。① 在鸦片战争前夕,清政府的征税效率并不高,地方上的豪绅大户经常带头隐瞒资产、带头抗捐,负责征税的官员也时常上下其手,将税款中饱私囊,在"为政不得罪巨室"的逻辑下,不但导致可征收的数量骤减,而且激起强烈的民怨。② 史家尼尔·弗格森则指出:"英国之所以能够取得海上霸权,是因为英国较之法国有一个关键优势:借贷的能力。英国拥有的 1/3 的战争经费都是通过融资获得的。英国金融机构在威廉三世时期就复制了荷兰的模式,现在已经将这些模式完全融入自己的体制当中。皮特政府通过向投资公众销售低利率债券的方式分摊了战争的成本。而法国只能被迫乞讨或偷窃。正如伯克利主教所说,信贷是'英国超越法国的主要优势'。支撑英国海军每一场胜利的是国家债务,国债规模的增长——在七年战争中从 7400 万英镑增加到 1.33 亿英镑——也正反映了这个国家金融实力的增长。"③总之,英国为了进行全球扩张,开动了整个国家机器,并且通过金融手段增加了用于军事开支

---

① [荷]弗里斯:《国家、经济与大分流——17 世纪 80 年代到 19 世纪 50 年代的英国和中国》,郭金兴译,北京:中信出版社,2018 年。

② 宓汝成:《嘉道年间的中国》,载《宓汝成集》,北京:中国社会科学出版社,2008 年,第 36—54 页。

③ [英]尼尔·弗格森:《帝国》,雨珂译,北京:中信出版社,2012 年,第 30 页。

的国家财富。这让包括清政府在内的许多传统王朝难以抵挡,除非他们能够拥有同样政治、经济与军事能力。而王韬则通过他自己对包括英国在内的列强的观察,意识到了这一点。这在当时的历史条件下是难能可贵的。

既然像英国这样的国家的军事扩张与经济扩张相伴而行,因此王韬提醒国人,切莫以为能按照前者的游戏规则行事就能获取其好感。自从中西交通日渐频繁,中国商人也开始模仿洋商的经营模式来做生意,此即后人所说的中国民族资本主义的兴起。针对这一情形,王韬指出:"列国中以英人最工心计,商贾之迹几遍天下。而其高视阔步,轻蔑肆傲,每不足以服人。"①正因为看透了洋商的这一充满资本主义逐利性的特征,王韬强调,随着中国商人的崛起,"今日英人之所忌者,盖在华商耳"。② 具体言之:

> 华商分西商之利,要不过在近八九年中耳。而西商已不能支,忌嫉之心,渐行于色。即如港中华商蒸蒸日上,衣冠礼义轶于前时,而西商意存轻藐,常有抑而下之之心,每议阖港之事关于众人者,华商辄不得预其列。其心以为权由我操,则庶得张弛如志耳。否则彼将议我之后矣。盖其所以憎及华商者,不在予以虚名而分其实利。其必断断然不欲华商与之齐驱并驾者,特恐虚名实利一并归之,从此益得与之争衡耳。③

---

① 王韬:《西人渐忌华商》,载《弢园文新编》,第60页。
② 王韬:《西人渐忌华商》,载《弢园文新编》,第60页。
③ 王韬:《西人渐忌华商》,载《弢园文新编》,第61—62页。

王韬在此揭示了一个十分冷峻的道理,即不要对资本主义国家抱有文化上或情感上的幻想,对方也不会因为在行为方式上与之相似而增进对自己的好感。既然是以获取最大的利益为目的,对于列强而言,如果中国商人学会了列强的那一套生产与管理方式,那么将会分去许多原本属于自己的利益。中国商人越壮大,对自己的利益威胁就越大。因此,列强不会对中国商人多么友好,中国商人也不应在这一问题上持天真的态度。而王韬没有提及的是,要想使中国商人在与洋商竞争的过程中保持优势,必须要有强大的国家实力作为后盾。因为以英国为代表的资本主义国家,在经济初始阶段都采取重商主义的政策来保护本国产业。

基于同样的逻辑,王韬认为中国在对外交涉时不要轻信各种条约,不要指望它能带来持久的和平与安定。他指出:"泰西各国犬牙相错,千百年以来,皆以兵力相雄长,稍有龃龉,则枪炮交轰,杀人如麻,曾不爱惜。"只是由于谁都不能彻底消灭对方,所以才"立万国公法以相遵守。又复互相立约,条分缕析"。但是,"约可恃而不可尽恃也"。[1] 他提醒人们要意识到:

> 盖立约一事,本非有所甚爱而敦辑睦之谊也,亦非有所甚畏而联与国之欢也。不过势均力敌,彼此无如之何。或意有所欲取而姑以此款之,或计有所欲而先以此尝之。若利无所得,则先不能守矣。故夫约之立也,己强人弱,则不肯永守。己弱人强,则不能终守。或彼此皆强,而其约不便于己,亦必

① 王韬:《泰西立约不足恃》,载《弢园文新编》,第79页。

不欲久守。①

在他看来,国与国之间的关系长期处于战争或准战争状态,国家实力是决定一国兴衰的关键,所谓国与国之间的条约,只是根据对本国实力与对方实力进行考察之后所采取的一种权宜之计。它能否得到遵守,遵守的时效性能有多久,说到底并不基于具体的条文,而是根据本国与对方实力的变化消长而定。特别是对于当时的中国而言,既然在列强面前显得国力较弱,那就更不能指望某个条约来维护自己,而是应该不断地增强综合国力,准备好在条约一旦失效之时能够有充足的实力来应对。所以王韬强调:"是知约不可恃,道在自强。受人国家之寄,身肩艰巨之投者,正宜励精图治,举从前之积习扫而空之。"②在险恶的国际环境里,必须充分认识到这一点。

　　总之,王韬固然认为"西人自入中国以来,所有良法美意,足以供我观摩取益者,指不胜屈",③但必须认识到,他的这一主张是建立在这些"良法美意"能够增强中国的综合国力,使中国实现富强的基础之上的。此外,师法借鉴这些"良法美意",并不意味着要减少对于列强侵略中国的警惕性,而是应更深刻地认识到后者不曾稍减的侵略动机与政治经济手段,这样才能在列强环伺的世局之下保卫国家。就此而言,王韬是一位有极强爱国心的改革思想家。

① 王韬:《泰西立约不足恃》,载《弢园文新编》,第79页。
② 王韬:《泰西立约不足恃》,载《弢园文新编》,第80页。
③ 王韬:《上丁中丞书》,载《弢园文新编》,第267页。

33

二 反思郭嵩焘式的外交

1875 年，清政府因"马嘉理案"而向英国"赔礼道歉"，派遣曾担任苏松粮道、两淮盐运使与广东巡抚的郭嵩焘任出使英国大臣，并兼任出使法国大臣，成为中国历史上第一位驻外使臣，开中国近代外交史之先河。

郭嵩焘以镇压太平天国起义的"军功"起家，在国内担任职务时，就较为留心洋务，积极获取关于列强的各类知识，并处理了一些涉外事件，积累了不少与列强打交道的经验。他出使欧洲之后，留心考察西方国家的政治、经济、社会与民生状况，并在日记中写下许多观感与心得，可以说是晚清为数不多的极为了解世界形势的士人之一。他在出使日记中对西方国家的政治制度与社会景象赞誉有加，并在此基础上探索如何解决中国内部的各种问题，通过新知来反思旧学。在这个意义上，他显示出极强的思考能力。由于他的出使日记传回国内之后备受守旧派士人的抨击，加上随同出行的刘锡鸿处处掣肘，致使他被迫辞去使臣职务，晚年赋闲在家。

在当代的中国近现代史叙述中，正因为郭嵩焘具有这样的经历与思想，所以常被视为晚清开明士人的代表，他的外交主张与外交成绩为人称赞。但在今天需要辨析的是，是否具有"开眼看世界"的主动性和是否具有极强的外交能力，两者之间其实并无必然关系。此外，特别要清楚地认识到对某一国家治理成绩的认可，或对其文化与生活方式的喜好，并不能作为外交领域与之打交道的基础或原则,更不能把外交礼仪层面的客气与礼貌视为现实政治博弈中的友好关系。在某些时刻采取退让、低调的外交政策,是为了给提升国家综合实力创造一个良好的外部环境,或者通俗地说,是为了"卧薪尝胆",而非通过这样的姿态来博得别国的认可或赞许,更不能把这样的姿态视为一种"安稳"的长久状态,进而不再重视提升国家综合实力这一核心目标。在国际政治与外交领域,必须时刻注重洞察世界形势的变化,明晰各国的核心国家利益与彼此合纵连横关系的本质,在此基础上通过审视本国的实力,决定对外交往中应采取的策略、底线与目标。以这些因素作为标准,我们可以重新审视一下郭嵩焘的外交主张。

1876 年郭嵩焘上书清廷,论述与列强交往之道。其中他说道:

> 臣以为洋人之情在于通商,沿海居民谙习西洋语言文字,多能知之,洋人之势极于富强,天下臣民皆能知之,而不足与办理洋务,则明理审几之才固不易得也。知情与势,而后有以处人,猜疑之见自不生于其心。知理而后有以自处,即矜张无实之言亦不屑出于其口。是以办理洋务非有他长也,言忠信,行笃敬,以立其礼,深求古今之变,熟察中外之宜以致其用,轻重缓急,权度在心,随事折衷,使就绳尺。能知处理洋务,以之纪纲万事,经营国计,必皆裕如也。①

在另一份奏疏当中,他再次申说此意:

---

① 郭嵩焘:《办理洋务宜以理势情三者持平处理折》,载熊月之编《中国近代思想家文库·郭嵩焘卷》,北京:中国人民大学出版社,2014 年,第 236—237 页。

35

　　窃谓办理洋务,一言以蔽之曰:讲求应付之方而已矣。应付之方,不越理、势二者。势者,人与我共之者也。有彼所必争之势,有我所必争之势,权其轻重,时其缓急,先使事理了然于心。彼之所必争,不能不应者也;彼所必争,而亦我之所必争,又所万不能应者也。宜应者许之更无迟疑,不宜应者拒之亦更无屈挠,斯之谓势。理者,所以自处者也。自古中外交兵,先审曲直。势足而理固不能违,势不足而别无可恃,尤恃理以折之……深求古今得失之故,熟察彼此因应之宜,斯之谓理。臣惟洋人之强,与其逼处中国为害之深,远过于前代。而其借端陵藉,乘衅要求,中国与之相处,其情事亦绝异于前代。处之得其法,其于各口税务及学馆教习及练兵制器诸大端,洋人相与经营赞画,未尝稍有猜忌;处之不得其法,则议论繁多,变故滋生,往往小事酿成大事,易事变成难事,以致贻累无穷。①

可见,郭嵩焘认为处理洋务对当时的中国而言十分重要,并且由于国力衰颓,中国并没有太多"本钱"去和咄咄逼人的列强进行强硬的交涉,所以在遇到具体问题时必须深思熟虑、十分谨慎,否则予人口实,将会造成极不利于中国的后果。较之坚持夷夏之辨的虚骄之气,郭嵩焘的这些看法确实显得比较务实。所以,他在许多论著里经常批判南宋时期的士风,认为那时的士人不顾南宋的现实

---

① 郭嵩焘:《拟销假论洋务疏》,载熊月之编《中国近代思想家文库·郭嵩焘卷》,第239—240页。

国力，一味唱高调要求"北伐"，并拒绝和金朝进行谈判，这造成了一种空言哗众、极不负责的风气。

因此，对于深受宋明理学影响的郭嵩焘而言，与列强打交道，必须"尤恃理以折之"，即与之讲道理。在交涉过程中做到"言忠信，行笃敬"，做到"知情与势"与"先审曲直"，把彼此的情势与是非曲直都说清楚，这样就能防止不必要的猜忌，可以易于让对方心服口服，可以避免交恶，有助于实现和平。他甚至相信，只要以此处之，中国的追求富强事业，列强就会对之"未尝稍有猜忌"。在与姚彦嘉的信中，他颇为自信地认为自己办理洋务，"吾之所为诚有以服其心也"。因为"审吾所据之理，必有道以通之；审彼所据之理，必有辞以折之。常使理足于己，而后感之以诚，守之以信，明之以公，竭一人之力，控制指麾，而无不如意，则亦可以求数十百年之安"。①

如果说郭嵩焘所批评的那种虚骄之气是一种恪守旧章、不明时势的表现，那么郭嵩焘自己的这些主张则显得过于迂腐、天真，甚至称得上是另一种不明时势。列强侵略中国，把鸦片贩售至中国，逼迫中国签订一系列不平等条约，本来已属无"理"，但为了彰显自身行为的"正义性"，它会运用建立在强大军事实力基础上的话语制造能力，发明出一套旨在论证中国咎由自取的理论与叙事，然后将此作为新的"理"。一旦在对外交涉中论"理"，那么郭嵩焘所秉承的儒家教义中的"理"，在列强的"理"面前就不成其为"理"了，只能沦为凸显中国如何"落后"与"野蛮"的文化符号。所谓

---

① 郭嵩焘：《复姚彦嘉》，载熊月之编《中国近代思想家文库·郭嵩焘卷》，第326页。

"审其曲直"也是同样的道理。比如按照近代西方的文明等级论,资本主义列强藐视全球,其虚骄之气较之中国士大夫不遑多让。近代中西之间的交流,列强将中国作为资本主义的原料获取地与商品倾销地,并且借助不平等条约来向中国传教,这些行为又何曾征求过中国人的意见。身处弱势,"曲直"云云,实无从"审"起。至于试图"感之以诚",在19世纪的外交当中更是如同梦呓。西方列强进行全球扩张,有着十分清晰的现实目标与利益取向,不达目的不罢休。之所以在对华交涉中显现出一定的"客气",并非因中国官员具有很好的道德品质而受到感动,而是由于对本国现阶段总体实力与列强之间外交关系的考量,为了更好地维护本国既得利益,于是对中国采取更间接或更迂回的手段。如果对这些要素不甚了解,那么只能说这样的"开眼看世界"是带有不少片面性的。

犹有进者,郭嵩焘认为:"夷狄之民,与吾民同也。趋义避害同,喜谀恶直同,舍逆取顺同,求达其志而不乐阻遏其气同。贤者以理折衷,可以利之顺之,亦未尝不可直言之,因而阻遏之。取足以理,强者亦可使退听。"他评价自己:"嵩焘非能知洋务者,独知其理耳。"[1]从这种抽象的对中外民众的印象出发,郭嵩焘相信:"西人以通商为义,本无仇害中国之心。"[2]

他的这一想法,用于日常的人际交往之中或许并无不可,但他似乎未能区分政治行为与日常交往行为之间的本质区别。政治行为,特别是国际政治行为是在明晰本国现阶段国力与核心利益的前提下,从最有利于维系与扩大本国基本利益、巩固本国国际地位

---

[1] 郭嵩焘:《致李傅相》,载熊月之编《中国近代思想家文库·郭嵩焘卷》,第338页。

[2] 郭嵩焘:《致李傅相》,载熊月之编《中国近代思想家文库·郭嵩焘卷》,第347页。

的目标出发,进行或和缓、或激烈、或妥协、或力争的外交活动。它所在意的并非抽象意义上的人性之好恶,而是在瞬息万变的权力竞逐环境中准确把握局势,做到见微知著、当机立断,这才是一个成熟的政治家所当为者,而非一种冬烘先生式的一厢情愿。并且郭嵩焘未必明白,在盛行于19世纪的人种论与文明等级论里,西方列强未必觉得中国人的好恶性情与之相同,而是把非西方国家的民众视为半文明或不文明之物,以一种和野蛮人打交道的心态与之相处。郭嵩焘深谙理学话语,觉得人世间无非天理流行,但在19世纪的强权政治与殖民扩张面前,这一思维方式显得十分不合时宜。

郭嵩焘之所以有这样的主张,除了深受理学传统影响以至于过分"推己及人",或许还和他对西方文明的态度有关。在出使英国的路上,他于日记中写道:

> 西洋以智力相胜,垂二十年。麦西、罗马、麦加迭为盛衰,而建国如故。近年英、法、俄、美、德诸大国角立称雄,创为万国公法,以信义相先,尤重邦交之谊。致情尽礼,质有其文,视春秋列国殆远胜之……西洋立国自有本末,诚得其道,则相辅以致富强,由此而保国前年可也。①

正是由于郭嵩焘相信西方列强"立国自有本末",在外交上能"以信义相先",所以他会不由自主地将这种态度带入他对当时国际政治

① 郭嵩焘:《使西纪程》,载《郭嵩焘等使西记六种》,北京:生活·读书·新知三联书店,1998年,第68—69页。

的观察之中。这一充满正面色彩的西方想象,反而遮蔽了他的视角。19 世纪是西方列强殖民扩张的高峰期,但在郭嵩焘眼里:

> 西洋大国以爱民之心推类以及异国无告之民,设法以维持之,其仁厚诚不可易也。[①]

他甚至对英国殖民活动称赞有加:

> 英人属地开辟经营,可谓极人事之勋劳,而穷尽天时地利之功用。即一舟一车,载客几何,价值几何,并著为定章,悬之通衢,又各于其舟车牌示其等差节目,使不得有欺饰,宾客远至者尤便之,规模固宏远矣……凡事务取便民:开浚河道,防禁盗窃,营建学馆,收养病民,又以余暇为范围游观,使人民有以自食其力,欢欣鼓舞以乐从其令也。[②]

在这里,郭嵩焘似乎不是一位正处于因列强"开辟经营"而饱受其苦的国家的使臣,而是一位处于一种表面上理性、中立、客观的时事观察家。他似乎并未想到,这一"殖民工程"的本质是掠夺被殖民国家的经济资源,操控其政治主权。自然,为了便于统治,殖民者会在被殖民地区展开一些建设,但这样做的最终目的依然是运用"文明"来"教化"当地民众,巩固其殖民统治。比如 19 世纪英国

---

① 郭嵩焘:《伦敦与巴黎日记(节选)》,载《郭嵩焘等使西记六种》,第 152 页。
② 郭嵩焘:《与傅兰雅论英国殖民》,载熊月之编《中国近代思想家文库·郭嵩焘卷》,第 178—179 页。

殖民印度时,一位在当地的英籍行政管理人员就认为:

> 我们的能力有限,不可能教育这么多人民。目前,我们最好培养一个阶层,让他们在我们和我们所统治的百万人民之间担负起桥梁的作用;这个阶层的人虽然有着印度人的外表,流着印度人的血液,但却有着英国人的品位、英国人的洞见、英国人的道德观和智慧。①

不知这样的建议是否属于郭嵩焘心目中的"西洋大国以爱民之心推类以及异国无告之民"的组成部分? 或许郭嵩焘并不愿意中国也沦为印度那样的境地,但由于他似乎太过于欣赏西方列强的"立国自有本末",以至于把后者的大部分行为都视为有本有末的仁义之举,而忽视了殖民扩张正是当时列强"立国自有本末"的关键环节。其殖民扩张越顺利,其立国之本末就越稳固。然而,如此这般,对中国的影响将是怎样,作为自诩留心洋务之人,郭嵩焘却似乎并未过多考虑。

在具体的外交活动上,虽然郭嵩焘认为自己坚持以"理"待人,但西人对他似乎却并不这样。在郭嵩焘出使英国之前,把持中国海关的英国人赫德决定在伦敦设立一个"中国海关伦敦办事处",名义上这一机构是为中国海关采购相关器材,实际上却是为了方便赫德操控即将成立的第一个中国驻外使馆,使得自己能更为有效地为英国政府提供情报、干涉中国外交。为了实现这一目的,他

① 麦考利:《教育笔记》,转引自尼尔·弗格森《帝国》,雨珂译,第163页。

挑选心腹金登干(James Duncan Campbe)担任办事处负责人。郭嵩焘离京启程之前,赫德通知伦敦办事处做好准备工作,让使馆的一切情况尽在自己掌握之中。其中他特别嘱咐金登干要接近郭嵩焘,"引导公使履行他的新职责",对其施加影响,干预郭嵩焘的外事活动。① 如此一来,郭嵩焘还没到英国,就已经落入了赫德精心策划的"网罗"之中。对于这些,饱读圣贤书的郭嵩焘似乎未能察觉。

此外,在左宗棠收复新疆前后,担任英国驻华全权公使的威妥玛为了维护英国在新疆的利益,运用各种手段阻碍左宗棠的军事活动,其中就包括诱导还在驻英使臣任上的郭嵩焘通过缔约来结束与阿古柏集团的敌对状态。本来郭嵩焘就对收复新疆不抱太多信心,加上他不能及时察觉威妥玛此举背后的真实动机,于是同意与威妥玛就缔约一事进行商量。虽然郭嵩焘因及时知晓阿古柏的死亡消息而最终决定不同意威妥玛的调停方案,但也险些酿成外交危机。② 相比于威妥玛的纵横捭阖,郭嵩焘在外交能力上显得逊色许多。总之,在那个时代,郭嵩焘在思想与学术上确有不少独到之见,但在外交事务中,他的思维方式与做事风格实在不值得过多称赞。

---

① 卢汉超:《中国第一客卿:鹭宾·赫德传》,上海:上海社会科学院出版社,2009 年,第 94—96 页。
② 恽文捷:《英国干涉左宗棠西征考论》,《社会科学》2016 年第 12 期,第 151—153 页。

三　郑观应与薛福成对国际法的态度

在 19 世纪,西方列强一方面展开全球扩张,一方面宣称以"国际法"原理作为维持国际秩序的准则。国际法以民族国家为主体,包含人民、领土、政府与主权四大要素。此外,国际法以基督教文明为价值标准,通过"无主地占有"原则,为殖民活动进行合法性论证。佩里·安德森认为 1815 年的维也纳会议建立了一个国际关系秩序,"这一秩序建立在对于核心区域与外围地区进行划分的基础之上,前者乃是享有和平保护的欧洲,后者则是放任进行战争的广阔的、由其余部分构成的非欧洲的边缘地带:这些地区被视为可供欧洲列强予以任意分配的战利品"。① 国际法正是在这一秩序之中发挥其作用。但在安德森看来,由于缺乏任何确定性的裁决或者执行权威的机构,并且把"文明标准"作为是否能被国际法认可的资格,而这种资格的认定又往往掌握在强权国家手里,因此"从任何现实的角度来说,国际法都既不真正国际,也非名副其实的法"。它只是"作为一种服务于霸权国家及其盟友的意识形态力量,国际法是一种令人生畏的权力手段"。② 这一观点,有助于在今天揭示近代以来西方国家所宣扬的国际法与国际体系的本质特征。

国际法及其相关概念于 19 世纪 60 年代开始较为广泛地流行

---

① ［英］佩里·安德森著,章永乐、魏磊杰主编:《大国协调及其反抗者——佩里·安德森访华演讲录》,北京:北京大学出版社,2018 年,第 18 页。

② ［英］佩里·安德森著,章永乐、魏磊杰主编:《大国协调及其反抗者——佩里·安德森访华演讲录》,第 94 页。

于中国。1864 年传教士丁韪良翻译了美国人惠顿所著的《国际法原理》，以《万国公法》为名出版。① 书中声称："万国尚有公法，以统其事，而断其讼焉。或问此公法，既非由君定，则何自来耶？曰：将诸国交接之事，揆之于情，度之于理，深察公义之大道，便可得其渊源矣。"②把国际法视为一种本乎天道人情的至"公"之物。③ 当然，书中也明确提到："或问万国之公法，皆是一法乎？曰：非也。盖此公法，或局于欧罗巴崇耶稣服化之诸国，或行于欧罗巴奉教人迁居之处，此外，奉此公法者无几。"④但是此书仍向中国人表示："欧罗巴、亚美利加诸国，奉耶稣之教者，与中国迩来亦共议合约，中国既弛其旧禁，与各国交际往来，无论平时、战时，要皆认之，为平行自主之国也。"⑤

此后，清政府在对外交涉中时常援引国际法。只是在不少外交活动中，一旦涉及中外之间的利益纠纷，虽然清政府表示遵照国际法来处理中外关系，但依然未能得到列强的公正对待，吃亏之处所在多有。⑥ 特别是按照国际法背后的"文明等级论"，它以近代西方文明为标准，将广大的非西方地区划分为"半文明"与"不文明"两个等级，旨在"论证"西方列强对这些地区进行殖民扩张的合法性，把殖民活动打造成"教化""规训"非西方地区的"义务"，同

---

① 关于丁韪良翻译《万国公法》的详细情形，参见赖骏楠《国际法与晚清中国》，上海：上海人民出版社，2015 年，第 94—124 页。

② ［美］惠顿：《万国公法》，丁韪良译，北京：中国政法大学出版社，2003 年，第 5 页。

③ 《万国公法》里说国际法本乎"性法"（自然法）与"天法"。

④ ［美］惠顿：《万国公法》，丁韪良译，第 17 页。

⑤ ［美］惠顿：《万国公法》，丁韪良译，第 20—21 页。

⑥ 林学忠：《从万国公法到公法外交——晚清国际法的传入、诠释与应用》，上海：上海古籍出版社，2019 年，第 249—272 页。

时强调非西方地区如若想成为"文明"社会一员,必须效仿近代西方的一整套政治、文化、社会体制。作为一个非欧洲文明国家,中国在当时被列强普遍视为"半文明"地区,故而从未得到真正的平等待遇。因此,基于对现实政治的观察,一些中国士人开始重新审视国际法。

作为一位勤于思考中国改革问题的士人,郑观应的经历颇为丰富。他曾经在属于英商的宝顺洋行任职,后受聘为太古洋行轮船公司总经理,与李鸿章相识后,又在招商局担任了几年的帮办,之后又受张之洞邀请,出任汉阳铁厂总办。身为商人,郑观应自然要时常考虑商业竞争与如何营利这些古代士人所耻于涉足的议题,因此,对于近代资本主义他有颇为深入的亲身体验,这让他能洞察到近代西方国家的一些根本特征。

在代表作《盛世危言》一书里,他根据自己所掌握的西学知识,以及日常当中和外人交涉的经验,对国际法进行了一番剖析。在他看来,"公法者,万国之大和约也"。① 又说:

> 公法者,彼此自视其国为万国之一,可相维系而不能相统属者也。可相维系者何? 合性法、例法言之谓。夫语言文字、政教风俗固难强同,而是非好恶之公不甚相远,故有通使之法,有通商之法,有合盟合会之法。俗有殊尚,非法不联。不能相统属者何? 专主性法言之谓。夫各国之权利,无论为君主,为民主,为君民共主,皆其所自有,他人不得侵夺。良以性

---

① 郑观应:《盛世危言·公法》,载邹振环整理《危言三种》,上海:上海古籍出版社,2013 年,第 58 页。

法中决无可以夺人与甘为人夺之理。故有均势之法,有互相保护之法。国无大小,非法不立……列邦雄长,各君其国,各子其民,不有常法以范围之,其何以大小相维,永敦辑睦？彼尊此例以待我,亦望我守此例以待彼也。且以天下之公好恶为衡,而事之曲直登诸日报,载之史鉴,以褒贬为荣辱,亦拥护公法之干城。故曰：公法者,万国一大和约也。①

在这里,郑观应描述的是国际法的理想状态,即尊重各国主权,维系国际和平,公平裁决国际纠纷。同时他着重强调了一点,即当时的世界已然是"万国林立"的态势,各国有各国的基本诉求,中国也只是众多国家中的一员,必须学会在这样的国际环境中思考中国的内部与外部问题。但是,只要稍微对 19 世纪的世界史有所了解,就能认识到他所描述的这些内容在现实政治中其实很少完整体现出来。国际法多作为一种权力话语,或用于列强之间的纵横捭阖、弱肉强食,或用于为殖民扩张背书。

作为一位在商界历练多年的商人型士人,郑观应不可能不对现实政治与经济有着敏锐的洞察。他指出：

虽然,公法一书久共遵守,乃仍有不可尽守者。盖国之强弱相等,则藉公法相维持,若太强太弱,公法未必能行也。太强者,如古之罗马,近之拿破仑第一,虽有成有败,而当其盛时,力足以囊括宇宙,震慑群雄,横肆鲸吞,显违公法,谁敢执

---

① 郑观应:《盛世危言·公法》,载邹振环整理《危言三种》,第 59 页。

其咎？太弱者，如今之琉球、印度、越南、缅甸，千年旧国，一旦见灭于强邻，诸大国咸抱不平，谁肯以局外代援公法，致启兵端？不特是也，法为德蹶，俄人遽改黑海之盟，法无如之何也。土被俄残，柏林不改瓜分之约，各国无如之何也。然则公法固可恃而不可恃者也。且公法所论本亦游移两可。其条例有云：倘立约之一国，明犯约内一款，其所行者与和约之义大相悖谬，则约虽未废已有可废之势。然废与不废，惟在受屈者主之。倘不欲失和，其约仍在两国，当照常遵守，至所犯之事，或置而不论，或谅而概免，或执义讨索赔偿，均无不可。由是观之，公法仍凭虚理，强者可执其法以绳人，弱者必不免隐忍受屈也。是故有国者，惟有发愤自强，方可得公法之益。倘积弱不振，虽有百公法何补哉？①

通过所举的例子，可以看到郑观应对当时的国际政治比较熟悉。由此出发，让他能洞察到在国际法条文背后的一些真实的状况，即国际法很多时候是为强国服务的，即便无法"制裁"，也是一种变相"服务"，这等于说认可了强国的法外之权，使之具有话语上的优势。相较之下，弱国在现实政治面前早已丧失援引国际法的资格。在此情形下，郑观应提醒国人不能对国际法抱有太多期待，以为遵守其原则便可求得和平，而是应该充分意识到现实政治的惨烈与无情，一心一意谋求富强之道。

但是，面对当时衰败的国势，人们必须思考如何在国际法原则

---

① 郑观应：《盛世危言·公法》，载邹振环整理《危言三种》，第60—61页。

下求生存。对此,与郭嵩焘一样同为出使欧洲的使臣薛福成的观点很有代表性。薛福成曾在曾国藩幕府中任事,后与李鸿章关系紧密,为洋务派中比较善于思考中外问题的人士。1889 年,奉旨担任出使英法意比大臣,并赏二品顶戴,1890 年,他从上海启程赴欧洲任职,出使期间他也写了许多日记,其中记录了他对西方世界的观察及对中国问题的思考。

1892 年,在出使使臣任上的薛福成撰写《论中国在公法外之害》一文。他承认在现实政治面前国际法往往形同具文,让强国得以不顾国际法规定行事,而弱国虽然尽量使自身行为符合国际法,却并不受强国"待见",时常"受损于公法之外"。因此他认为:"是同遵公法者其名,同遵公法而损益大有不同者其实也。"[1]不过薛福成依然相信:"各国之大小强弱,万有不齐,究赖此公法以齐之,则可以弭有形之衅。虽至弱小之国,亦得藉公法以自存。"[2]作为一种权宜之计,他认为尊奉国际法的原则总比自外于国际法要好。"西人辄谓中国为公法外之国,公法内应享之权利,阙然无与。"反之,"公法外所受之害,中国无不受之"。究其原因,"盖西人明知我不能举公法与之争,即欲与争,诸国皆漠视之,不肯发一公论也;则其悍然冒不韪以陵我者,虽违理伤谊,有所不恤矣"[3]。

薛福成认为中国如果不被纳入国际法体系之中,在对外交涉

---

① 薛福成:《论中国在公法外之害》,载马忠文、任青编《中国近代思想家文库·薛福成卷》,北京:中国人民大学出版社,2014 年,第 283 页。

② 薛福成:《论中国在公法外之害》,载马忠文、任青编《中国近代思想家文库·薛福成卷》,第 283 页。

③ 薛福成:《论中国在公法外之害》,载马忠文、任青编《中国近代思想家文库·薛福成卷》,第 283 页。

方面将会受到更多不公正待遇。从现实的角度出发,作为驻外使臣,他有这样的主张无可厚非。但国际法背后是作为意识形态支撑的"文明等级论",而中国长期并不被视为"文明"国家。进一步来说,正如王尔敏所论:"帝国主义者,能够吞并南北美洲、澳洲新大陆,又瓜分非洲、亚洲旧大陆,除了压倒性之武力为后盾,而其外交阴谋手法,则是配合侵略之有效策略。此则中国上下最需认清,加以防范,免受其愚弄。帝国主义之外交阴谋之一乃是假冒和平之名,与如我国朝野者然。若是不能吞并中国,则以种种手段,攫取中国资源,凡要在中国开矿,多半要在经济上奴役中国上下,此在近代史上中国矿权落入英人之手,乃最著名。使中国上下而产生收回矿权运动。另一庞大阴谋是在中国建造铁路,德国之建胶济路,俄国之建中东路、南满路亦是显例。再次乃是以中国海关及盐税担保之大借款,使中国长期陷为负债之奴。此是善面阴谋。"①从这些列强在华巨大的利益来看,无论中国如何以西方为参照进行自我改变,大概也很难真正被视为"文明"国家,进而能够实质性地得到国际法规则的保护。关于这一点,从清末民初的法律修订与外交谈判诸史事中可以明显地看出来。总之,在19世纪以降列强所主导的世界体系里,无论怎样努力地适应与迎合,中国都很难改变自身的地位与命运。

四　高度扭曲的世界想象

　　1894年甲午之战,中国败于日本,大量的内部危机再一次被暴

---

① 王尔敏:《晚清商约外交》,北京:中华书局,2009年,《自序》,第5页。

露出来。在那一时期开始执言论界牛耳的梁启超在晚年回忆当时的思想氛围：

> 志士扼腕切齿，引为大辱奇戚，思所以自濯拔；经世致用观念之复活，炎炎不可抑。又海禁既开，所谓"西学"者逐渐输入，始则工艺，次则政制。学者若生息于漆室之中，不知室外更何所有，忽穴一牖外窥，则粲然者皆昔所未睹也，还顾室中，则皆沈黑积秽。于是对外求索之欲日炽，对内厌弃之情日烈。欲破壁以自拔于此黑暗，不得不先对于旧政治而试奋斗，于是以其极幼稚之"西学"知识，与清初启蒙期所谓"经世之学"者相结合，别树一派，向于正统派公然举叛旗矣。①

正如其言，当时如他自己，包括其师康有为，以及汪康年、谭嗣同、宋恕、章太炎等人，都有感于时局日益危险，开始主动地汲取新知，阅读传教士所译介的西学论著，同时关系中外大事，获取了一定的西学知识。但也正如梁启超所言，这些西学知识是比较"幼稚"的，因此很难让他们对西方文明有较为全面的认识。而与此同时，出于对时政的不满，他们开始借助这些"幼稚"的西学知识，包括这背后的立场与价值观，批判中国"沈黑积秽"现状，呼吁改革。

不可否认，这一批士人的改革热情与汲取新知热情颇为高涨，且十分真诚，他们的不少言论也确实收到针砭时弊、打开风气之功。但正是由于他们展开这些工作的主要思想资源——西学——

---

① 梁启超：《清代学术概论》，载朱维铮编校《梁启超论清学史二种》，上海：复旦大学出版社，1985年，第59页。

是比较幼稚的,因此他们很容易产生一些不太恰当,甚至是颇为扭曲的中外认识。站在今天的角度,为了树立良好的世界视野,这一时期的相关言说必须予以检讨,以免在各种信息异常丰富的今天,却依然把那一时期的世界想象"典范化"。

在这批人当中,谭嗣同性格激烈、气质豪迈,十分敢言。他坐言起行,将自己的生命献给变法事业。在其遗著《仁学》中,谭嗣同根据儒学、佛学,以及粗浅的西学知识,构筑了一个以"仁"为核心,旁及政治、经济、社会、学术问题的知识体系。虽然在今天看来,这一知识体系颇为粗陋,但仍然体现出谭嗣同的思想魄力。

在《仁学》中,谭嗣同叙述了他对当时中国与世界形势的基本认识。他的理想是有朝一日能实现全球大同:"人人能自由,是必为无国之民。无国则畛域化,战争息,猜忌绝,权谋弃,彼我亡,平等出;且虽有天下,若无天下矣。君主废,则贵贱平;公理明,则贫富均。千里万里,一家一人。视其家,逆旅也;视其人,同胞也。"①但他也很清楚,这一愿景在当时很难有实现的可能。因此,他将更多的注意力聚焦于中国,以及中外交涉问题上面。他认为当时的中国有许多弊病,因此不能虚骄自大、讳疾忌医。他以一种善意的姿态看待列强对中国状况的各种描述,认为:"诋毁我者,金玉我也;干戈我者,药石我也。"②从他对时局的苦闷与不满,以及对新知的渴求的角度来看,这些想法虽然未必周全,但也能够理解。

但或许是对于"诋毁我者"和"干戈我者"有太多期待,以至于谭嗣同忽视了列强对中国的侵略。更有甚者,他不但忽视了这些

① 谭嗣同:《仁学》,载《谭嗣同集》下册,杭州:浙江古籍出版社,2018 年,第 393 页。
② 谭嗣同:《仁学》,载《谭嗣同集》下册,第 386 页。

因素,甚至以一种类似于站在对方的立场上的视角来看待中西交涉:

> 吾敢明断之曰:各国欺凌远、近东病夫之道,即其所以致
> 衰之道。何也? 国于天地,必有以立,则信与义,其内治外交
> 之胶粘物也。各国之强盛,罔不由于信义,天下既共闻而共见
> 之矣。不幸独遇所谓病夫者,以信义待之,彼反冥然罔觉,悍
> 然不顾。于是不得已而胁之以威,诈之以术。又不幸胁与诈
> 而果得其欲,且逾其初志焉,将以为是果外交之妙用也已。相
> 习成风,转视信义为迂缓。则以之待病夫者,旋不觉以施诸无
> 病之人。无病之人不能忍受,别求所以相报,由是相诡相遁,
> 外交之信义亡矣。①

这番话如果单独揭出,很难想象是忧国忧民的谭嗣同所言。因为
他不但将外人用以污蔑中国人的词语——病夫——作为对中国的
描述,而且竟然认为由于像中国这样的国家不讲"信义",才导致外
交领域欺诈成风。或许是因为他对西洋诸国太有好感,以至于在
信息并不充足的条件下产生了许多想象。他说后者"强盛"缘于
"信义",自今日观之,严重违背了 19 世纪外交史的基本常识,至少
德意志帝国崛起的主要功臣俾斯麦与长期担任英国驻华全权公使
的威妥玛不会这样认为。更有甚者,他相信这种本不存在的"信
义"是被中国这样的国家破坏的,更是不知从何说起。19 世纪的中
外交涉,尤其是不平等条约的签订,背后凸显的是列强充满算计的

---

① 谭嗣同:《仁学》,载《谭嗣同集》下册,第 383 页。

对华政策。晚清不少有过办理洋务经验的大臣都意识到不能轻启事端，以免授予外人口实，被后者仗着坚船利炮的优势得寸进尺，再一次攫取更多的利益。这固然是一种消极的对外思维，也显出弱国的无奈，但至少证明了在一些亲自参与洋务的人眼里，列强很少有"信义"可言。

不特此也，或许对于中国的现状太不满了，谭嗣同声称：

> 东西各国之压制中国，天实使之，所以曲用其仁爱，至于极致也。中国不知感，乃欲以挟忿寻仇为务，多见其不量，而自窒其生也。①

按照这番话的逻辑，既然中国已经很"黑暗"了，那么东西列强侵略中国，就成了打破这种"黑暗"的契机。但谭嗣同似乎未曾虑及，即便这样的"黑暗"，其实也是列强所喜闻乐见的，因为这样中国就无法与之竞争，而将永远成为被侵蚀的对象。此外，谭嗣同抱以好感的"东西各国"，多为现代意义上的民族国家。而欲臻此境，必须在内部营造民族主义的氛围，形成强烈的国家认同，这也是民主政治兴起的主要背景。而一旦实现这一目的，那么对于外国侵略必然抱以"挟忿寻仇"的态度。在这个意义上，谭嗣同虽然勇于汲取新知，但他对于世界形势的认识似乎还不如王韬、郑观应这样有大量实践经验的人深刻且全面。

虽说如此，但以谭嗣同的性格，对于这些问题，他不会点到为

① 谭嗣同：《仁学》，载《谭嗣同集》下册，第368页。

止,而是要把话给说透。既然甲午之战对士人圈产生极大的冲击,那么在谭嗣同眼里:

> 若夫日本之胜,则以善仿西国仁义之师,恪遵公法,与君为仇,非与民为敌,故无取乎多杀……摧败中国之军,从不穷追,追亦不过鸣空炮慑之而已,是尤有精意焉……民知其非与已为敌,必无固志,且日希彼之惠泽。当日本去辽东时,民皆号泣从之,其明征也。嗟乎!仁义之师,所以无敌于天下者,夫何恃?恃我之不杀而已。①

把甲午之战中的日本视为"仁义之师",并对其赞誉有加,同时否认日军在旅顺进行了惨无人道的大屠杀,这样的叙事在当代日本右翼史学或者"台独"文人的拥抱殖民论述里或许常能见到,但很难想象长期被视为晚清启蒙思想界的谭嗣同也这样认为。不可否认,在日本侵华期间,日本军方曾经花重金收买外国记者,让他们撰写美化日本,有利于日本进行国际宣传的报道,因此有不少外国记者撰文否认旅顺大屠杀。② 但仍有不少有良知的记者对日军暴行进行了揭露,使世人看到日本军国主义的野蛮性。既然如此,谭嗣同如此论述日本侵华,要么是由于他看不到或听不到有关日军暴行的信息,要么就是他对"东西各国"太有好感了,以至于不愿意相信后者会干得出这样的事。

谭嗣同在人格上很纯粹,但他的世界想象却是极度扭曲的。

---

① 谭嗣同:《仁学》,载《谭嗣同集》下册,第369—370页。
② 刘文明:《前言》,载刘文明编《西方人亲历和讲述的甲午战争》,杭州:浙江大学出版社,2015年,第14—16页。

之所以如此,归根结底是因为他所接受的关于外部世界的信息很大程度上沾染着 19 世纪西方列强的主要意识形态话语——文明等级论。在此话语里,列强的形象被不断美化,中国的形象则被高度污名化。由于戊戌前后中国士人并未能够清楚分辨这一点,所以他们在汲取新知的同时,常常不自觉地把文明等级论内化为自己分析中国与世界局势时的主要凭借,不少人甚至主动地参与传播文明等级论,视此为步入"文明"的不二法门。就此而言,是否能够意识到文明等级论的真实意图,是否能从理论与实践两方面对之展开批判,这关系到是否能形成一个良好的世界认识。1958 年毛泽东在接见非洲青年代表团时说道:

> 西方帝国主义者自以为是文明的,说被压迫者是野蛮的。可是我们没有占领别人的地方,非洲也没有占领过欧洲。是欧洲占领非洲,这就很文明了? 欧洲不如非洲,它们占领别人的地方不是很野蛮吗? 帝国主义占领我们中国,这就很野蛮……帝国主义者长期以来散布他们是文明的、高尚的、卫生的。这一点在世界上还有影响,比如存在一种奴隶思想。我们也当过帝国主义的奴隶,当长久了,精神就受影响。现在我国有些人中还有这种精神影响,所以我们在全国人民中广泛宣传破除迷信。①

从这番话出发,或许可以在今天彻底反省谭嗣同似的世界想象,这是当代中国人形成更为成熟、更为自信的世界观的起点。

---

① 毛泽东:《同黑非洲青年代表团的谈话》,载《毛泽东文集》第 7 卷,北京:人民出版社,1999 年,第 382 页。

第三讲　辛亥革命前十年间的革命论述

　　1911 年,武昌起义爆发,随后各省响应,清帝宣布退位。这在中国历史上具有十分重要的意义,堪称一个历史新纪元。数千年之久的帝制被推翻,中国建立了共和政体。如果把时间拉长一点,这场革命的酝酿,从甲午战争之后就已经开始了。要想了解辛亥革命的性质与特点,就必须要认识清末以降的革命论述。看一看当时的革命者为什么要宣扬革命,通过怎样的手段、内容、口号来宣扬革命,以及那些总体来说年纪并不大的革命者们对未来中国建设的方案是什么。这些革命论述,除了对现实政治产生巨大冲击,还影响着一批日后登上中国政治与文化舞台的人士,形塑着他们对于中国历史与现实的基本认知。因此,有必要从今天的角度对清末的革命论述展开分析。

一 孙中山的"政治策略"

1894 年,因家庭背景与成长经历而在西方世界生活多年,接受西方教育,粗通西学,关心国事的青年孙中山上书位高权重的李鸿章,承认"比见国家奋筹富强之术,月异日新,不遗余力,骎骎乎将与欧洲并驾矣。快舰、飞车、电邮、火械,昔日西人之所以恃以凌我者,我今亦已有之,其他新法亦接踵举行"。① 回到历史现场,他的这番论述其实并无错误。洋务运动以来,李鸿章、左宗棠等地方督抚大力引进西方科学技术,在中国建立各种工厂,生产军事装备。在器物层面,晚清时期的中国其实已经小有规模。因此当代有学者认为:"1648 年后,枪炮、财富和官僚体制在西方造成了许多政权更迭,近代中国的统治者们也使尽浑身解数来追寻这些要素。他们还在航运和电报等领域创办了国有企业,在 19 世纪晚期,这些改革使政府的交通运输和通信基础设施焕然一新。1900 年之前,对进步政策的推动力多来自各省官员,而不是来自朝廷。北京之所以力挺这些措施,是因为统治阶级明白这些举措是为整个大清帝国的利益服务的。"②

或许是认为清廷尚有可为,孙中山向李鸿章提建议:"人能尽其才,地能尽其利,物能尽其用,货能畅其流——此四事者,富强之

---

① 孙中山:《上李鸿章书》,载《孙中山全集》第 1 卷,北京:中华书局,2011 年,第 8 页。
② [美]斯蒂芬·哈尔西:《追寻富强:中国现代的国家建构,1850—1949》,赵莹译,北京:中信出版社,2018 年,第 265—266 页。

大经,治国之大本也。我国家欲恢扩宏图,勤求远略,仿行西法以筹自强,而不急于此四者,徒惟坚船利炮之是务,是舍本而图末也。"①是年 6 月,孙中山与友人陆皓东赴天津投书李鸿章,但未获后者接见。

几年之后他回忆这段经历:"正在中日甲午战争开始以前,我在天津,有很好的机会看到他(李鸿章)发财致富的方法之一,就是各级文武官员从整个国家各部分成群而来,请求任命。但是就在他们的呈文到达李鸿章以前,他们必须支付大量的贿赂给李的随员。""因为无可救药的贪污制度的风行,这个制度受到他们满人统治者的保护,使得中国变成任何国家毫不费力的战利品,并且给我们何以很容易地败于日本人手中作了解释。"②清廷腐败堕落的政治风气,以及甲午战争中惨败给日本的结局,让孙中山对清廷彻底失望,不再相信它能让中国摆脱近代以来所遭遇的危机,从而走上了革命的道路。与之相似,革命党中的主要理论家章太炎也是曾经对变法维新抱有希望,但在庚子事变中,目睹清政府举措乖张,开始认识到其不能挽救中国于危亡之中,于是毅然走上革命的道路。

在这之后,孙中山开始把中国古代的"夷夏之辨"与法国大革命以来风行欧洲的民族主义思潮相结合,希望以建设符合当时西方标准的政权为目的而获取西方列强的支持。他强调:

---

① 孙中山:《上李鸿章书》,载《孙中山全集》第 1 卷,第 8 页。
② 段云章编著:《孙文与日本史事编年(增订本)》,广州:广东人民出版社,2011 年,第 4 页。

不完全打倒目前极其腐败的统治而建立一个贤良政府，由道地的中国人（一开始用欧洲人做顾问并在几年内取得欧洲人行政上的援助）来建立起纯洁的政治，那么，实现任何改进就完全不可能的。仅仅只是铁路，或是任何这类欧洲物质文明的应用品的输入（就是这种输入如那些相信李鸿章的人所想象的那样可行的话），就会使得事情越来越坏，因为这就为勒索、诈骗、盗用公款开辟了新的方便的门路。①

孙中山在这里所透露出来的想法，即借助外国的力量来达到政治目标，很大程度上伴随着他一生。1904 年他在一篇文章中说道："中国觉醒以及开明的政府之建立，不但对中国人，而且对全世界都有好处。全国即可开放对外贸易，铁路即可修建，天然资源即可开发，人民即可日渐富裕，他们的生活水平即可逐步提高，对外国货物的需求即可增多，而国际商务即可较现在增加百倍。"②很难说这样的认识背后，不是以孙中山对近代西方（包括日本）的政治与文化想象为基础。而这一逻辑下的政治实践，最具代表性的例子莫过于他对日本的态度。众所周知，明治维新以来的日本，长期把侵略、肢解、吞并中国作为制定对华政策的基础。日本右翼团体"黑龙会"所宣称的"日本政府是否顺从其神圣的使命，以英雄的气概解决中国问题，使中国自动地依赖日本，这是一个极其重要的政

---

① 孙中山：《中国的现在和未来》，载《孙中山全集》第 1 卷，第 88 页。
② 孙中山：《中国问题的真解决》，载《孙中山全集》第 1 卷，第 253—254 页。

策问题",①就是这一政治目的比较直截了当的表达。唯一有区别的,只是不同时期日本各派政治力量为达到此目的而采取不同的方式与策略而已。但孙中山却长期希望日本国内的政治力量能帮助自己的革命事业,甚至屡次在口头上答应给日本在政治与经济领域进行"让利"。虽然人们可以假设孙中山此举不过是一种政治策略,可在现代民族国家的交往原则中,这样的行为无疑会授人以柄,对中国的主权与领土完整造成极大损害。② 而他的这一"权宜之计"在深谙通过外交手段为本国捞取最大利益的列强面前,也往往显得左支右绌。有论者就指出,通过审视孙中山在清末的革命活动:

> 就人们所知,在1912年以前,没有任何一个国家的政府支持过孙博士,他对他的争取外国借款的计划所抱的幻想可悲地破灭了。从现时的观点来回顾衡量过去的历史,人们会认为,孙博士对债权人的某些许诺似乎是鲁莽大胆的,甚至是丧失原则的。对于提供特权、地位和租界一事,也许孙中山毫无内疚不安之感。因为,他的注意力集中于一个伟大的目标:推翻可恶的清王朝,建立一个有利于中华民族的进步政权。那个世纪的头十年,是一个对中国贷款、外国在取得建设铁路、开采矿藏特许权的事务中,展开激烈竞争的时期。再则,由于

---

① 《黑龙会备忘录》,载《第一次世界大战以来帝国主义侵华文件选辑》,北京:生活·读书·新知三联书店,1958年,第6页。
② 关于这一点,可参阅段云章编著的《孙文与日本史事编年(增订本)》一书,里面对许多相关史料有极为详尽的铺陈与披露。

他的切身感受,孙中山深信在教育和行政管理部门的外国规章制度。他还把外国贷款,看做是使中国经济现代化的必由之路。①

甚至纵观孙中山一生的政治生涯:

> 我们一次又一次地看到了孙博士的活动中的矛盾心理。他潜心致志地献身拯救中国,这是毋庸置疑的。但是,他把复兴国家的大业,寄希望于国外的帮助上面。甚至,为了取得这类帮助而不惜让步迁就。当然,这种做法,只能加深外国对于中国的控扼。在其稍后的一些年份中,他对于外国的统治特别敏感,并且把中国类比为一个有许多主人的殖民地。可是,晚至 1923 年中期,他似乎还乐意对于英国企业提供巨大的在广东的经济上的让步。1924 年初,他仍在玩弄一个由外国对全中国的强制性的军事保护计划。②

孙中山的这些政治思维与政治实践特征,给后人最大的教训就是,在帝国主义环伺的局面下,必须时刻对国家主权与领土完整保持高度的警惕。革命的力量只能从中国广大的民众当中产生,而不能将一时的政治目标建立在向列强让利的基础上。"打扫干净屋子再请客"是让中国摆脱受帝国主义干涉与欺凌的唯一办法。

---

① [美]韦慕庭:《孙中山:壮志未酬的爱国者》,杨慎之译,北京:新星出版社,2006年,第 97 页。
② [美]韦慕庭:《孙中山:壮志未酬的爱国者》,杨慎之译,第 352 页。

二　反思清末革命党的宣传手段

　　清末的革命团体主要由一部分国内士人与新式学校学生、留学日本各类学堂的学生，以及会党组成。虽然兴中会、光复会、华兴会在日本合并成立同盟会，一时间声势颇旺，但在掌握着全国大部分军事与经济资源的清政府面前，革命力量还是显得较为弱小，几次武装起义都以失败告终。因此，如何通过革命宣传来唤起更多人的革命意愿，就成为清末革命论述中的重要环节。

　　甲午战争之后，新式大众传媒开始在中国广泛兴起。汪康年、梁启超、严复等人在报刊上发表了一系列政论，宣扬自己的政治主张，借由初步形成的出版与发行渠道，通过带有传统色彩的士人交游网络，让散居在全国各地的读书人能够在较短时间内形成某种具有一定群体效应的政治共识与政治感觉。正如史家吕思勉所忆："予之知读报也，自民国纪元前十七年上海之有《时务报》始也。是时海内情势，晦盲否塞，政俗之有待改革者日亟，而莫或能为之倡者。《时务报》出，风运甚速，销数至万七千份，此在今日诚不足为异，然在当时，则创举也。读《时务报》者，虽或持反对之论，究以赞成者居多，即反对者，亦咸知有改革之说矣。"①庚子事变之后，大量中国士人东渡日本，或是留学，或是游历，或是政治避难。他们在日本创办各种报纸杂志，翻译、介绍、改编流行于日本的政治学说，或是以这些政治学说为根基，针对当时中国的政治局势，在报

---

① 吕思勉：《追论五十年来之报章杂志》，载《吕思勉全集》第12卷，上海：上海古籍出版社，2015年，第815页。

刊上撰文，宣扬自己的政治理念。

革命党人很快也开始以此方式宣传革命。他们宣称："以排满为达民族主义之目的，以立国为达国民主义之目的。"①他们主要理论工具包括由日本所译介的政治学理论与民族主义理论，中国传统的"夷夏之辨"思想，明末清初与宋末明初的相关史事等。民族主义理论赋予那些主张革命的人士具备了论述近代政治组织原理，尤其是民族国家之内涵的能力，虽然他们对于民族主义的理解实话说来并不深入，最多只是明其梗概而已。而传统的"夷夏之辨"与明清之际史事则更容易向国内大量未受西学熏陶的人士进行宣传，让他们利用中国传统的政治思想来理解反清革命的内涵。特别是对文化知识水平有限的会党，这样的宣传方式较之论述某种西学更有效果。

在言辞上，革命党人多使用各种激越的、夸张的论调，宣扬诸如"非我族类""扬州十日""嘉定三屠""夷狄入中国"等观念，让人们觉得清廷并非"中国"的王朝，而是所谓"异族政权"。这里征引一段当时的革命宣传文字：

> 满清觉罗之入关也，屠洗我人民，淫掠我妇女，食践我毛土，断送我江山，变易我服色，驻防我行动，监督我文字，括削我财产，干涉我言权，惨杀我志士，谬定我宪法，二百六十年如一日。我国民虽欲包容彼族，其如日日防我家贼何？我国民虽欲不谋动作，其如伊之卖送我于朋友何？我四万万之民族

---

① 精卫:《民族的国民》，载张枬、王忍之编《辛亥革命前十年间时论选集》第二卷上册，北京:生活·读书·新知三联书店，1963年，第99页。

日益削,彼五百万之羶种日益横……夫中国者,中国人之中国,非满洲之中国也。光复中国者,中国全体之责任,非仅湘赣一部分之责任也。欲救中国于今日列强竞争之世,非先扑灭满洲不可。①

不可否认,这样的论调或许有助于让许多对现实感到不满的人仇视清政府,但在当时东西列强对中国边疆地区虎视眈眈的背景下,这样做其实无助于维护疆域版图的完整性,无助于实现政治整合,并且对形成符合中国历史与现状的民族理论造成不小的障碍与误区。更有甚者,近代西方民族国家兴起,使许多按照传统模式进行统治的幅员辽阔的帝国都遭遇到危机,如奥斯曼帝国、哈布斯堡王朝等,从全球史的角度看,并非只有晚清的中国才面临这困境。此外,这样的论述把任何帝制时期都可能出现的统治弊病,描绘成只有清廷才独具的问题。从今天的角度看,这类主题的宣传文章已经成为历史陈迹,不再具有任何成为思想遗产的价值。而关于清王朝的历史地位,正如周恩来在 1961 年所概括的,它"也做了几件好事。第一件,把中国许多兄弟民族联在一起,把中国版图确定下来了,九百多万平方公里。第二件,清朝为了长期统治,减低了田赋,使农民能够休养生息,增加了人口,发展到四万万人,给现在六亿五千万人口打下了基础。第三件,清朝同时采用满文和汉文,使两种文化逐渐融合接近,促进了中国文化的发展。清朝在

---

① 铁郎:《论各省宜速响应湘赣革命军》,载张枏、王忍之编《辛亥革命前十年间时论选集》第二卷下册,第 848—849 页。

确定版图、增加人口、发展文化这三方面做了好事"。①

不过，革命党内部对此还是有清醒认识的。比如章太炎的"排满"论述，如果越过他那表面上那些激烈的名词与情绪的表达，他之所以持此主张，除了在庚子年间彻底认识到清廷不能挽救中国的危机，更基于对占中国人口极小一部分的满族权贵支配着政治与经济资源的强烈不满，因为这对占人口绝大多数的汉人而言是不公平的，是让"主体民族"处于被支配状态的。② 也正是这样，在武昌起义爆发不久后，章太炎立即致信留学日本的满族学生，劝他们不必因此感到恐慌，强调革命成功之后，"君等满族，亦是中国人民，农商之业，任所欲为，选举之权，一切平等"。③ 一改宣传革命之时那种极尽煽动之能的姿态。而辛亥革命之后，章太炎唯一一次担任政府职务，就是1913年出任东三省筹边使，整合当地的政治与经济力量，探索完善当地交通的办法。而众所周知，东三省正是满族的发源地。而现代中国的民族主义之要义，也正如章太炎在清末所呼吁的：

> 今外有强敌以乘吾隙，思同德协力以格拒之，推其本原，则曰以四百兆人为一族，而无问其氏姓世系。为察其操术，则曰人人自竞，尽尔股肱之力，以与同族相系维。其支配者，其

---

① 周恩来：《接见嵯峨浩、溥杰、溥仪等人的谈话》，载《周恩来选集》下卷，北京：人民出版社，1984年，第320页。
② 整个清朝历史是否如此是一回事，但章太炎如此认为却是另一回事。
③ 章太炎：《与满洲留日学生》，载马勇编《章太炎书信集》，石家庄：河北教育出版社，2003年，第292页。

救援者,皆姬、汉旧邦之巨人,而不必以同庙之亲,相呴相济。①

现代中国的民族主义要求在力求摆脱国势衰微的同时,重新思考内部的政治、社会与经济结构,形成一种符合现代需求的文化与价值观,抵外侮,除弊政,振民生,大庇天下寒士俱欢颜。可以说,近代中国的首要任务在于维持秦汉以来的大一统国家政权,特别是清代形成的领土版图,动员广大的社会力量,抵抗帝国主义对中国领土与主权的侵蚀,让中国摆脱日益加剧的危机,走向独立自主。许多现代性因素在中国的展开,都与这一时代主题息息相关,也只有促进了这一过程,才能具备基本的合法性。以此为尺度,清末革命党的一些政治宣传方式,其实是值得引起反思的。

三　社会主义在中国的早期传播

19 世纪末 20 世纪初,社会主义运动在西方世界风起云涌。19世纪,随着工业革命之后资本主义的发展,社会上的贫富分化越发明显。一方面,少数资本家垄断生产资料,剥削劳动者的剩余价值;另一方面,广大城市工人处于极端贫穷的状态。正如恩格斯的描述:"无家可归的人挤在大城市的贫民窟里;一切传统的血缘关系、宗法从属关系、家庭关系都解体了;劳动时间,特别是女工和童工的劳动时间延长到可怕的程度;突然被抛到全新的环境中的劳

---

① 章太炎:《〈社会通诠〉商兑》,载《章太炎全集》第 4 册,上海:上海人民出版社,2014 年,第 348 页。

动阶级,从乡村转到城市、从农业转到工业、从稳定的生活条件转到天天都在变化的毫无保障的生活条件的劳动阶级,大批地堕落了。"①在此背景下,旨在改变这种贫富不均的剥削现状的社会主义运动开始兴盛起来。毋庸讳言,当时有许多社会主义的流派,除了马克思与恩格斯所创建的科学社会主义,还有蒲鲁东、巴枯宁、拉萨尔等不同类型的社会主义主张。第二国际成立后,伯恩斯坦式的社会民主党理论在西方社会主义者中间颇有市场。一时间,不少人相信通过"合法的"议会斗争可以让社会主义政党取得政权。因此,他们醉心于分析如何在资产阶级议会中获取更多的席位。

早在撰于 1873 年的《普法战纪》中,王韬就已简要叙述了法国巴黎公社的武装斗争。之后在来华传教士所创办的报刊中,也有关于社会主义与共产主义学说的介绍。不过社会主义开始对晚清士人产生较为广泛的影响,还是通过一批具有革命倾向的青年学生的介绍与宣传。比如邓实在 1903 年指出:"十九世纪之文明,既打破政权之不平等,二十世纪之文明,必将打破经济之不平等,此可预言也。"他高度称赞社会主义:

> 社会主义者,思想最高尚之主义。而首唱于思想最高尚之法兰西人圣西孟,渐枝干于英、德、奥、意,聚点潜伏于俄罗斯。其目的,欲打破今日资本家与劳动者之阶级,举社会皆变为共和资本、共和营业,以造成一切平等之世界。其手段,则欲变少数之国家为多数之国家,变海陆军人之国家为工农商

---

① [德]恩格斯:《社会主义从空想到科学的发展》,载《马克思恩格斯选集》第 3 卷,北京:人民出版社,2012 年,第 785 页。

> 人之国家,变贵族专制之社会为平民自治之社会,变资本家横
> 暴之社会为劳动者共有之社会,而后以正义博爱之心而压其
> 偏僻爱国之心也,以科学的平和主义而亡其野蛮的军国主义
> 也,以布拉沙呼德之世界主义而扫荡刈除其侵略帝国主
> 义也。①

很明显,在邓实眼里,社会主义是改变当时政治、经济、国际关系中
压迫与剥削的良方,是人类政治理想的高峰,值得进行宣传。

　　1907 年,张继、刘师培等人在东京发起"社会主义讲习会",章
太炎、钱玄同等革命党人也参加过其中的活动。一些日本的社会
主义者与无政府主义者被邀请前来做演讲。他们认为:"近岁以
来,社会主义盛行于西欧,蔓延于日本,而中国学者则鲜闻其说。
虽有志之士知倡民族主义,然仅辨种族之异同,不复计民生之休
戚,即使光复之说果见实行,亦恐以暴易暴,不知其非。"②值得注意
的是,尽管在马克思那里,科学社会主义与无政府主义之间泾渭分
明,但在晚清中国的革命党人眼里,社会主义与无政府主义乃相似
之物,都是旨在破除不平等的压迫与剥削,建立一个理想的社会。
因此,"社会主义讲习会"很多时候是在宣传介绍无政府主义。不
过它既然名曰"社会主义",多多少少还是介绍了一些社会主义的
学说,比如刘师培就在以宣扬无政府主义为主的《天义报》上翻译

---

① 邓实:《论社会主义》,载姜义华编《社会主义学说在中国的初期传播》,上海:复旦
　　大学出版社,1984 年,第 62—63 页。
② 张继、刘光汉等:《社会主义讲习会广告》,载姜义华编《社会主义学说在中国的初
　　期传播》,上海:复旦大学出版社,第 425 页。

了《共产党宣言》，只是他们不认同无产阶级专政理论。此外，刘师培在《衡报》《天义报》上，刊载了许多中国各地经济与政治不平等的报道，并于 1907 年提倡成立"农民疾苦调查会"，调查描述各地农村与农民的状况。凡此种种，为他分析当时的社会结构与支配情形，宣扬打破剥削制度，提供了许多鲜活的素材。

革命党人景梅九曾如是回忆自己参加"社会主义讲习会"时的场景：

> 这时在日本的中国学生，也立了一个社会主义研究会；我自然是在里头。有一天到清风亭开会，到会有四五十人。先有几位先生演说社会主义的历史，及最近的变迁，说出无政府主义来，大家都是有些感动的情形。我把自己研究所得的，也略说了几句，就是说："中国古来社会学说，很是不少，譬如《礼运》上所述'大同之世，天下为公，选贤与能，货恶其弃于地也，不必藏于己；力恶其不出于身也，不必为己'。这些话就是共产主义和无政府主义的神髓，不过没有人去特别研究，所以不十分发达。到了战国时节，诸子百家学术甚盛，也很有些道理和社会主义吻合的。看老、庄、列、墨诸子的书，可以知道个大概。……"①

从今天的认知基础来看，这番言说有极强的穿凿附会之嫌。不过不要忘了，当时的革命党人在教育经历上多深受中国传统的熏陶。

---

① 景梅九：《罪案·劳心劳力不平说》，载姜义华编《社会主义学说在中国的初期传播》，第 441—442 页。

孔子曰："不患寡而患不均,不患贫而患不均";又曰:"苛政猛于虎"。荀子曰:"王者富民,霸者富士,仅存之国富大夫,亡国富筐箧,实府库。"抑兼并、重民生多为历代儒者的论政要义。在这样的文化氛围下成长起来的士人,面对近代资本主义生产方式下的经济剥削与贫富不均,恐怕很难在价值层面表示认同。此外,儒家传统主张一种"责任伦理",它强调每一个人在自己所处的环境里,在一定的社会关系网络中,要对周围的人和事有一种休戚之感,尽到自己应尽的责任,使整个社会成为一个具有紧密联系的"共同体",而非如资本主义体制下基于个人主义,单纯以利害关系相结合。凡此种种,让如景梅九这样的革命党人接触到社会主义学说之梗概后,很自然地就会联想起中国传统中的相关内容。从历史的眼光看,这与其叫比附,不如说是后来新的社会条件下社会主义在中国广泛传播的深层次的文化基础。

不过对于孙中山而言,由于他的经史根底较为有限,因此他认识社会主义的路径,主要还是基于对西方世界的深入观察,资本主义国家里层出不穷的社会运动,无产阶级的各种政治与经济诉求,必然会对他产生一定的影响。1905 年 5 月中旬,孙中山甚至赴布鲁塞尔参访第二国际的常设执行机构,与第二国际负责人进行交流。据比利时《前进报》的报道,孙中山对第二国际的负责人说,革命成功之后的中国将实行工业化,但避免出现类似近代西方的剥削制度。[1] 几个月后,在著名的《民报》之"发刊词"中,孙中山指出:"世界开化,人智益蒸,物质发舒,百年锐于千载,经济问题继政

---

[1] 《孙中山访问第二国际书记处》,载姜义华编《社会主义学说在中国的初期传播》,第 342—343 页。

治问题之后,则民生主义跃跃然动,二十世纪不得不为民生主义之擅场时代也。"因此他呼吁:

> 民生主义,欧美所虑积重难返者,中国独受病未深,而去之易。是故或于人为既往之陈迹,或于我为方来之大患,要为缮吾群所有事则不可不并时而弛张之。嗟夫! 所陋卑者其所视不远,游五都之市,见美服而求之,忘其身之未称也,又但以当前者为至美。近时志士,舌敝唇枯,惟企强中国以比欧美,然而欧美强矣,其民实困。观大同盟罢工与无政府党、社会党之日炽,社会革命其将不远。吾国纵能媲迹于欧美,犹不能免于第二次之革命,而况追逐于人已然之末轨者之终无成耶! 夫欧美社会之祸,伏之数十年,及今而后发见之,又不能使之遽去。吾国治民生主义者,发达最先,睹其祸害于未萌,诚可举政治革命、社会革命毕其功于一役。还视欧美,彼且瞠乎后也。①

值得注意的是,在其他场合,孙中山说:"我们实行民族革命、政治革命的时候,须同时想法子改良社会经济组织,防止后来的社会革命,这真是最大的责任。"②可见,他对于社会主义的理解,很大程度上是要避免未来的中国出现类似近代西方那样的阶级冲突,是一种"防御型"的态度,而非主动建设社会主义。不过即便如此,由于

---

① 孙中山:《〈民报〉发刊词》,载《孙中山全集》第 1 卷,第 288—289 页。
② 孙中山:《在东京〈民报〉创刊周年庆祝大会的演说》,载《孙中山全集》第 1 卷,第 326 页。

不少革命党出身地主士绅家庭,当他们得知革命党口号中的"平均地权"时,便深感不解。

四 清末革命党的制度论述:刘师培

1906 年之后,随着革命形势的新发展,一些革命党人开始较为深入地思考未来中国的政治建设问题。在晚清的政治论说氛围里,源自近代西方的代议制度逐步被中国士人所青睐。他们基本上是从中国传统政治思想的脉络里来理解这一域外新制,认为它有助于通上下之情,让民间的意见能够上达天听,使君臣上下沟通无碍,借此来凝聚人心。[①] 在具体的制度设计上,时人"大致趋于上下院之制,而上院则以宗室勋戚及各部卿相为议员,构成贵介议院。下院则用下级官吏与练事之绅商为议员,取其老成硕德,才识卓异,以构成清流议院"。[②] 及至戊戌变法期间,在湖南参与新政的梁启超,主张兴革政治,应"复古议,采西法,重乡权",践行类似地方自治的举措。他认为当时中国一般民众严重缺乏政治能力,所以"必先使其民之秀者,日习以公事,然后举而措之裕如也"。而所谓"民之秀者",非地方乡绅莫属。因此欲兴民权,先兴绅权,"绅权固当务之急矣"。[③] 后来清廷决定推行新政,立宪之声甚嚣尘上,在

---

① 熊月之:《中国近代民主思想史(修订本)》,上海:上海社会科学院出版社,2002年,第124—138页。

② 王尔敏:《晚清士大夫对于近代民主政治的认识》,载《晚清政治思想史论》,桂林:广西师范大学出版社,2005年,第204、213页。

③ 梁启超:《论湖南应办之事》,载吴江等点校《饮冰室文集点校》第1册,昆明:云南教育出版社,2001年,第96、97页。

具体内容上，基本是将梁启超等人在戊戌年间的一些设想进一步
展开宣传。

　　革命阵营中的理论健将刘师培对此展开针锋相对的批判。[1]
1907年，刘师培东渡日本，成为同盟会机关报《民报》的主要撰稿人
之一。当时同盟会的口号中包含"平均地权"一项，这引发了他们
与属于立宪派的梁启超之间的激烈论战。为了维护同盟会的革命
纲领，刘师培发表了《悲佃篇》一文。他认为中国自古便有"以田谷
之多寡，区别富贫，故人人均自私其田，以侈己富"的特征。随着历
代土地兼并的盛行，"贫民贷值于富民，势必以身为质，或挟田以
往，及偿值未盈，则富民既籍其田，兼役其身。田为富民之田，身为
富民之仆"。[2] 北魏实行均田之制，但本质上只是将无主之地分与
平民耕种，以此增加王朝收入。"若贵族豪宗，兼并之产，百倍于
民，不闻收为公田，以济黎庶。是则均田之法，仅行于平民，不能推
行于巨室。"[3] 及至明代，土地兼并愈发明显，地方豪绅为了维护自
身的利益，向佃户收取高额地租，同时官方为了维系国家赋税，税
额并未相应减少，如此导致平民受到官府与豪绅的双重压迫，最终
形成"官税增而私税亦增，罹其苦者，在佃人而不在田主"之情形。
通过梳理这些史事，刘师培痛陈："兼并之民，非民间之一大
蠹耶？"[4]

　　以此为基础，针对清廷的立宪主张，刘师培强调："举行新政，

---

① 当然，后来刘师培突然改变了革命立场，投靠清廷大吏端方，民国成立以后，又为
　袁世凯称帝摇旗呐喊。
② 刘师培：《悲佃篇》，载李妙根编《刘师培辛亥前文选》，第73、75页。
③ 刘师培：《悲佃篇》，载李妙根编《刘师培辛亥前文选》，第77页。
④ 刘师培：《悲佃篇》，载李妙根编《刘师培辛亥前文选》，第77页。

名曰图富强,实则利于上而不利于下。若今日中国之新政,则尤为病民之根。"①他举代议制为例:

> 今中国议院虽未设立,然倡立宪之论者,均谓国会与地方自治相表里,复以地方自治为代议政体之基,一若此制苟行,则民权骤伸。此实大谬不然之说也。夫代议制度,较之官吏之专制,其害尤深。何则?中国自近世以来,贪官污吏,所在多有。纳贿敛财,视为惯技。然官吏既非土著之人,即幕客门丁,亦来自千里之外,民之情伪,安克周知?舞弊之方,亦非谙悉。凡狱讼、征科诸巨事,其有舞文曲法者,必绅耆为之通关节,书吏为之作爪牙。其有悉索贿赂,致小民荡产倾家,或虐遇无告之民,严刑以逼,则出于隶役所为。夫绅耆、书吏、隶役,均土著之民也,而贻害于民,至于此极。是则为小民者,罹官吏之害尚浅,罹土著之害尤深。而官吏之害民,又必假土民之手。此固证之各省而皆然者也。若地方自治之说昌,操其柄者,非退休之官吏,即殷实之富民;为之役者,则又一物不知之新党。虽曰土著之民,必卫桑梓,然昔日之为民病害者既为土民,今又假治事之名,以行武断把持之实,适实成一豪民之政治而已。况昔日土民之害,出于间接,今则以直接之法害民;昔日小民之受制,仅官吏数人,今则于官吏压制外,更增豪民之压制。始也,假振兴公益之名,以敛民财。至其实际,则绅民之权日伸,平民之权日削;邑民之权日伸,乡民之权日削。

---

① 刘师培:《论新政为病民之根》,载万仕国辑校《刘申叔遗书补遗》上册,扬州:广陵书社,2008 年,第 794 页。

此则少数人民之利,岂多数人民之利哉! 若夫国会之制,其弊尤增。试观君主立宪之国,为议员者,半属贵族;民主立宪之国,为议员者,尽属资本家。其有欲博多数选举者,必以资财运动;及被举以后,则又纳贿招权。况中国政以贿成,匪伊朝夕,其有不蹈此弊者几希。且即近日各省之情观之,各省省垣,咸有学会;大邑通都,咸有商会;即路、矿诸政,亦有设立总局者。其总理之员,均由省民公举。然为之总理者,或以阀阅,或以官阶,或以资产。舍是三者,别无被选之人。即任分会会长、评议员者,亦必视其资格之若何,方克入选。援是以推,即他日议员制度成立,各省所举之议员,即系今日之总理,此固无待著龟者也。平民之利权,果安在耶? 不过受绅民之迫责,以增纳租税而已! 至于立法一端,则操其权者,既属绅民,所立之法,必便于贵显殷实之家,而使贫民罹其酷。日本之制,可为殷鉴。安得谓平民与闻国政乎? 故代议政体,为世界万恶之原。谓为平民之敌,非虚语也。①

必须指出的是,刘师培所预估的未来中国各级议会中成员的组成,根据后来的形势来看,很大程度上并非不切实际的意气之论。张朋园通过统计清末咨议局中议员的出身情况,认为“咨议局议员大多数为具有传统功名之士绅;若干士绅同时又曾接受过新式教育;大多为有产阶级;高层士绅中多曾在中央或地方担任过官职,有一

---

① 刘师培:《论新政为病民之根》,载万仕国辑校《刘申叔遗书补遗》上册,第795—796页。

些政治经验,对政府有所认识"。①

此外,刘师培指出当时各省的通都大邑里,出现了各种学会、商会组织,这体现了近代资本主义已在中国生根成长。同时清政府也制订了一系列法律章程来鼓励、保护这些团体的利益,希望借此发展中国的工商业。在此情形下,他认为一旦实行选举,这些掌控资本的新兴工商业者,在官方的回护之下,"各省所举之议员,即系今日之总理",如此一来,"平民之利权,果安在耶?"换言之,晚清的工商业者大多数来自官绅阶层,从平民的立场来看,虽然社会财富的获取方式前后有别,但拥有这些财富的群体在来源上基本上并无二致。更有甚者,他们在某种程度上还都受到清政府的保护与扶持。作为主张社会平等的革命者(至少那一时期还是),刘师培在批判代议制的同时,也对清廷与豪民之间的复杂关系进行解析,揭示了代议制之所以被鼓吹的社会基础及其运作逻辑。一言以蔽之,它"便于贵显殷实之家,而使贫民罹其酷"。

尤有进者,日本的宪政经验在清末的立宪思潮中是一项十分重要的理论资源。在发表于《衡报》的《议会之弊》一文里,刘师培指出:"今中国新党醉心日本宪政,一若日本代议政体推行中国,则中国立强。此无论中国不宜行宪政也,即观于日本今岁之国会,而知代议政体,贻害日民,已非浅鲜。"②具体言之,日本内阁强行征税,众议院先前持反对态度,但在政府的压力之下,却改弦更张,转而支持政府的主张。在刘师培看来,"所谓众议院者,果助人民以

---

① 张朋园:《中国民主政治的困境,1909—1949:晚清以来历届议会选举述论》,长春:吉林出版集团,2008 年,第 67 页。
② 刘师培:《议会之弊》,载万仕国辑校《刘申叔遗书补遗》下册,第 1028 页。

抗政府耶,抑助当局以病平民耶?盖始则献媚平民,以博多数之投票;继则欺抑平民,以媚政府,安得谓议院为国民代表乎?"①此外,日本的贵族院欲夺回东京市民的市政自治权,在刘师培眼里,此举同样体现了当政者对民众的变相压迫。他痛陈:"所谓贵族院者,果为人民之利乎,抑为人民之害乎?"②

　　除了日本,刘师培等人还关注世界其他国家的政治与经济状况。他们时常在《天义报》《衡报》上报道各地平民与政府的冲突、社会主义运动的展开、资本家对劳工的压榨,将中国的社会与政治不平等问题置于全球资本主义扩张与社会主义运动视野之下,呈现出全球反压迫运动的丰富图景。关于代议制,一位以"志达"为笔名的作者写道:"若夫日、英各国之民,欲参国政,必以巨金运动,而议员受贿之事,书不胜书。然此犹曰'此非共和之国'也。今观于北美美利坚,为世界第一共和国,而近日某报所载,则美国自一千八百六十年至一千九百零四年,撰举大统领十四次,常以运动费之多占胜利。又,最近所定撰举法,凡为议员候补者,均纳保证金。至于近日,则桑港市长以索贿免职。此非所谓第一等共和国耶?而政以贿成乃若此,然后知政府乃纳贿之潴薮。"③

　　如果说在近代变局之下中国人必须"开眼看世界",那么刘师培等人从社会主义、无政府主义的视角出发,看到的世界就不再只是由西方资本主义国家主流话语所宣称的那样,充斥着文明、进步

---

① 刘师培:《议会之弊》,载万仕国辑校《刘申叔遗书补遗》下册,第1028页。

② 刘师培:《议会之弊》,载万仕国辑校《刘申叔遗书补遗》下册,第1028页。

③ 志达:《政府者万恶之源也》,万仕国、刘禾校注:《天义·衡报》上册,北京:中国人民大学出版社,2016年,第278页。

与繁荣,而是观察到资本主义政经体制在全球范围内的支配所带来的社会矛盾与冲突,听到被主流话语所压制的声音。

这些全球范围内的政治与经济形势,成为刘师培等人思考中国制度设计的借鉴与参考对象,以此面对帝国主义带来的挑战,并致力于探索能够让大多数人共享其利的政治与经济体制。刘氏观察到:"近日之富商,均渐变而为绅士,上与官吏相通,下与新党相逐,因借用新学而其名愈尊,因上攀达僚而其势益固。其始也,行于上海,继则各省绅士公为商业,又继则官僚、新党,亦思以资本家自居,自是官、绅、士、商,合而为一,提倡商权,伪兴实业,以盗一己之名,以夺平民之利。"①正因为资本的力量在中国开始萌芽,新的压迫形式已然出现,所以,代议制在资本主义国家所产生的弊病,中国应极力避免。

五 清末革命党的制度论述:章太炎

要论清末革命党中对于中国未来政治建设问题思考最深入者,则非章太炎莫属。他十分熟悉中国历代典章制度,并阅读了不少近代西方政治学、社会学的论著。1906 年,因"《苏报》案"而入狱的章太炎,终于得以出狱,并再次东渡日本。此后他的思想,较之先前,一大变化就是开始深入反思西学对中国历史与现状的适用性。他认为"今中国之不可委心远西,犹远西之不可委心中国

---

① 刘师培:《论中国资本阶级之发达》,载万仕国辑校《刘申叔遗书补遗》下册,第1110 页。

也"。① 中国的发展,不应处处模仿他邦,而是应以本国历史与现状为根据,思考真正适合于中国自身的立国之道。② 在此基础上,他认为对于中国古代典章制度,不能轻易用"专制"二字简单概括,而是应探寻其中的历史沿革与内在原理:

> 我们中国政治,总是君权专制,本没有什么可贵,但是官制为甚么要这样建置? 州郡为甚么要这样分划? 军队为甚么要这样编制? 赋税为甚么要这样征调? 都有一定的理由,不好将专制政府所行的事,一概抹杀。就是将来建设政府,那项须要改良? 那项须要复古? 必得胸有成竹,才可以见诸施行。③

在这里,虽然他依然认为中国古代制度乃是"专制"政体,但也开始注意到必须仔细梳理沿革、总结得失,"改良"同时犹有可"复古"之处存焉,这样方能为未来的制度建设奠定基础。这表明,章太炎此刻已经将对中国未来政治的思考建立在中国历史自身脉络上,明晰当下具体的实际形势,考量本国各类制度利弊,视此为制度建设之根本。

　　基于此,章太炎批评当时作为引进西方政经学说之代表人物

---

① 章太炎:《国故论衡·原学》,上海:上海古籍出版社,2003 年,第 103 页。
② 章太炎开始反思西学,一个不容忽视的缘由便是他由于"《苏报》案"而入西人监狱,在狱中饱尝苦头,使他开始质疑西人宣传的"文明""民主"是否真的名实相符。参见章念驰《沪上春秋——章太炎在上海》,台北:三民书局,1995 年,第 32—33 页。
③ 章太炎:《在东京留学生欢迎会上之演讲》,载章念驰编订《章太炎演讲集》,上海:上海人民出版社,2011 年,第 7 页。

的严复"所译泰西群籍,于中国事状有毫毛之合者,则矜喜而标识其下;乃若彼方孤证,于中土或有抵牾,则不敢容喙焉",即将西方的历史进程视为普世性的真理,并以此为出发点思考中国历史与现状,导致遮蔽了中国历史的复杂性与现实的独特性。章太炎指出,这一认知模式,"不悟所谓条例者,就彼所涉历见闻而归纳之耳,浸假而复谛见亚东之事,则其条例又将有所更易也"。① 作为被近代西方所宣扬的带有规律性的"条例",主要伴随着 19 世纪资本主义的全球扩张而生,特别是被用于向非西方地区宣扬西方文明的进步性与普世性,究其实,并无放之四海皆准之理。认识中国问题、解决时代危机,须根植于中国自身的历史进程,从中归纳总结蕴含原理性质的、具备解释力的"条例"。

当时无论是革命派或立宪派,包括清廷内部的改革派官员,都认为未来中国的制度设计应借鉴近代西方的代议制,只是存在着认同共和政体或君主立宪政体之别。而章太炎则一反潮流,主张代议制不可照搬于中国。在《代议然否论》一文里,他认为代议制与西方中古时期的封建制息息相关,议员很大程度上继承了封建贵族的政治地位。而中国自魏晋以后,社会上除了君权,已基本没有世袭性的政治权力,因此不适合移植代议制度,人为地制造一个特殊的权力群体,他的这番思考,根植于他对历史的重视,即历史流变是思考制度问题的重要参考,是否与历史接榫也是一项制度

---

① 章太炎:《〈社会通诠〉商兑》,载《章太炎全集》第 4 册,第 337 页。当然,据今人研究,严复的翻译在当时引起极大的论争,一个不容忽视的原因在于时人对"民族"等近代术语的理解与界定颇不一致,这一知识储备的差异性,也导致了彼此在思想上的冲突。参见王宪明《语言、翻译与政治——严复译〈社会通诠〉研究》,北京:北京大学出版社,2005 年,第 121 页。

是否具备基本合法性的重要条件。此外,他强调制度建设应和中国最基本的现实国情相符,在中国广土众民、地域经济发展极不平衡的条件下,能够被选为议员的,很可能是地方上的豪右富民,他们不会真正代表民众的利益。这一观察,注意到了近代政治体系里权力、阶级、资本之间复杂的关系,制度移植需要针对基本国情具体分析,世间并无一种普世主义的制度。这在视西方宪制为天经地义的清末民初,尤显空谷足音。

最后,章太炎在《代议然否论》里设计了一套他理想中的制度。简要言之,他主张总统只负责行政与国防,外交上作为国家礼仪的象征,此外不再具有其他权力。另外,司法独立,其主要负责人地位与总统匹敌,但凡政治上与社会上的案件,皆由司法部门负责,不受其他权力机构干涉,即使总统触犯法律,也可依法将其逮捕。立法不由总统干涉,同时杜绝豪民富户参与,由"明习法律者与通达历史周知民间利病之士,参伍定之"。[1] 除了小学与军事学校,其他教育机构皆独立,其负责人与总统地位相当,以防行政权力干预教育,因为"学在有司者,无不蒸腐殄败,而矫健者常在民间"。在任免问题上,章太炎坚持总统任命,"以停年格迁举之",[2]按照其任官时间与功绩来按部就班的升迁。其他政府官员的正常任命不容总统置喙,除非前者有犯法与过失的行为。若总统或其他官员有渎职或受贿等罪行,人人得以上诉于"法吏",由后者传唤嫌疑人,审理其案情,在量刑标准上,轻谋反罪,以免民众被肉食者威胁,但叛国罪则重判,特别是割地卖国行为一律处以死刑,以示国

---

[1]　章太炎:《代议然否论》,《章太炎全集》第 4 册,第 318 页。

[2]　章太炎:《代议然否论》,《章太炎全集》第 4 册,第 318 页。

家主权不容破坏。在政策执行上,凡必须由总统签署之政令,一定要与国务官联署,保证有过失时总统与其他官员共同承担,杜绝诿过于下。每年将政府收支情况公布于民,以止奸欺。因特殊原因需要加税时,让地方官员询于民众,可则行,否则止,若正反意见相差不大,则根据具体情况处理之。在正常情形下,民众不须推举议员,只有面临外交宣战等紧急时刻,则每县可推举一人来与闻决策。此外,他还设计了相关经济政策,如只能制造金属货币,不能制造纸币;轻盗贼之罪,以免法律沦为富人的帮凶;限制遗产继承的数目,防止经济不平等世袭化;杜绝土地兼并;工厂国有化;官员及其子弟不能经商;商人及其子弟不得为官。

总之,章太炎认为一项好的制度,应该真正体现人民民主,而非成为新的压迫工具,应代表最广大民众的根本利益,克服近代资本主义政经体制的诸弊端,让民权思想得以名副其实地在中国生根。此外,救亡图存是近代中国最主要的时代主题,任何制度设计必须顾及于此,即维系主权与领土的完整,动员广大社会力量参与国家建设,而不应人为地制造地域隔阂,撕裂民众的国家认同。

章太炎批评当时讲政治的新派人士"法理学、政治学的空言,多少记一点儿,倒是中国历代的政治,约略有几项大变迁,反不能说"。[1] 本乎此,在1908—1910年间,章太炎发表了多篇论述中国古代典章制度的文章,如《官制索隐》《五朝法律索隐》《秦政记》《说刑名》等,努力挖掘其中蕴含的平等精神、重视弱者生命、抑制权贵等因素。

---

[1] 章太炎:《常识与教育》,载章念驰编订《章太炎演讲集》,第63页。

比如在《秦政记》一文里，章太炎试图挖掘深刻影响中国两千余年政治制度与政治文化的秦政之精髓，从中总结中国古代政治实践中所体现出来的内在原理，以此作为未来中国制度建设的历史参考。章氏自言中国的政治应"依于历史，无骤变之理"，[①]因此《秦政记》不但是他尝试对历史提出解释，更有着极强的现实指向。他强调理解秦政不可简单套用源自近代西方的"专制"话语。秦政的运作，一定程度上保障了平民的利益。并且在铨选人才方面，秦制具有古典式的社会流动性，实践韩非主张的"宰相必起于州部，猛将必发于卒伍"，有效动员了当时的基层社会力量，杜绝皇族贵戚弄权干位，树立了良好的政治风气。此外，秦政厉行法治，赏罚一准于法，拒绝对特权集团法外开恩，这一点体现了社会平等，同时形成流传后世的政治文化传统，此乃未来中国法治建设的重要传统资源。

又比如在《五朝法律索隐》一文里，章太炎认为立法之事应本于中国现实状况，对于历史上长期形成的社会道德、风俗、习惯应予以充分重视，使得法律条文能和广大民众的生活习惯相吻合，在维护社会基本秩序、改革已经不适合时代风气的社会弊端同时，不去人为破坏民间习之已久的基本生活方式。他通过疏解五朝法律相关内容，强调制定法律应从平民的立场出发，以保障平民权益为旨归。就此而言，五朝法律中所体现的"平吏民""恤无告"诸特色，尤值得后人充分参考借鉴。此外，伴随着中国被卷入全球资本主义经济体系，章太炎对中国国内中西资本力量的扩张十分警惕，担

---

① 章太炎：《自述学术次第》，载虞云国整理《菿汉三言》，上海：上海书店出版社，2011年，第198页。

心在创办新政、发展工商业的名目下,广大平民遭受新式压榨与剥削。因此他表彰五朝之法颇有"抑富人"的特征,其根本精神足以为当下如何通过法律形式抑制资本的力量提供思想资源。章太炎之于五朝法律,考史其名,鉴今其实,表达了他对政治平等、社会公平,以及每一个生活于中国大地上的人都能真正独立、免于压迫的强烈向往。

笔者认为,这些内容才是清末的革命论述中最值得继承的优良传统。

第四讲　辛亥革命前十年间康有为与梁启超的中外形势论

　　说起中国现代思想史,自然离不开讨论康有为与梁启超师徒。毛泽东回忆自己在青年时代十分"崇拜康有为和梁启超",认为建立新政权之后,"以康有为任总理,梁启超任外交部长"。① 在梁启超看来,当世人物最能体会晚清以来中国所遭遇的变局者,非其师康有为莫属。他相信:"他日有著二十世纪新中国史者,吾知其开卷第一叶,必称述先生之精神事业,以为社会原动力之所自始。"② 而黄遵宪认为梁启超的文章"惊心动魄,一字千金,人人下笔所无,却为人人意中所有,虽铁石人亦应感动,从古至今文字之力之大,

---

① [美]斯诺:《毛泽东自传》,载刘统编著《早年毛泽东:传记、史料与回忆》,张宗汉译,北京:生活・读书・新知三联书店,2011 年,第 10、11 页。

① [美]斯诺:《毛泽东自传》,载刘统编著《早年毛泽东:传记、史料与回忆》,张宗汉译,北京:生活・读书・新知三联书店,2011 年,第 10、11 页。
② 梁启超:《南海康先生传》,载姜义华、张荣华主编《康有为全集》第 12 集,北京:中国人民大学出版社,2007 年,第 423 页。

无过于此者也"。① 梁氏的文章、著作在中国现代史上影响极大,许多历史舞台上的风云人物都曾受其影响。

庚子事变之后,康梁师徒参与了许多政治活动。包括策动会党进行保皇,游历海外向华侨进行宣传,创办报刊鼓吹君主立宪。随着清廷宣布实行预备立宪,梁启超等人看到实现政治抱负的希望,开始成立团体,进一步宣扬君主立宪。因此立宪派组织的结社与请愿活动在海内外如火如荼地展开。康有为、梁启超在幕后组织,马良出面领导,在东京成立政闻社,宣传"实行国会制度,建设责任政府",②督促清廷进行政治改革,并密谋扳倒袁世凯,开展请愿速开国会运动。

不过与他们的政治活动及针对具体政治问题而发的政治意见相比,从今天的角度来看,他们在 20 世纪的第一个十年里对中国与世界局势的介绍、分析、反思,较之他们一时的政治成败,或许更值得人们予以重视。梁启超在《中国史叙论》一文里论中国历史分期,认为:"自乾隆末年以至于今日,是为世界之中国,即中国民族合同全亚洲民族,与西人交涉竞争之时代也;又君主专制政体渐就湮灭,而数千年未经发达之国民立宪政体,将嬗代兴起之时代也。"③诚如斯言,自鸦片战争前后中国与西方列强遭遇,中国被卷入了由近代西方资本主义国家所构建的世界体系当中,这一过程

① 黄遵宪:《致饮冰主人书》,载丁文江、赵丰田编《梁任公先生年谱长编(初稿)》,北京:中华书局,2010 年,第 138 页。
② 梁启超:《政闻社宣言书》,载吴松等点校《饮冰室文集点校》第 4 集,昆明:云南教育出版社,2001 年,第 2237 页。
③ 梁启超:《中国史叙论》,载吴松等点校《饮冰室文集点校》第 3 集,第 1627 页。

并非温情脉脉的文化交流，中国自身的一套政治制度、思想学说、价值体系遭受亘古未有的全盘性冲击，中国被迫在惊涛骇浪的历史环境下努力救亡图存，悠悠万事，唯此为大。为了振衰起微、走向富强，自然离不开对内外情势的探索。

一　康有为眼里的现实政治

在早年所著的《康子内外篇》中，康有为强调"以天子之尊，独任之权，一颦笑若日月之照临焉，一喜怒若雷雨之震动焉，卷舒开合，抚天下于股掌之上"。而这一局面"居今日地球各国之中，惟中国之势独能之。非以其地大也，非以其民众也，非以其物产之丰也，以其君权独尊也"。[1] 这一带有很强法家倾向的观点，很大程度上体现了他对政治变革之要素的理解。本乎此，他认为只要光绪皇帝乾纲独断、毅然有为，在自己及诸门生的辅佐下，清廷就能够仿效俄之彼得与日之明治，一举而变法成功。1898 年康有为建议清廷设立"制度局"，正如论者所言，此乃康氏的"政治改革纲领"，"这一机构表面上是政治咨询机构，实质上是政治决策机构，决定变法的一切"。其真实用意为"在现行机构之外，添设一讨论国家大政的部门"。[2] 以便于康氏及其门生进入政治决策中枢。

此外，在宣扬变法改制的同时，他还苦心思考如何让中国在列

---

[1] 康有为：《康子内外篇·阖辟篇》，载姜义华、张荣华编校《康有为全集》第 1 集，第 97 页。
[2] 茅海建：《从甲午到戊戌：康有为〈我史〉笺注》，北京：生活·读书·新知三联书店，2009 年，第 576、578 页。

强环伺的局面下得以保全、自立。1895 年,目睹前一年清廷在甲午之战中惨败于日本的康有为,在《上清帝第二书》中痛陈:"窃以为今之治,当以开创之势治天下,不当以守成之势治天下;当以列国并立之势治天下,不当以一统垂裳之势治天下。盖开创则更新百度,守成则率由旧章。列国并立则争雄角智,一统垂裳则拱手无为。言率由则外变相迫,必至不守不成;言无为而诸夷交争,必至四分五裂。"①不过他虽然有此认识,但尚未对国际政治有更为深刻的理解。康有为在万木草堂讲授学术源流时强调:"纵横家之'权事制宜','受命不受辞',此其长也。"②康氏坐言起行,盱衡时势,在国际问题上,也扮演了一回"纵横家"之角色。他利用均势之理,希望分化列强,防止其在瓜分中国问题上步调一致。尤有进者,他力倡中、美、英、日成为"合邦",抵抗俄国;戊戌之后,效申包胥秦廷之哭,怂恿日本出兵解救光绪,挽回变法败局。庚子之变,面对东北被俄国侵吞之危,康有为甚至建议八国联军中的其余七国共治东北,以夷制夷。如此这般,既体现出他对国际情势有初步了解,又显示这种了解,片面而不深刻。总之,19 世纪末初登政治舞台的康有为,虽然认识到政治权力在政治活动中的支配作用,但在政治思考与内外形势判断上还显得比较简单。

近代英国著名地缘政治学家麦金德认为人类的历史充满为生存而进行的斗争。他说:"正是在外来野蛮人的压力下,欧洲才实现它的文明。""在非常真实的意义上说,欧洲文明是反对亚洲人入

---

① 康有为:《上清帝第二书》,载姜义华、张荣华编校《康有为全集》第 2 集,第 37 页。
② 康有为:《康南海先生讲学记》,载姜义华、张荣华主编《康有为全集》第 2 集,第 118 页。

侵的长期斗争的结果。"①可以说,正是因为在每一个时期都有具体的敌人存在,欧洲文明才得以确立自我的形象与内容。这种"敌我关系论"致使在麦金德的视域里,全球秩序无非就是为控制"心脏地带"而展开的斗争与角逐。如果按照近代西方的政治地理版图规划,中国其实处于非常尴尬的地位:要么沦于被列强瓜分,丧失主权;要么努力成为列强所希望的样子,勉强进入由后者所主导的国际体系。但正如近代瑞典著名政治地理学家契伦所说,近代国际法体系并无新来者的地位,因为"已建立起来的制度,拥有灵巧的分配和细致平衡的法律体系,但终究必须重新安排,以腾出空间给新来者。在国际法和国际舆论的眼中,每个新国家的诞生显然是一种丑闻,在国际法的登记册中,这个新生儿将被视为一个私生子"。② 晚清被视为开新之人的钟天纬也观察到:"所谓《公法》(指"国际法")者,本视国之强弱为断,而并非以理之曲直为断也。夫仁义与富强,本不判为两事。国富且强,则仁义归之,庄子所谓窃国者王,而侯之门仁义存也;国贫且弱,则外侮加之,《书》所谓兼弱攻昧,孔子所谓天下之恶归之也。"③所以说,中国无论怎么主动"融入"列强所主导的世界体系,其实都要以丧失自身权益为代价,或者说,一个真正独立富强的中国绝非列强所乐见。

---

① [英]哈·麦金德:《历史的地理枢纽》,林尔蔚、陈江译,北京:商务印书馆,2008年,第52页。

② [瑞]契伦:《作为生命形式的国家》,转引自图南德《为了新世纪的瑞典—德国地缘政治学——契伦的〈作为生命形式的国家〉》,方旭译,载娄林主编《经典与解释:地缘政治学的历史片段》,北京:华夏出版社,2018年,第49页。

③ 钟天纬:《公法不足恃论》,载薛毓良、刘晖桢编校《钟天纬集》,上海:上海交通大学出版社,2018年,第141页。

对于这些,因戊戌变法失败而流亡海外的康有为,才开始充分意识到19世纪以降的世界并非能用中国古代的纵横捭阖思维来理解。在撰于1903年的《论强国富民之法》一文里,他意识到在国际关系中,"得其术者,可以强、可以安、可以存、可以荣、可以富、可以贵、可以乐,可以取人之地、灭人之国、奴人之身、灭人之种;不得其术者,至于弱、至于危、至于亡、至于苦、至于贫、至于贱、甚至举国见灭,全种见奴,渐且灭绝,惨状不可言、不可道"。他强调,当下的世界之本质就是"万国竞争,弱国日被剪灭"。① 他历数海外华人被当地国家的国民侮辱之事,认为之所以有此现象,归根结底还是因为"中国太弱之故"。所以,要想让中国人活得有尊严,必须要想方设法提升中国的国家实力,至少要在此"万国竞争"之世里,让海外诸国有所顾忌,不敢小觑中国。他指出:"竞争之世优胜劣汰,万无中立之理。"现实的国际政治十分"冷酷","强则安,弱则危;强则荣,弱则辱;强则乐,弱则苦,强则富,弱则贫;强则贵,弱则贱;强则存,弱则亡。此今世界之现状"。②

在制度层面上,晚清士人普遍感到在近代列强行政与动员效率极高、赋税与汲取能力超群的统治模式面前,中国"道之以德,齐之以礼"式的国家治理传统显得过于松散、残破、低效率,转而不断探寻一种新形式的"道之以政,齐之以刑"。此外,资产阶级代议制下的议政形式、用赋予境内民众普遍"国民"身份的方式来换取后

---

① 康有为:《论强国富民之法》,载姜义华、张荣华主编《康有为全集》第7集,第201页。

② 康有为:《论强国富民之法》,载姜义华、张荣华主编《康有为全集》第7集,第203页。

者的赋税、征兵义务,这种新的政治实践及其所形成的伦理标准与政治文化,让中国四民社会中的差序格局与"天下有道则庶民不议"之传统显得左支右绌。最后,中国与周边国家之关系,被以民族国家作为单位,以国际法与"文明论"作为主要意识形态支撑的新的国际体系所覆盖。就此而言,现代中国面临十分严峻的国家建设问题。其基本要点在于从政治制度、法律体系、区域关系、公民权利等方面着手,保持中央权力以维系国家统一,将社会成员从特定的地缘与乡里关系中解放出来并组织成近代主权国家的权利主体,在具有地域差异的地区与文化之间形成平等的、符合现代"国民"特征的政治结构。用康有为的话来说,这便是要强求"合群"之道:

> 夫求强在合群。合群之道,独不如众之强,少不如多之强。则仅合一人者,不如合一家之强;合一家之强,不如合一姓、一乡之强;合一姓、一乡之强者,不如合一县之强矣。由此而推,合一县之强者,不如合一府之强;合一府之强者,不如合一省之强;而合一省之强,不如合一国之群之强矣。[①]

康有为在这里所指的"国",已非传统意义上的王朝,而是具备极强的组织、动员、汲取、统计、生产能力的现代民族国家。他指出:"中国人浸于旧日天下之义,故知有身家而不知有国家,知有私而不知有公。缘是之故,中国人之性质风俗,好分而不好合,好散而不好

---

① 康有为:《论强国富民之法》,载姜义华、张荣华主编《康有为全集》第7集,第206页。

聚,故遂至好少而不好多,好独而不好群。故以一中国而分为万国,遂以四万万人而各为一人。"①他的这一描述并非文化特征意义上的,而是政治意义上的。因此,面对近代列强的侵略,中国传统的政治组织与治理模式已经难以应付,为了抵御外侮,必须思考新的政治组织形式,同时打破过去的社会身份等级,将民众充分动员,形成一支具有国家认同的政治力量。这里所引申的一个意涵便是,现代政治中所彰显的广大民众的政治平等与政治参与,在康有为那里,是与为了保家卫国而构建新的政治组织形式息息相关。在努力为后者而奋斗的同时,进一步凸显前者的合法性。

二 康有为的"物质救国"方案

在 20 世纪的头十年里,康有为周游列国,更为全面地认知世界图景,更为系统地思考中国问题。1908 年,他在广智书局出版了《物质救国论》一书。在序言中他感慨:

> 吾既遍游亚洲十一国、欧洲十一国,而至于美。自戊戌至今,出游于外者八年,寝卧寝灌于欧美政俗之中,较量于欧亚之得失,推求于中西之异同,本原于新世之所由,反覆于大变之所至。其本原浩大,因缘繁夥,诚不可以一说尽之。欧洲百年来最著之效,则有国民学、物质学二者。中国数年来,亦知发明国民之义矣。但以一国之强弱论焉,以中国之地位,为救

---

① 康有为:《论强国富民之法》,载姜义华、张荣华主编《康有为全集》第 7 集,第204 页。

急之方药，则中国之病弱非有他也，在不知讲物质之学而已。①

随着对西方文明有身处其地的观察，康有为发现西方国家内部有激烈的阶级冲突，中国古书里写的"富者连阡陌，贫者无立锥"在资本主义体制下常能见到，伴随而来的就是各种"贪诈、淫盗、杀掠之风"，那里并非如人们所想象的俨然"三代之世"再现。而近代西方列强之所以能称雄世界，既非其哲学如何精深，也非其道德如何高尚，更与"自由"这样的政治诉求无关，而是在于后者的"物质"水平极高，并且极力提倡讲求发展"物质"之学。

康有为所谓的"物质"，涉及内容颇广，但他针对中国的现实，认为"物质之方体无穷，以吾考之，则吾国所取为救国之急药，惟有工艺、汽电、炮舰与兵而已"。② 用今天的名词来描述，这类"物质"基本上等同于制造业、军工业，以及与之配套的一系列制度设计与人才培养方案。康有为承认当时中国有许多需要改进的地方，但是由于处在"万国竞争"之世，建设方案应有轻重缓急之分。他坚信有效的"救国之方"在于大力提倡"物质之学"。他对国人疾呼："然则今而欲救国乎？专从事于物质足矣。于物质之中，先从事于其工艺、兵炮之至粗者，亦可支持焉。若舍工艺、兵炮而空谈民主、革命、平等、自由，则使举国人皆卢骚、福禄特尔、孟德斯鸠，而强敌要挟，一语不遂，铁舰压境，陆军并进，挟其一分时六百响之炮，何以御之？"③同时他还说道："故觇国力者，量其蒸汽力与人力之多

---

① 康有为：《物质救国论》，载姜义华、张荣华主编《康有为全集》第 8 集，第 63 页。
② 康有为：《物质救国论》，载姜义华、张荣华主编《康有为全集》第 8 集，第 71 页。
③ 康有为：《物质救国论》，载姜义华、张荣华主编《康有为全集》第 8 集，第 67 页。

寡为反正比例,而可定其国势焉。"在他看来,各国地位之消长与工业水平息息相关:

> 夫势由力升,故欧美之能以小为大、以弱为强者,能以物质学自增其力也。力增则势增,故吾国之见弱于欧美,吾民之贱辱于欧美,力之多寡为之,非幸福致也,数使然也。今开口动言自强,夫强弱者势力之谓也。既较实力,而不从事于物质,乃从事于空言民主、自由、革命之说,岂非望空而射天、缘木而求鱼乎?①

实话说来,康有为的这番见解虽然不一定为文人学士所乐于接受,但从近代以来的国家兴衰角度来看,其实是比较有道理的。工业革命极大地提升了生产力,让完成工业化的国家能够在短时间内创造巨大的财富来增强国力。在这之后,随着作战装备的不断进步,是否有先进、完备的工业体系,对于一个国家在战争中的胜败至为重要。而另一方面,面对战争的威胁,要想保证国家的主权完整与国土安全,就必须集中力量发展工业,让国内的工业产量不断提高,一旦出现战事,能够充分提供军事部门的各种基本需求。英国之所以长期处于世界霸主地位,是因为它较早完成了工业化,生产力水平大为提高,军事能力也迅猛增长。后来德国之所以能够成为列强中的后起之秀,也是由于19世纪以来德国工业的高速发展。用19世纪德国经济学家李斯特的话来说,"当处于这

---

① 康有为:《物质救国论》,载姜义华、张荣华主编《康有为全集》第8集,第88页。

样的时代,从政治观点来衡量,工业就比以前任何时期更加值得重视"。① 这恰恰也是近代中国所必须面对的时代问题。鸦片战争以后,面对列强的坚船利炮与高效的组织动员能力,李鸿章、左宗棠等地方大吏开始购买机器、聘请客卿、创办军工产业、培养工业人才,希望通过提高中国的工业水平来抵御外侮,所谓"富国强兵",从那时起便是一体之两面,这一口号也成为近代中国人不断追求的主要目标。

不过康有为却对洋务运动以降的工业成就并不满意。他认为中国的洋务事业皆仰赖官办,并且资金严重不足,因此无法与欧美各国相匹敌。像德国克虏伯兵工厂那样的大企业,充分与国家合作,获得国家的大力扶持,因此资金充足,产品精良,销路广阔,为德国的崛起做出巨大贡献。因此康有为指出洋务运动与西方各国工业建设的主要区别在于"不奖励民厂,而欲待官场之为之"。他强调:"欲治海陆之军,其根本又不在兵政,而在财政。"然欲兴"财政""其本又在富民。民不足,国孰与足"。② 当然,这里的"民",绝非升斗小民,甚至也非小商小贩,而是近代西方的大资本家或垄断企业巨头。因此,康有为的工业论述,很大程度上是把工业革命中所出现的阶级冲突排除在思考视野之外的。

康有为很清楚,要想实现工业的高速发展,离不开在政治上有一套适合发展工业的制度,以此来提高国家的汲取能力、动员能力组织能力,同时应扩大政治参与,让各种社会力量加入国家建设的

---

① [德]李斯特:《政治经济学的国民体系》,陈万煦译,北京:商务印书馆,1961 年,第203 页。

② 康有为:《物质救国论》,载姜义华、张荣华主编《康有为全集》第 8 集,第 79 页。

行列之中,在此基础上形成稳固的国家认同。因此,康有为主张施行地方自治,赋予地方精英更多的权力,使他们能为工业发展做贡献。与此同时,康有为强调应一改中国过去"无为而治""各不相扰"式的政治作风,杜绝"天高皇帝远"式的现象,师法近代新兴资本主义国家,扩大国家权力覆盖范围,增添官吏数量,加强中央政府,尤其是教育、财政、民政、军事这些关系到国计民生与国防安全的部门的行政效率,使其能有效制定出符合国家利益的政策,并且保证中央政令能够畅行于地方。① 这种在中央层面通过集权以来高国家基础能力,在地方施行自治以联合地方精英的体制,就是康有为眼里最适合发展"物质",最适合在此"万国竞争"之世生存的政治体制。

19世纪初期,面对波云诡谲的国际环境,李斯特呼吁处于后发地位的德国,必须鼓足干劲,一心一意发展工业,尤其是基础工业;同时应运用国家力量来保护新兴的本国产业,切不可被英国的"开放门户""自由贸易"等说辞所蛊惑。他强调"国家建立了工业以后,一切精神力量、政府收入、国防事业的物质和精神手段以及国家独立自主的保证这些方面,都会作等比例的增长"。② 而康有为的"物质救国"方案,背后一个主要参照对象就是19世纪中叶以来蒸蒸日上的德意志帝国。他认为:"二十年来德国物质最盛,故最强。"③在《德国游记》里他称赞"德政治之美,实甲百国"。④ 视当

① 康有为:《官制议》,载姜义华、张荣华主编《康有为全集》第8集,第231—321页。
② [德]李斯特:《政治经济学的国民体系》,陈万煦译,第203页。
③ 康有为:《物质救国论》,载姜义华、张荣华主编《康有为全集》第8集,第81页。
④ 康有为:《德国游记》,载姜义华、张荣华主编《康有为全集》第7集,第443页。

时德意志帝国的统治者威廉二世为一代英主,认为德国的立国之道有许多方面值得同样身处"国竞"时代的中国学习,特别是制度严肃整齐、物质蒸蒸日上、军备威武雄壮、教育普及甚广等优势方面。他甚至预测:"吾观德之政治,吾以为德必霸欧洲,盖有以适宜之政体也。"[1]他甚至将德国从分裂到统一的过程,视为全球日后臻于"大同"之境的前奏或预演,即在以强国为主导的全球政府下,将各个国家整合起来,不过征诸史实,德国统一的过程,绝非温情脉脉的联合,而是充满了血腥与权谋。更有甚者,威廉二世虽继承俾斯麦之遗产,但处事乖张,胸无城府,不但不英明,而且颇昏庸,最终导致德国在一战中一败涂地,第二帝国寿终正寝。由此可见,康有为"以德为师",虽然显现出一定的国际视野,但也带有不小的局限性。[2]

这一局限性在哪里?为什么康有为所寄希望的清政府,以及披着一件不太完整的现代化外衣的中华民国都未能真正实现这一目标?或许可以通过康有为之后的历史发展来说明。新中国成立之后,向工业化进军成为中国共产党人的重要奋斗目标。周恩来在 1954 年指出:"如果我们不建设起强大的现代化的工业、现代化的农业、现代化的交通运输业和现代化的国防,我们就不能摆脱落后和贫困,我们的革命就不能达到目的。""我国原来是一个落后的农业国,现在要把我国建设成为一个强大的社会主义的现代化的

---

[1]　康有为:《德国游记》,载姜义华、张荣华主编《康有为全集》第 7 集,第 444 页。
[2]　这一部分的论述,主要参考了章永乐的研究。参见章永乐《万国竞争:康有为与维也纳体系的衰变》,北京:商务印书馆,2017 年,第 75—106 页。

工业国家,这是一个很伟大而艰巨的任务。"①1955 年,毛泽东同接受社会主义改造的工商业者谈话时说:"我们的目标是要使我国比现在大为发展,大为富,大为强。现在,我国又不富,也不强,还是一个很穷的国家。我国是一个大国,但不是富国,也不是强国。"②而实现从新民主主义到社会主义的过渡,就是要彻底改变这样的现状。在社会主义制度下,"是可以一年一年走向更富更强的,一年一年可以看到更富更强些。而这个富,是共同的富,这个强,是共同的强"。③正是因为强调"共同的富""共同的强",新中国不断探索如何从制度层面来保证这一新的局面。比如著名的《鞍钢宪法》的核心要义便是"干部参加劳动,工人参加管理;改革不合理的规章制度;管理者和工人在生产实践和技术革命中相结合"。它得到了毛泽东的大力支持。那个时代,相较于中华人民共和国成立前而言,广大工人真正有了翻身感,为天下穷人都能过好日子,中国人不再受列强欺负而不断地奋发努力。在那一时期,新中国在工业领域取得了清末民国时期难以企及的举世瞩目的建设成就,让中国真正摆脱了落后挨打的局面。④所以说,只有唤起了这样的力量,康有为所憧憬但终其一生却未能见到的"物质"发达才真正

① 周恩来:《把我国建设成为强大的社会主义的现代化的工业国家》,载《周恩来选集》下册,北京:人民出版社,1984 年,第 132、144 页。

② 毛泽东:《在资本主义工商业社会主义改造问题座谈会上的讲话》,载《毛泽东文集》第 6 卷,北京:人民出版社,1999 年,第 495 页。

③ 毛泽东:《在资本主义工商业社会主义改造问题座谈会上的讲话》,载《毛泽东文集》第 6 卷,第 495 页。

④ 关于新中国前 30 年经济发展的数据,参见刘日新编著《新中国前三十年的经济:1950—1980 年的国民经济计划》,北京:中国经济出版社,2016 年,第 87—189 页。

能够实现。

三　梁启超眼里的"灭国之新法"

晚清以降,随着中国被卷入以近代东西列强为主导的全球资本主义体系之中,中国人对于世界形势的判断,其中的关键之处就在于能否清晰认识近代西方(包括明治维新以后的日本)殖民扩张的内在动力与逻辑。自从 19 世纪后期开始,东西列强为了寻找市场,瓜分利源,开始进行更为大规模的殖民扩张。为了获取更大的利益,各国开始出现垄断资本主义,并获得国家力量的支持。列强之间的竞争日趋激烈,不断加强战备。在此背景下,在言论界崭露头角的梁启超在思考中国问题之时,就必须将政治改革与经济、社会变动综合在一起进行分析,同时要进一步认清资本主义垄断与扩张的形态。

甲午一战,中国败于日本,国人在震惊失落之余,对日本文明日感歆羡,认为向其学习,可让"同文同种"的中国走向富强。张之洞在风行一世的《劝学篇》中说道:"至游学之国,西洋不如东洋。一、路近费省,可多遣。一、去华近,易考察。一、东文近于中文,易通晓。一、西书甚繁,凡西学不切要者,东人已删节而酌改之。中、东情势风俗相近,易仿行,事半功倍,无过于此。"[①]梁启超在戊戌变法失败后亡命东瀛,阅读大量日本人所译著的新学书籍,如行山阴道上,目不暇接,深感知识体系上为之一新。戊戌年间他对现代经

---

① 张之洞:《劝学篇·游学第二》,载赵德馨主编《张之洞全集》第 12 册,武汉:武汉出版社,2008 年,第 175 页。

济的认知，很大程度上受到传教士译介的小册子影响，倾向认可主张自由贸易论的古典学派，并且从《史记·货殖列传》等古籍当中寻找可以佐证其学说的史事。① 而到了日本之后，通过阅读关于帝国主义研究的著作，在详尽观察当时世界诸列强的政治与经济政策之后，梁启超开始摒弃那种简单的古典经济学教条，深入分析在帝国主义、国家主义成为时代主流之际，中国在世界中的真实位置，以及如何在全球时空视角之下，准确把握中国内部的政治经济状况。他一面不断吸取新知，一面撰写了不少文章，分析近代列强全球扩张的历史与方式，叙述朝鲜、越南、埃及等在当时的国际格局中与中国地位相似的国家之亡国惨史，介绍晚近流行的研究民族主义与帝国主义的论著，希望让中国人能够以新的眼光审视中外大势。在这些文章里，梁启超展示给世人一幅国际政治中优胜劣汰的图景，其中与坚船利炮相伴的是日益强大的资本的力量。

在发表于 1901 年的《灭国新法论》一文里，梁启超通过论述英国殖民埃及的历史，强调大举借外债、关税失去自主权对于国家主权的严重损伤，最终致使埃及沦为遭受列强支配的境遇。由此他批判那种"保全支那者，必整顿其财政"的言说。在他看来：

> 夫中国之财富，浮积于地面，阗塞于地中者，天下莫及焉。浚而出之，流而布之，可以操纵万国，雄视五洲矣。而无如商权、工权、政权，既全握于他人之手，此后富源愈开，而吾民之欲谋衣食者，愈不得不仰鼻息于彼族。不见乎今日欧美之社

---

① ［日］森时彦：《梁启超的经济思想》，载狭间直树编《梁启超·明治日本·西方（修订版）》，北京：社会科学文献出版社，2012 年，第 200—202 页。

会乎？大公司既日多,遂至资本家与劳力者,划然分为两途,富者愈富,贫者愈贫,而中间无复隙地以容中等小康之家。今试问中国资本家之力,能与西人竞乎？既不能为资本家,势不得不为劳力者。畴昔小康之家遍天下,自此以往,恐不能不低首下声、胼手胝足,以求一劳役于各省洋行之司理人矣。①

在这里,梁启超揭示了两个世界形势的新现象:首先,一国之内的资本家为了积累财富,剥削程度与范围日趋扩大,社会上越来越多的人沦为无产者,致使"富者愈富,贫者愈贫",这体现了资本主义私有制之下的机器化大生产所造成的社会后果。其次,世界性的资本主义扩张将造成像中国这样"商权、工权、政权"处于支离破碎状态下的地区进一步沦为资本主义生产体系里的牺牲品,在外国资本的压迫与侵蚀之下,中国各阶层都将深受其害,沦落至"低首下声、胼手胝足"的境地。因此,他指出:"今日中国立于列强间,至极危险之现象,不啻千百。语其最甚者,则外国纷纷投资本以经营各大事业于我腹地,直接生影响于生计上,而并间接生影响于政治上。"②

　　此外,梁启超敏锐地观察到,作为现代政治的主要特征之一的民族主义在 19 世纪末 20 世纪初已经向"民族帝国主义"转变。③在此背景下,强国吞并弱国将成为国际政治中的常态:

① 梁启超:《灭国新法论》,载吴松等点校《饮冰室文集点校》第 4 集,第 732 页。

② 梁启超:《外资输入问题》,载吴松等点校《饮冰室文集点校》第 4 集,第 1144 页。

③ 梁启超:《国家思想变迁异同论》,载吴松等点校《饮冰室文集点校》第 4 集,第 767 页。

　　国家者,人类最高之社会也。当其未成国家以前,实经过种种形式之社会进化而来,进而至于国家极矣。然世界上诸国并立,其发达有先后迟速之不齐,于是有已成熟之国焉,有未成熟而方在进化半途中之国焉……一国家既成熟之后,内部借善良法规之维系,秩序严整,既无争夺相杀之祸,加以种种行政机关发达,能为民捍天然之患。水旱疾疫,无自相撄,休养生息,而人口日滋。又教育整备,而民之智力日以富焉,机械利用,而民之资力日以溢焉。智力与资力愈进,则其欲望之程度愈高,而餍之也愈难。以日滋之人口,挟日进之欲望,而所以营养之土地不增于昔,则国家之基本将摇动而破坏也,故已成熟之国家,不得不求尾闾于外。非诚好之,势使然也。国际竞争之动机,实起于是。①

　　简言之,在"万国竞争"的时代,一国内部秩序越发安定,其对外扩张的动力就越强。因此对中国而言,更为严峻的形势是垄断资本主义背后往往有国家的力量作为支撑。在发表于1902年的《论民族竞争之大势》一文里,梁氏指出:"夫今日之竞争,不在腕力而在脑力,不在沙场而在市场。"又言:"二十世纪之世界,雄于平准界者则为强国,啬于平准界者则为弱国,绝于平准界者则不为国,此中消息,不待识微者而知之矣。"②这一变化,是伴随着生产力的

---

① 梁启超:《世界大势及中国前途》,载吴松等点校《饮冰室文集点校》第4集,第814—815页。
② 梁启超:《论民族竞争之大势》,载吴松等点校《饮冰室文集点校》第4集,第801页。

巨大变革而生的:"自机器制造之业兴,有限公司之制立,而畴昔之习一手艺,设一厘肆,得以致中人之产者,绝迹于西方矣。"此外,这种资本的兼并是具有国际性的,"自今以往,五大洲物产人力之菁英,将为最小数之大资本家所吸集,至此外之多数者,亦非必迫之使为饿殍也。要之,苟非摇尾蒲伏于大资本家之膝下,而决不能自存,此实未来之黑暗世界,前途之恐怖时代,稍有识者所能见也"。①与此同时,梁启超还注意到资本主义生产体制所发生的变化,即在美国以托拉斯为代表的垄断资本主义日渐流行,这让美国也成为帝国主义集团的一分子。"美国之托辣斯,由生产过度之结果也;其帝国主义,又托辣斯成立以来资本过度之结果也。"②基于此,他提醒国人:"知他人以帝国主义来侵之可畏,而速养成我所固有之民族主义以抵制之,斯今日我国民所当汲汲者也。"③

越是对帝国主义的特征有深入的了解,梁启超就越对中国的前途深感担忧。他预计"二十世纪之人类,苟不能为资本家,即不得不为劳力者,盖平准界之大势所必然也"。"今后之天下,既自政治界之争,而移于平准界之争。"④当帝国主义势力用政治的、经济的手段进一步控制中国,让中国成为全球资本主义体系中的一分子之际,对在政治、经济、军事都处于下风的中国而言,"由今之道,无变今之政,不及一纪,而十八省千百州县之地,势必全为欧美资

---

① 梁启超:《论民族竞争之大势》,载吴松等点校《饮冰室文集点校》第 4 集,第 801 页。
② 梁启超:《二十世纪之巨灵托辣斯》,载吴松等点校《饮冰室文集点校》第 4 集,第 1102 页。
③ 梁启超:《国家思想变迁异同论》,载吴松等点校《饮冰室文集点校》第 4 集,第 768 页。
④ 梁启超:《论民族竞争之大势》,载吴松等点校《饮冰室文集点校》第 4 集,第 802 页。

本家之领域。则夫此间之数万万人,所恃以赡饔飧而资事畜者,惟有鬻身入笠,充某制造厂之工匠,某洋行之肩挑,某铁路公司之驿卒,某矿务公司之矿丁,某轮船公司之水手"。① 一言以蔽之,大多数中国人将成为外国资本的廉价劳动力。如此这般,中国的国家主权也将日益被这些外国资本所操控。他呼吁:"今日欲救中国,无他术焉,亦先建设一民族主义之国家而已。"②

可以说,梁启超在辛亥前十年的舆论活动中,给予中国人的贡献之一,就是用他那支"常带感情"的笔,详尽描绘了近代列强扩张的场景,让国人知道东西列强对中国虎视眈眈,中国的主权处于不断丧失的危险状态之中。在外国资本力量的冲击下,中国的社会经济将会越发凋敝。而列强也可借此手段,不用军事行为就能操控中国的内政。如果中国不抓紧国家建设,提高经济实力,激发广大民众的爱国热情,那么后果将不堪设想。这对于大多数对世界现状知之甚少的中国人而言,无疑是十分深刻且必要的政治启蒙。

四 梁启超的"新史学"

梁启超既然强调:"民族主义者,世界最光明正大公平之主义也。"同时意识到"吾国于所谓民族主义者,犹未胚胎焉"。③ 那么他在 20 世纪前十年遂运用各种形式提倡中国的民族主义。而在

---

① 梁启超:《论民族竞争之大势》,载吴松等点校《饮冰室文集点校》第 4 集,第 802 页。
② 梁启超:《论民族竞争之大势》,载吴松等点校《饮冰室文集点校》第 4 集,第 802 页。
③ 梁启超:《国家思想变迁异同论》,载吴松等点校《饮冰室文集点校》第 4 集,第 767、768 页。

他看来,最有助于在现代中国宣传民族主义的非历史学莫属。梁
氏指出:

> 史学者,学问之最博大者而最切要者也,国民之明镜也,
> 爱国心之源泉也。今日欧洲民族主义所以发达,列国所以日
> 进文明,史学之功居其半焉。然则但患其国之无兹学耳,苟其
> 有之,则国民安有不团结,群治安有不进化者?①

他还认为:

> 今日欲提倡民族主义,使我四万万同胞强立于此优胜劣
> 败之世界乎,则本国史学一科,实为无老无幼、无男无女、无智
> 无愚、无贤无不肖所皆当从事,视之如渴饮饥食,一刻不容缓
> 者也。②

不过在他看来,中国历代史籍根本不能扛此重任。他从近代民族
主义的角度出发,认为中国传统史学"知有朝廷而不知有国家""知
有个人而不知有群体""知有陈迹而不知有今务""知有事实而不知
有理想"。其中,"知有朝廷而不知有国家"堪称中国传统史学的最
大弊病。他甚至认为:"二十四史非史也,二十四姓之家谱而

---

① 梁启超:《新史学》,载吴松等点校《饮冰室文集点校》第 3 集,第 1628 页。
② 梁启超:《新史学》,载吴松等点校《饮冰室文集点校》第 3 集,第 1631 页。

已。"①"从来作史者,皆为朝廷上之君若臣而作,曾无有一书为国民而作也。"因此他痛陈:"吾中国国家思想至今不能兴起者,数千年之史家,岂能辞其咎耶!"②

在与著名的《新史学》一文撰于同一时期的《中国史叙论》一文里,梁启超基于同样的立场,认为与近代西方列强相比,中国人十分缺少国家意识,以至于中国历史虽然很长,但中国却没有一个"国名":

> 吾人所最惭愧者,莫如我国无国名之一事。寻常通称,或曰诸夏,或曰汉人,或曰唐人,皆朝名也;外人所称,或曰震旦,或曰支那,皆非我所自命之名也。以夏、汉、唐等名吾史,则戾尊重国民之宗旨;以震旦、支那等名吾史,则失名从主人之公理。曰中国,曰中华,又未免自尊自大,贻讥旁观。③

其实并非中国没有"国名","中国""中华"等名词在历史上常被用来泛称这片土地,而并非某个朝代的名称。只是近代中国由于国力衰微,所以在西方文明面前显得自惭形秽。加上在后者的进化论与"文明等级论"叙事影响下,中国与西方的差异被自我异化为中国的"滞后性"或"落后性"。这些因素影响着梁启超对中国历史的基本认知。他痛陈:

---

① 必须指出的是,二十四史中并非只有"二十四姓"。例如《三国志》里就记载了魏、蜀、吴三个政权。
② 梁启超:《新史学》,载吴松等点校《饮冰室文集点校》第 3 集,第 1629 页。
③ 梁启超:《中国史叙论》,载吴松等点校《饮冰室文集点校》第 3 集,第 1621 页

　　中国者,世界中濡滞不进之国也。今日之思想,犹数千年前之思想;今日之风俗,犹数千年前之风俗;今日之文字,犹数千年前之文字;今日之器物,犹数千年前之器物。然则进化之迹,其殆绝于中国乎? 虽然,有一焉:专制政治之进化,其精巧完满,举天下万国,未有吾中国若者也。①

他甚至认为:

　　以今日论之,中国与欧洲之文明,相去不啻霄壤也。②

　　基于此,既然历史知识是现代国民必须具备的基本素养之一,那么在梁启超看来,如果说历史知识也是一种"常识"的话,对于"常识"的界定就应如是:

　　然则常识竟无标准乎? 曰:有之。凡今日欧美、日本诸国中流以上之社会所尽人同具之智识,此即现今世界公共之常识也。以世界公共之常识为基础,而各国人又各以其本国之特别常识傅益之,各种职业人又各以其本职业之常识傅益之,于是乎一常识具备之人出焉矣。③

---

① 梁启超:《中国专制政治进化史论》,载吴松等点校《饮冰室合集点校》第 3 集,第 1648 页。
② 梁启超:《论中国与欧洲国体异同》,载吴松等点校《饮冰室合集点校》第 2 集,第 769 页。
③ 梁启超:《说常识》,载吴松等点校《饮冰室文集点校》第 2 集,第 742 页。

在这里,他认为中国人所需要的"常识",首先是存在于欧美及日本中上层社会之中的"常识",然后才到本国的相关知识。梁氏自言之所以如此界定,因为"个人而常识缺乏,则其人不能自存于世界;一国之人而皆常识缺乏,则其国不能自存于世界。此自然之数、必至之符,无可逃避者"。① 但在这样的逻辑下,既然中国的历史记载皆为"二十四姓之家谱",这岂不在暗示其不能成为国民必备的"常识"么? 而如果只对"世界公共之常识"感兴趣,那么中国之所以为中国的特征又在哪里? 中国会不会渐渐成为一个无具体所指的抽象概念? 并且这种"世界公共之常识",其形成过程离不开近代西方资本主义的全球扩张,其之所以能成为"公共",说到底与近代全球政治经济的巨大变动息息相关。如果没有对这一过程进行学理上的追问,没有用新的形式将中国历史知识在国民教育中予以实践,则中国国民的"国民之明镜也,爱国心之源泉也"又从何而生? 更有甚者,非但民族主义与爱国主义不会在基于这样的文化观的历史论著中产生,反而会形成很多对于中国历史的认识误区,甚至对中国文化的鄙视感与厌恶感。其结果,不但不会爱国,反而容易"恨国"。

进一步而言,近代以来许多自幼接受儒家传统教育的人,通过诵读经史,使他们对中国这一政治与文化共同体有一种由衷而发的心理认同,并且实实在在地感受到历史与文化的延续性,因而心

---

① 梁启超:《说常识》,载吴松等点校《饮冰室文集点校》第 2 集,第 743 页。关于梁启超对于"常识"的具体认识及其实践,参见夏晓红《梁启超的"常识"观》,《天津社会科学》,2014 年第 1 期,第 109—122 页。

生休戚之感,不忍见其遭到外敌的侵略与剥削。另一方面,按照中国传统政治文化的标准,无论是儒家的"不嗜杀人者能一之","善战者服上刑",抨击聚敛之政;还是道家式的"我无为,而民自化;我好静,而民自正;我无事,而民自富;我无欲,而民自朴";甚至是法家借严刑峻法来"以救群生之乱,去天下之祸,使强不凌弱,众不暴寡,耆老得遂,孤幼得长",以这些学说为标准,近代东西列强在中国的所作所为,例如借武力来侵夺利权,划定租界;先制造战端,然后索取巨额战争赔款;强行索求传教权,并庇护教民,无视地方法令风俗,如此这般,非但很难与中国传统的政治准则相符,反而多与之相违背。因此,曾经深受以上学说熏陶的近代士人,自然很难认同列强在中国的所作所为。中国民族主义的产生应该建立在这样的基础之上,而非以借用帝国主义国家的意识形态话语来否定中国历史的方式而展开。

因此,梁启超的"新史学"固然是为了激起人们的爱国热情,但由于对中国历史总体上持一种反对的态度,导致他在叙述中国历史时经常会出现一些偏差,并且把近代西方学者根据极为有限的资料而对中国做出的判断,作为评价中国历史的重要理论依据。比较明显的一个例子就是梁启超对于中国历史上长期存在疆域广袤、人口众多的政权的评价。自秦汉以降,中国大地上出现了规模巨大的政治体,《春秋公羊传》中所言的"大一统"理想,基本成为后代王朝不断努力实现的目标,即便处于分裂割据状态,各个统治阶层基本上也以追求重新统一、强调正统地位作为政治合法性的根本。但在近代西方启蒙运动的论述里,中国往往是一个负面的形象,用来论证所谓"专制政体"如何不堪。在对近现代中国知识界

影响极大的孟德斯鸠看来,专制政体的出现还与统治疆域的广袤
关系紧密:

> 一个广大帝国的统治者必须握有专制的权力。君主的决定必须迅速,这样才能弥补这些决定所要送达的地区的遥远距离;必须使遥远的总督或官吏有所恐惧,以防止他们的怠忽;法律必须出自单独的个人,又必须按照所发生的偶然事件,不断地变更。国家越大,偶然事件便越多。[①]

因此,既然是广土众民,那么"中国是一个专制的国家,它的原则是恐怖。在最初的那些年代,疆域没有这么辽阔,政府的专制精神也许稍微差些;但是今天的情况却正好相反"。[②] 在这样的论述下,中国秦汉以来的大一统格局就成了中国长期处于专制政治的帮凶,成为施行"恐怖"统治的根源,广土众民变成了一种负面形象。

此外,在同样对近现代中国知识界影响极大的卢梭眼里,政权疆域过大,"人民对他们根本见不着面的首领,对他们看起来如同异域的祖国,对大部分是他们不相认识的同胞,也更加缺乏感情。要使那么多风俗习惯和自然条件迥然不同的省份都遵守同一种法律,接受同一种治理方式,那是不可能的"。此外,"在这样一种由一个至高无上的行政权威聚集在一起而彼此又互不认识的人群里,人们的才智必然会被埋没,他们的美德无人知晓,他们的恶行

---

① [法]孟德斯鸠:《论法的精神》上册,张雁深译,北京:商务印书馆,2004 年,第150 页。
② [法]孟德斯鸠:《论法的精神》上册,张雁深译,第153 页。

也不会受到惩罚"。更有甚者,由于公务繁忙,"政府没有余力来关心人民的幸福,甚至在紧要关头几乎连用来保卫它自己的力量也没有了",最终"一个躯体过大的共同体就会在它自身的重压下遭到削弱和毁灭"。① 可见,在卢梭的政治视野里,疆域广袤的政治体的存续问题是极为严峻且不乐观的,如何治理大国,可以说超出了他对于何谓良好政治的理解范围。

孟德斯鸠、卢梭等人的政治学说,在晚清经由日本知识界的译介,对包括梁启超在内的近代中国知识分子产生巨大的影响。在风行一时的《新民说》中,梁启超直接强调中国的大一统格局实为中国"进化"受阻之祸首:

> 竞争为进化之母,此义殆既成铁案矣。泰西当希腊列国之时,政学皆称极盛。洎罗马分裂,散为诸国,复成近世之治,以迄于今,皆竞争之明效也。夫列国林立,不竞争则无以自存。其所竞者,非徒在国家也,而兼在个人,非徒在强力也,而尤在德智。分途并趋,人自为战,而进化遂沛然莫之能御……此实进步之原动力所生也。中国惟春秋战国数百年间,分立之运最久,而群治之进,实以彼时为极点。自秦以后,一统局成,而为退化之状者,千余年于今矣,岂有他哉,竞争力销乏使然也。②

相似地,在《论中国与欧洲国体异同》一文里,梁启超认为"欧

---

① ［法］卢梭著:《社会契约论》,李平沤译,北京:商务印书馆,2018 年,第 52—53 页。
② 梁启超:《新民说》,北京:商务印书馆,2016 年,第 122—123 页。

洲诸国常分立,而中国全域常统一"。至于其影响,梁氏声称:

> 凡列国并立者必相争,使天下无罪之民,肝脑涂地。又凡封建贵族之国,持国权者必极骄倨,奴视其民,民不堪命。故论安民之政,则列国必不如一统,斯固然也。虽然,列国并立者,以有所争竞,故其政府不能不励精图治,以谋国家之进步,求足与他国相角,而不至堕落,如是则国政必修;其国民常与他国相遇,常与战事相习,则其敌忾好胜之心,自不得不生,如是则民气必强。国政修,民气强,而国民之文明幸福,遂随之而日进,此列国并立之效用也。若我中国以数十代一统之故,其执政者枵然自大,冥然罔觉不复知有世界大局,惟弥缝苟且以偷一日之安,务压制其民,以防乱萌,而国政之败坏萎弱,遂至不可收拾;其国民受压既久,消磨其敌忾之心,荡尽其独立不羁之气,以至养成不痛不痒今日之天下。此则二千年一统之国势所影响也。①

很明显,梁启超这一说法的主要目的是批评中国人缺少国家意识,中国的政治文化只图"苟安",不能像近代资本主义国家那样"励精图治"。其实从具有极高行政效率的现代国家角度来看,任何传统的"大帝国"在政治能力上都有"苟安"之态。这是现代国家与古代王朝之间的本质区别,而非由于中国广土众民。更有甚者,从清末开始,有识之士之所以苦苦探寻救亡图存之道,正是因为西方列强

---

① 梁启超:《论中国与欧洲国体异同》,载吴松等点校:《饮冰室合集点校》,第2集,第771页。

的入侵,严重危害到了中国的疆域版图,也就是政治统一,让中国有惨遭瓜分之险。而许多对国家问题的分析与论辩,都基于如何维系历史中形成的统一之局。若没有这种强烈的救亡意识,时人哪里会孜孜不倦地探寻西洋诸国的富强之道? 因此,梁启超的这种否定中国历史上"大一统"格局的历史叙事,极有可能造成与他本意并不相符的结果,即认为中国"分裂"比统一好,这样更能与西方国家"接轨",更"文明"。《春秋》责备贤者,在当代解构主义与逆向民族主义甚嚣尘上之际,必须对梁启超式的"新史学"予以重新审视和反思。

第五讲 对民初政局的思考与检讨

一 民初政局鸟瞰

1911年武昌起义之后,清廷灭亡已成定局。随着革命形势的发展,宣告独立的几个省份共谋组织联合议政机关。与此同时,在程德全、汤寿潜、陈其美等人的建议下,于上海设置临时议会,各省都督派一名代表赴沪讨论政治军事诸事宜。随后黎元洪在武昌组织成立临时政府,各省复派遣代表赴武昌商议临时政府组织事项,同时与留驻上海的代表保持联络。及至南京临时政府成立,孙中山出任临时大总统,随即便通告各省派议员来南京组织参议院,开启了民国的议会政治。不久孙中山让位于袁世凯,后者定都北京,参议院遂移至北京,继续行使政治职能。此时随着民主政治的呼声甚嚣尘上,各种政党团体也纷纷成立,据张玉法的统计,当时共有312个政治性党会,其中具有较为健全政纲或具体政治主张的仅有35个。在人员方面,不少时彦名流一人横跨数党,拥有多重党籍。可在党纲方面,许多政治团体的口号主张皆大体雷同。① 不少时彦名流自然很关心如何建设共和政府,但关于中国未来的诸多重要问题,大多数参与者却没有一个十分清晰的答案。总体来看,在许多关键问题上,大多数政治人物不是从中国社会的基本现实与基本矛盾出发,而是向各种域外学说讨求答案,比如总统制、共和制、联邦制、邦联制之争。许多人对于中国问题的意见分歧除了现实的利益诉求不同,很大程度上是由于各自汲取了不同的西学资源,并且这种汲取在深度、广度与准确度上都十分有限。

针对当时政治人物热衷于用各种西方政治学说来为中国建设开药方的现象,清末革命党的重要理论家章太炎提醒世人:"政治、法律,皆依习惯而成,是以圣人辅万物之自然而不敢为,其要在去甚、去奢、去泰。若横取他国已行之法,强施此土,斯非大愚不灵者弗为。"②在发表于 1912 年 1 月的《先综核后统一论》一文里,章太炎强调,主政者面对纷繁复杂的政治与社会局面,"欲更新者,必察其故;欲统一者,必知其殊"。新的政策是针对现实状况而设置的,后者是立法与施政之时必须要面对的重要前提。必须从中国的现实出发思考问题。中国的统一也是建立在各地之间的巨大差异基础上的,一旦不能有效分析、协调不同地区的各种诉求,强行划一地推行趋时之策,那么将会造成"徒能以电报统一耳,安望其实际遵行耶?"章氏以新政府颁布推行阳历与限制各省练军二事为例:前者未曾考虑到民间长期使用阴历,实与农业生产息息相关,阴历

---

① 张玉法:《民国初年的政党》,长沙:岳麓书社,2004 年,第 34—39 页。
② 章太炎:《大共和日报发刊辞》,载汤志钧编《章太炎政论选集》下册,北京:中华书局,1977 年,第 537 页。

的计算方式根据每一时期的农耕要务而定,是长期生产实践的产物。后者只看到江苏一省军费浩繁,却未考虑其他各省的军力分部情形,贸然限制练兵,将会导致不少地区武备空虚。此外,赋税与法律,"其事细如牛毛,其乱棼如讨羽。顺而理之。后或可以渐革;逆而施之,在今日已跋踬不行矣"。这些问题一旦处理失当,将会导致政府运作紊乱,人心渐失,侵蚀新政权的统治根基。而要解决这些问题,章太炎认为首先新政府应派遣十余名特使前往各省,充分调查政治与社会现状,明晰当地的具体情形,然后将意见反馈回中央,让后者能够"周知天下之故"。其次,清廷许多虽然离职但"审知向日利病"的官吏,新政府应"引为顾问",议会也应时常向其咨询。① 当然,他的这些意见在当时并未引起人们足够的重视。

在对外关系方面,革命党的"三民主义"中虽然包含"民族主义",但在列强环伺的局面下,新政权对外关系的重点有二:一是争取列强的外交承认,二是借款以解财政上的燃眉之急。这样一来,其民族主义口号就大打折扣。民国政府并未废除清政府与东西列强签订的一系列不平等条约。孙中山在发表于 1912 年 1 月的《对外宣言书》中声称:"凡革命以前所有满政府与各国缔结之条约,民国均认为有效。""革命以前,满政府所借之外债及所承认之赔款,民国亦承认偿还之责,不变更其条件。"②他还曾打算通过出让汉冶萍公司的利权来向日本借款。而据日本方面的记载,孙中山、黄兴与日人交涉时,许过其他更为严重有损中国主权与领土完整的承

---

① 章太炎:《先综核后统一论》,载汤志钧编《章太炎政论选集》下册,第550、551页。
② 孙中山:《对外宣言书》,载《孙中山全集》第2卷,北京:中华书局,2011年,第10页。

诺来换取后者的支持。① 此后袁世凯出于同样的原因,与英、法、德、俄、日五国银行团签订《善后借款合同》。此合同规定借款的用途将由列强监督,严重影响了中国的财政主权。此外,借款由中国的盐税作为担保,列强派人参与管理中国盐务,这样使其除了实际控制中国的关税,还控制了中国的盐税。

1913年,国民党的健将宋教仁在上海遇刺,凶手背后的操盘之人直指时任民国大总统的袁世凯的手下健将赵秉钧。这让曾经对选举政治颇为热衷的国民党人十分愤怒。李烈钧、柏文蔚等国民党地方要员起兵反袁,但由于兵力悬殊,不久便溃败。

当然,与后来国民党的自我宣传不同,当时国内不少群体对他们的军事行动并未表示过多支持。反而是一直有侵略中国野心的日本,希望利用国民党来搅乱中国政局,以便从中受益。在这之后,袁世凯开始进一步独揽大权。而其他的政治力量,比如以梁启超等清末立宪派健将为核心的进步党被进一步的边缘化,以熊希龄为首的"一流内阁"最终遭遇的只是一番抱负付诸东流。国民党的主要人物流亡日本,希望获得日本方面的某种帮助。

1915年,袁世凯在其子袁克定,以及杨度等"筹安会六君子"的鼓动下,选择放弃共和,帝制自为。他原以为这一行为在古德诺这样的美国政治学家的支持下,在袁克定所制造的虚假民意(袁世凯后来才意识到这一点)下,会较为顺利地进行,没想到却遭到各方反对。梁启超的《异哉所谓国体问题者》一文影响极广,让那些支

---

① 段云章编著:《孙文与日本史事编年(增订本)》,广州:广东人民出版社,2011年,第247、275页。

持帝制的论调黯然失色。其弟子蔡锷联合西南地区的其他军事领袖,组建讨袁军。而在北洋系内部,支持袁世凯称帝的人也不多。因此,袁世凯此举反而加剧了北洋系内部的分裂。不少历史叙事常说袁世凯的失败是由于民主共和观念深入人心,但其实更与袁世凯的政治整合能力有限,时人普遍认为袁世凯"德不配位"颇有关系。

总之,民国初年的政局混乱不堪,新政权在国家建设、保障民生、巩固主权方面也乏善可陈。今天许多对民初政治史的表彰式论述,归根结底是有一种"发思古之幽情"的目的在其中。因此,审视民初的政治思想,重点应该放在时人如何思考现代中国政治建设中的一些关键问题,以及对民初政局的检讨与反思。

二 《阿 Q 正传》中的辛亥革命

1921 年末至 1922 年初,鲁迅在《晨报副刊》连载小说《阿 Q 正传》。这部小说以清末民初的浙江农村为背景,描写了一位破产农民阿 Q 的命运。从思想史的角度来看,这部小说颇为深刻地揭示了辛亥革命的一些基本特征。

本来,以赵太爷为代表的地主士绅在未庄处于支配性地位,阿 Q 在他们眼里宛如一粒尘埃。但是,当革命的消息传至未庄之后,阿 Q 惊讶地发现,虽然自己深受纲常伦教熏染,觉得"革命党便是造反,造反便是与他为难",但革命风潮"却使百里闻名的举人老爷有这样怕,于是他未免也有些'神往'了"。他坚信那些地主士绅会在这场革命中受到惩罚,自己将能翻身,因此"便是我,也要投降革命党了"。而在阿 Q 的观念里，革命之要义就是"我要什么就是什么，我欢喜谁就是谁"。① 可见，尽管辛亥前夕以知识分子为主的革命党人运用各种新媒介宣扬革命，但在这些通篇充斥着各类新说的新式"高文典册"却未在如阿 Q 这样的底层农民中间产生任何影响。他所理解的革命，就是单纯的造反，就是社会地位的"风水轮流转，今年到我家"。②

不过革命也确实让未庄的"上等人"们紧张了一阵，毕竟在清末的革命宣传中也有关于"平均地权"之类主张的内容。因此当赵太爷见到阿 Q 时，一改往日的倨傲面孔，十分客气地与他寒暄，问他最近是否"发财"了，甚至还把自己贬低为阿 Q 的"穷朋友"。这让阿 Q 颇感惊讶。他在梦里甚至憧憬着在推翻以赵太爷等人主导的乡里秩序时，"第一个该死的是小 D 和赵太爷，还有秀才，还有假洋鬼子"，③而自己则与那些"革命党"在一起，后者穿着白盔甲，拿着板刀、钢鞭、炸弹、洋炮。为何穿白盔甲？因为要给明朝的崇祯皇帝戴孝。在"反清复明"，血"甲申之耻"方面，或许是阿 Q 与清末的革命宣传之间唯一有共鸣之处。

但是当阿 Q 从梦中醒来时，他发现革命之后的未庄"样样都照旧"。尼姑庙里的老尼姑对他说，本以为会成为被革命对象的秀才与假洋鬼子，"他们已经来革过了"。这件事的原委如下：

---

① 鲁迅：《阿 Q 正传》，载《鲁迅全集》第 1 卷，北京：人民文学出版社，1981 年，第 513 页。

② 鲁迅：《阿 Q 正传》，载《鲁迅全集》第 1 卷，第 513 页。

③ 鲁迅：《阿 Q 正传》，载《鲁迅全集》第 1 卷，第 514、515 页。

那还是上午的事。赵秀才消息灵,一知道革命党已在夜间进城,便将辫子盘在顶上,一早去拜访那历来也不相能的钱洋鬼子。这是"咸与维新"的时候了,所以他们便谈得很投机,立刻成了情投意合的同志,也相约去革命。他们想而又想,才想出静修庵里有一块"皇帝万岁万万岁"的龙牌,是应该赶紧革掉的,于是又立刻同到庵里去革命。①

不仅如此,阿 Q 意识到,革命的暴风骤雨已然过去,"未庄的人心日见其安静了。据传来的消息,知道革命党虽然进了城,倒还没有什么大异样。知县大老爷还是原官,不过改称了什么,而且举人老爷也做了什么——这些名目,未庄人都说不明白——官,带兵的也还是先前的老把总"。这和武昌起义之后全国的整体面貌十分相似,即旧日的清廷官吏短时间内纷纷改头换面,继续在新政权内担任职务。而清末的革命者希望当时的"中等社会"能以救国为己任,运用自己的身份与地位动员民众,沟通"下等社会",实现"文明排外"。② 而赵秀才、假洋鬼子们,恰恰也是"中等社会"中的一分子,因此,他们如此这般,自然也符合先前的革命策略。

革命之后,自然需要重建秩序。"这几日里,进城去的只有一个假洋鬼子。赵秀才本也想靠着寄存箱子的渊源,亲身去拜访举人老爷的,但因为有剪辫的危险,所以也就中止了。他写了一封'黄伞格'的信,托假洋鬼子带上城,而且托他给自己绍介绍介,去

① 鲁迅:《阿 Q 正传》,载《鲁迅全集》第 1 卷,第 516 页。
② 桑兵:《拒俄运动与中等社会的自觉》,载《历史的本色:晚清民国的政治、社会与文化》,桂林:广西师范大学出版社,2016 年,第 63—84 页。

进自由党。假洋鬼子回来时，向秀才讨还了四块洋钱，秀才便有一块银桃子挂在大襟上了；未庄人都惊服，说这是柿油党的顶子，抵得一个翰林；赵太爷因此也骤然大阔，远过于他儿子初隽秀才的时候，所以目空一切。"①如此这般，这些昔日的特权者今日依然掌握着权力，并且还有了一个"自由党"这样华美且时髦的称谓。而当早已立志革命的阿Q前去拜访"革命同志"假洋鬼子时：

阿Q轻轻的走近了，站在赵白眼的背后，心里想招呼，却不知道怎么说才好：叫他假洋鬼子固然是不行的了，洋人也不妥，革命党也不妥，或者就应该叫洋先生了罢。

洋先生却没有见他，因为白着眼睛讲得正起劲：

"我是性急的，所以我们见面，我总是说：洪哥！我们动手罢！他却总说道No！——这是洋话，你们不懂的。否则早已成功了。然而这正是他做事小心的地方。他再三再四的请我上湖北，我还没有肯。谁愿意在这小县城里做事情。……"

"唔……这个……"阿Q候他略停，终于用十二分的勇气开口了，但不知道因为什么，又并不叫他洋先生。

听着说话的四个人都吃惊的回顾他。洋先生也才看见：

"什么？"

"我……"

"出去！"

"我要投……"

---

① 鲁迅：《阿Q正传》，载《鲁迅全集》第1卷，第518页。

"滚出去！"洋先生扬起哭丧棒来了。

赵白眼和闲人们便都吆喝道："先生叫你滚出去，你还不听么！"

阿Q将手向头上一遮，不自觉的逃出门外；洋先生倒也没有追。他快跑了六十多步，这才慢慢的走，于是心里便涌起了忧愁：洋先生不准他革命，他再没有别的路；从此决不能望有白盔白甲的人来叫他，他所有的抱负，志向，希望，前程，全被一笔勾销了。①

在拥有传统功名与留洋接受新知的秀才和假洋鬼子眼里，身份卑微的阿Q根本配不上与他们为伍。像革命这样的文明事业，岂能让如此低贱之人参与其中。假洋鬼子嘴里说出来的洋文，象征着他已然属于上等的"文明人"了。这一群体才是革命的主要策划者和参与者，革命之后建立新秩序的重任自然也应由这类人来承担。因此，阿Q想通过革命来改变命运，却被"不准革命"。革命也是需要资格的，而这种资格，与革命前所形成的身份地位与支配条件一脉相承。

对此，阿Q在深感失望之后，便是恼羞成怒。不久之后赵家遭抢，阿Q被当成罪犯逮捕。在衙门里：

阿Q虽然有些忐忑，却并不很苦闷，因为他那土谷祠里的卧室，也并没有比这间屋子更高明。那两个也仿佛是乡下人，

---

① 鲁迅：《阿Q正传》，载《鲁迅全集》第1卷，第519—520页。

渐渐和他兜搭起来了,一个说是举人老爷要追他祖父欠下来的陈租,一个不知道为了什么事。他们问阿Q,阿Q爽利的答道,"因为我想造反"。

他下半天便又被抓出栅栏门去了,到得大堂,上面坐着一个满头剃得精光的老头子。阿Q疑心他是和尚,但看见下面站着一排兵,两旁又站着十几个长衫人物,也有满头剃得精光像这老头子的,也有将一尺来长的头发披在背后像那假洋鬼子的,都是一脸横肉,怒目而视的看他;他便知道这人一定有些来历,膝关节立刻自然而然的宽松,便跪了下去了。

"站着说! 不要跪!"长衫人物都吆喝说。

阿Q虽然似乎懂得,但总觉得站不住,身不由已的蹲了下去,而且终于趁势改为跪下了。

"奴隶性! ……"长衫人物又鄙夷似的说,但也没有叫他起来。

"你从实招来罢,免得吃苦。我早都知道了。招了可以放你。"那光头的老头子看定了阿Q的脸,沉静的清楚的说。

"招罢!"长衫人物也大声说。

"我本来要……来投……"阿Q胡里胡涂的想了一通,这才断断续续的说。

"那么,为什么不来的呢?"老头子和气的问。

"假洋鬼子不准我!"

"胡说! 此刻说,也迟了。现在你的同党在那里?"

"什么? ……"

"那一晚打劫赵家的一伙人。"

　　　　"他们没有来叫我。他们自己搬走了。"阿Ｑ提起来便
　　愤愤。
　　　　"走到那里去了呢？说出来便放你了。"老头子更和气了。
　　　　"我不知道……他们没有来叫我……"①

阿Ｑ不但没做成革命党，而且还被革命之后新建立的权力机关视
为盗贼。并且就连他出于对官府的畏惧而产生的表现，都被饱受
新文明熏陶的革命新贵们视为"奴隶性"。如此这般，使阿Ｑ受到
了双重压迫：既被过去士绅支配的社会结构所压迫，又被打着趋新
名号，与过去权力结构具有高度亲和性的新话语体系所压迫。革
命党所宣称的"民权"，似乎并未包括像阿Ｑ这样贫穷无告、身份
低微的"民"。
　　在《阿Ｑ正传》里，作为曾经的革命党人的鲁迅用文学的表现
形式，刻画了辛亥革命前后中国农村的面貌，揭示这场革命与士绅
支配之间的亲和关系，新政权的参与者与受益者，很大程度上与旧
政权具有千丝万缕的联系。他们只是改变了意识形态说辞，并未
改变中国社会基本结构，剥削不但普遍存在，而且被赋予新的权力
合法性。由此他反思民国政权的权力基础到底在哪里，这场革命
为何没有让中国大多数底层民众获益。
　　对于辛亥革命，除了看到其终结帝制，更要认识一些更深层次
的问题。虽然被今人称颂的《中华民国临时约法》强调"中华民国
之主权，属于国民全体"。承认"中华民国人民，一律平等，无种族、

---

① 鲁迅：《阿Ｑ正传》，载《鲁迅全集》第1卷，第522—523页。

阶级、宗教之区别"。① 但据曾经作为这场革命旁观者的冯友兰回忆：

> 我现在觉得辛亥革命的一部分动力，是绅权打倒官权，就是地主阶级不当权派打倒地主阶级当权派。三民主义中的民权主义和民生主义，不但当时的一般人不懂，当时革命队伍中的人也不是都很懂的。我也主张辛亥革命是资产阶级民主革命。但我也认为，当时的资产阶级力量是很软弱的。所谓官权与绅权的斗争，正是表现了当时地主阶级内部的矛盾，辛亥革命一起来，绅权便自然成为革命的一个同盟军，一起反对当权的地主阶级，即以清朝皇帝为代表的地主阶级当权派的统治。②

亲历了辛亥革命在四川的蒙文通也回忆，"在满清统治推翻以后，出现所谓民权之说，这个民权，实际上就是绅权"。③ 而根据汪荣祖老师的研究，辛亥革命期间，"在许多地区，革命党人必须仰赖士绅的政治与经济支持，才能宣布独立"。作为革命者，"革命党未能指导群众运动，更无论动员人民。即使是最激进的革命党人，多半出身寒微，较能同情下层社会的弱势族群，却也不知组织愤怒乡民的

---

① 《中华民国临时约法》，载夏新华等整理《近代中国宪政历程：史料荟萃》，北京：中国政法大学出版社，2004 年，第 156 页。
② 冯友兰：《三松堂自序》，上海：东方出版中心，2016 年，第 37 页。
③ 蒙文通：《中国封建社会地主与佃农关系初探》，载蒙默编《蒙文通全集》第 3 册，成都：巴蜀书社，2014 年，第 292 页。

重要性"。与之相反,"革命之后,民国的各级地方政府几全赖士绅的经济支持,根本不能冒犯包括'劣绅'在内的士绅阶级"。① 张朋园统计,民国第一届国会中的议员非富即贵,属于上层社会,以维护自身的经济利益与社会特权为主要政治立场。② 在此背景下,正如民初政治的亲历者李剑农所述,当时所有政治团体"都是没有民众作基础的政团,政团不过是读书绅士阶级的专用品"。因此参议院中的政党"都与民众不生关系,都成了水上无根的浮萍"。③

由此可推想,为何辛亥革命之后未能建立起名副其实的民主政治,绅权的压倒性胜利或许是一个重要因素。

三 康有为与梁启超的"国权"论

清末康有为周游列国之际,中国的革命与立宪之争也日趋激烈。康有为担心中国若行革命,鼓吹单一民族的民族主义,不但会导致列强干涉瓜分,而且会让边疆少数民族地区离心离德。他通过对奥匈帝国、奥斯曼帝国的实地考察,认识到制度之良莠,应视能否真正克服国内离心力,促进国家整合而定。在他那里,君主立宪加上制定孔教,此乃中国最佳的振衰起微之道。之所以如此,并非康有为对西洋政法学说知之甚浅,恰恰相反,在他所处的历史环境下,维也纳体系式的君主政体乃时代主流,而法国大革命,则饱

---

① 汪荣祖:《论辛亥革命的三股主要动力》,载《读史三编》,上海:上海人民出版社,2019年,第260、261页。
② 张朋园:《中国民主政治的困境,1909—1949:晚清以来历届议会选举述论》,长春:吉林出版集团,2008年,第103页。
③ 李剑农:《中国近百年政治史》,武汉:武汉大学出版社,2006年,第283—284页。

受 19 世纪的保守主义与历史主义者抨击,认为乃滥用理性的致乱之方。① 梁启超则预感革命之后会出现大乱,且当时中国人的"国民程度"远未达到共和政体所要求的水平,革命只能让各色"暴民"趁机崛起。加之中国产业落后,在外国资本主义的压力下,若无稳定的国内政局,将很难得到发展。因此,他主张应实行"开明专制",通过一位具有现代政治眼光与高超政治能力的最高统治者总揽大权,将现代化建设次第展开。民国建立之后,康梁师徒虽然对自己的政治主张无法实现颇感遗憾,但也开始在既成事实之下探讨中国未来的建设问题。

在撰于 1912 年的《共和建设讨论会杂志发刊词》中,康有为写道:

> 大夫猎缨前席而问学士曰:"共和建设若何而可安全中国乎?"学士曰:"必自统一之"。曰:"若何而能统一之?"曰:"必自中央集权,得强有力之政府始矣;必自各省勿分立,军民分权始矣;必自合五族,保辽、蒙、回、藏始矣;必自废军政,除强暴,遣冗兵,复民业始矣;必自定金币,拓银行,善其公债纸币,奖实业始矣;必自奖教育,崇教化始矣;必自定良宪法,成大政党,得国会内阁之合一政党始矣;外之能适于万国之情形,内之能起国民之道德。"②

---

① 章永乐:《万国竞争:康有为与维也纳体系的衰变》,北京:商务印书馆,2017 年,第 108—140 页。

② 康有为:《共和建设讨论会杂志发刊词》,载姜义华、张荣华主编《康有为全集》第 9 集,第 290 页。

可见，加强中央权力是一切建设的根本。康有为认为当时中国内部涣散，外部身处险境，面临极大的危机。而当时的世界形势，"数十年来，国权之说忽盛。俾斯麦以此强德国，虽以美国平民之政，罗斯福亦大昌霸国之义，而各国亦皆鼓吹之。盖列强并峙，日事竞争，少不若人，即至夷灭；故霸国之义，不得不倡者，时为之也"。清末以来，民权之说盛行于中国，但依康有为之见，"重民而张民权之说，乃欧美百年前之旧论，于药则为渣滓，于制则为刍狗"，中国当前面临的最大危险就是"误服欧美唾弃之民权之说"，所以不应再作提倡。因此他主张新政权应以"国权"为重，"人人知以救中国为最要之图，则国重而民轻矣，先于为国而后于为民矣，重于为国而轻于为民矣"。[①] 若无稳固的国家权力，则一切建设无从展开，人民生计难以得到保障，更为关键的是，因国力衰弱，中国很可能遭到列强侵蚀，致使山河破碎。

既然要避免"民权"理论的流弊，那么就要在政治参与者的资格与数量上做出限制。康有为指出"今欧美诸国之政治，多赖中人以上之少数有道德、有学问、有知识、有财力以为维持"，因此"其为人数至少矣"。之所以要这样，是因为在康有为看来：

盖以少数之才民、富民为治，能免于多数之暴民为乱也。夫天下富者少而贫者多，贤者少而不肖者多，智者少而愚者多；如必从多数以为治也，则必淘汰其贤者、智者、富者而选用

① 康有为：《中国以何方救危论》，载姜义华、张荣华主编《康有为全集》第 10 集，北京：中国人民大学出版社，2007 年，第 37 页。

其愚者、贫者、不肖者，则奈之何其不流为暴民之乱政也，则必为法之山岳党而已，则必为中南美之二十共和国而已，待瓜分灭亡而已。夫为政者，非有道德之高行，有专门之才识，而又有财富之力以行之，不能为治也。[1]

康有为坚信只有让坐拥资产的"贤者""智者"参与政治活动，才能确保政治稳定，国权巩固。他在1912年草拟了一份《中华民国国会元老院选举法案》，其中"元老"的来源之一是"特别阶级"，而且从这一"特别阶级"中聘任"元老"不能用普遍选举的方式，而应以长吏"推选黜陟"之制行之。[2] 此外，康有为根据他对近代世界政治演变的认识，强调平民参政会导致暴力革命，造成秩序混乱，进而为外国干涉创造条件。即便他的这一观点根本目的在于保障国权，但他却忽视了这些"富者"致富的方式，特别是其致富过程中是否会由于过度兼并而造成新的社会动荡。

康有为在1913年撰写了一份《拟中华民国宪法草案》。其中第2章规定"主权在国"。他的解释是："中国民权已极张，而邻于列强，当以国权为重，故宜主权在国。"[3]为了避免"民权"干扰"国权"，康有为认为：

---

① 康有为：《中国以何方救危论》，载姜义华、张荣华主编《康有为全集》第10集，第35页。

② 康有为：《中华民国国会元老院选举法案》，载姜义华、张荣华主编《康有为全集》第9集，第420页。

③ 康有为：《拟中华民国宪法草案》，载姜义华、张荣华主编《康有为全集》第10集，第51页。

　　凡平民之政,患其流为暴民以多为决,恣睢猖狂,纲纪易紊,道揆易失,如是则大乱且亡也。苟未至教化纯备、道德齐一、人人能自治之时,必正纲纪、崇道揆、明礼法、谨秩序,然后民有整齐严肃之风,而国乃收治强之效也。①

而在他眼里,能"正纲纪""明礼法"的学说,非孔教莫属。因此他在《宪法草案》里写道:"今日救人心、易风俗、张四维、保国种,皆惟孔教是赖。苟不著之宪法,以保护维持,则近者焚书坑儒、毁庙收田之祸,洪水已滔天矣。虽于孔子无损,如中国之国命何?"基于此,他主张:"必以孔教著为国教,明著宪法。"②因此,康有为的孔教论,并非只是文化层面的主张,而是与他要建立一套保障"国权"、施行上层社会专政、防止"暴民"干扰的政治体制配套而行的。

　　辛亥革命之后,梁启超及其同志开始策划从海外回国从事政治活动。1911 年 12 月,张嘉森致信梁启超,认为"今后之中国,非造成一大党以为改革事业之中坚,则建设必不完备,而危象且随而发现"。他的方案是"联袁(袁世凯),以造成一大党"。③

　　梁启超采纳了这一主张。1912 年 2 月,在袁世凯当上大总统不久之后,梁启超致信于他:

---

① 康有为:《拟中华民国宪法草案》,载姜义华、张荣华主编《康有为全集》第 10 集,第 50 页。

② 康有为:《拟中华民国宪法草案》,载姜义华、张荣华主编《康有为全集》第 10 集,第 83 页。

③ 张嘉森:《致任公先生书》,载丁文江、赵丰田编《梁任公先生年谱长编(初稿)》,北京:中华书局,2010 年,第 315 页。

　　既以共和为政体,则非有多数舆论之拥护,不能成为有力之政治家,此殆不烦言而解也。善为政者,必暗中为舆论之主,而表面自居舆论之仆,夫是以能有成,今后之中国,非参用开明专制之意,不足以奏整齐严肃之治。夫开明专制与服从舆论,为道若大相反,然在共和国非居服从舆论之名,不能举开明专制之实,以公之明,于此中消息,当已参之极熟,无庸启超词弗也。然则欲表面为仆而暗中为主,其道何由? 亦曰访集团中有政治常识之人,而好为政治上之活动者礼罗之,以为己党而已。①

这封信既表达了梁启超的政治主张,又带有极强的政治权术色彩。当然,在梁启超那里,这两点并非泾渭分明。因为他的"开明专制"思想,要求统治者不但具备丰富的现代知识,而且要有极强的政治能力。既然政治活动必然涉及权力之争,那么掌握一定的权术也就包含在政治能力之中。当然,梁启超更希望的是袁世凯能重用像他这样熟悉治国之道的人来共同建设国家。

　　袁世凯也乐于让梁启超等人组建政党,制约由清末革命党转化而成的国民党。1912 年底,梁启超发表《中国立国大方针》一文,指出"今世界以国家为本位,凡一切人类动作皆以国家分子之资格而动作者也",同时强调"今世界惟大国能生存"。对中国而言,"欲使我国进为世界的国家,此非可以坐而致也。必谋所以促进之者,于是保育政策尚焉"。所谓"保育政策",其实就是"开明专制"的

---

① 梁启超:《致袁项城书》,载丁文江、赵丰田编《梁任公先生年谱长编(初稿)》,第320 页。

另一种说法。而为了践行"保育政策","建设强有力之中央政府，实今日时势最大之要求"。① 与其师康有为一样，梁启超也撰写了一份宪法草案，名曰《进步党拟中华民国宪法草案》。其中第一条写道："中华民国永远定为统一共和国，其主权以本宪法所定之各机关行之。"他如是解释这一条："《临时约法》第二条采主权在民之说，与国家性质不相容。无论何种国体，主权皆在国家，久成定说，无俟喋引。国体之异，则在行使国家主权之机关，有单、复、专、共之异也。"②

康有为、梁启超的"主权在国"论从来源上可追溯至近代德国的国家学说。从学理的角度来看，他们二人在民初强调巩固国权，在当时中国内外皆面临十分严峻的危机的背景下，是比较有道理的。因为国家主权不稳定，国家基础能力不提升，国防事业不增强，政治认同流于混乱，许多建设工作皆难以有效开展。但关键在于康有为把巩固国权寄托在"富民"身上，意在实现精英政治，梁启超则对袁世凯抱以不切实际的希望，想借助后者的力量来实行"保育政策"。这在当时的社会条件下很大程度上只是一种空想。因为以袁世凯为首的北洋集团缺乏社会基础，并且内部也没有一套行之有效的理性化组织架构，中央财政捉襟见肘，以士绅为主体的社会结构趋于解体，脱胎于此的官僚集团如浮萍一般，缺乏政治根基。总之，当时的中国在许多方面都显得支离破碎、凌乱涣散。除

---

① 梁启超：《中国立国大方针》，载吴松等点校《饮冰室文集点校》第4集，昆明：云南教育出版社，2001年，第2413、2416、2426页。
② 梁启超：《进步党拟中华民国宪法草案》，载吴松等点校《饮冰室文集点校》第4集，昆明：云南教育出版社，2001年，第2413、2416、2426页。

非有新的政治力量出现,自下而上地重新整合社会,否则,很难让中国的国家能力有质的提升。

四　对民初政局的反思——以章太炎为例

"无量金钱无量血,可怜换得假共和。"民初的政治总体而言是失败的。它既不能为共和政治打下坚实的根基,也不能完成建设现代国家所必须面对的各项政治、经济、社会、军事与外交议题。并且随着军阀、官僚、党人不断争权夺利,致使政治风气日趋堕落,不少人甚至产生了"民国不如大清"之感。如此这般,让一些有识之士开始思考民初政治败坏至此的原因。其中,章太炎的反思很值得注意。首先,他是民初的主要政治参与者,浮沉于一系列政海风波之中,较之局外之人所发的感慨之词,他对许多政治现象有着相对深入的观察。其次,作为一位"有学问的革命家",他很早就开始比较有系统地反思从辛亥革命到袁世凯称帝这段时间的政治状况。从1913年开始,袁世凯利用党派之间的矛盾,先是排挤国民党,然后卸磨杀驴,将进步党、共和党冷落一旁,使其地位边缘化,一步步走向集权,最终受人蛊惑,决定帝制自为。睹此情形,书生气极重的章太炎深感愤恨,不顾个人安危,只身入京,当面斥责袁世凯妄图称帝,最后被后者软禁于北京。在被袁世凯软禁期间,章太炎撰写了《大过》《小过》两篇文章,比较详尽地检讨了辛亥革命之后革命党为何难以担当救国之任的问题。

在《小过》一文里,章太炎认为革命之举之所以能成功,并非革命党人如何英武,而是因为他们能够"循百姓之心",立志于改变清末恶劣的政治环境。因此,即便革命党人资质、才性或有差别,但"皆能艰难其身,以为表仪,蒙霜露,涉波涛,乞食囚繫,而不悒悔"。秉持这样的优良作风,在历尽艰辛之后,"士民感慕,趣义日广,覆清之声,洋溢中外",最终武昌起义,全国响应,一举推翻了清政府。[①] 在这期间,武昌面临极大的军事压力,革命党与袁世凯的部队鏖战,伤亡颇惨重。但是,革命军上下一心,军纪严明,于民众秋毫无犯,赢得了当地老百姓的支持。正因为这样,革命军成功在望,"伯迹始基矣"。[②]

但是,南京光复之后,在巨大的政治与经济利益面前,宁、汉两边的革命党人渐起摩擦,几成分裂之势。加之"主者不念吉凶同患之义,而更招致票狡不识大体者,与之亲比",进一步加剧革命政权内部的动荡。不过即便如此,作为新兴的政府,民望仍在,朝气犹存。但是惜乎执政者"性行疏嫚,不能割制,内多欲而外意言文政;狂狡戟持其间,会集专己寡谋之士;又以少年无行,循势俛仰者妒之,更相噬齿,莫适为主,于是形涣势屈,而禄胙归于北廷矣"。[③] 可以看到,章太炎认为当初一片大好的革命形势走向涣散衰颓,昔日的革命领袖,今朝南京临时政府的衮衮诸公要负主要责任。他们(更确切地说,应该是孙中山、黄兴)为政无方,党同伐异,所用非人,造成革命阵营内部互相倾轧,彼此争利,大失民望,徒然给北廷(袁世凯)以机会,让他得以各个击破,渐渐独揽大权。

接下来,章太炎还对革命党人在革命成功之后的行径与作为

---

① 章太炎:《检论·小过》,载《章太炎全集》第 3 册,第 633—634 页。

② 章太炎:《检论·小过》,载《章太炎全集》第 3 册,第 634 页。

③ 章太炎:《检论·小过》,载《章太炎全集》第 3 册,第 635—636 页。

做了批评。在他看来，从前的革命志士"得志之顷，造次忘其前事。向之自相匡督，与夫感慨自裁之节，皆忽略以为游尘"。因为有功于革命，他们俨然以"从龙之士"自居，性情日渐骄横，加之许多党人年纪轻轻，更是视纲纪法度为无物。当初生活困苦、备尝艰辛的革命党们"宅京稍久，渐益染其淫俗"，作风越发堕落。这便给予那些旧日的官僚政客以可乘之机，"向者茸技之官，奔亡之虏，游食于北都者，乘其阽危，阳与为好，而阴蠹害其事"。凡此种种，最终致使"盟败约解，人自相疑，丑声彰于远近，而大势崩矣"。① 通过这些反省，章太炎得出结论："往始人惟恐其不成，终后人惟幸其速败者，何哉？侮唇齿之援，弃同德之好，远忧勤之人而任娙扰之士也！"②物必先腐而后虫生，革命党在革命成功之后内耗与腐化，革命道德瞬息之间消散无余，这既导致了民初政治乱象频生，也让国民党失去了人心。关于这一点，金冲及有着十分扼要的概括：

　　广大下层民众，在辛亥革命后早已被革命党人撇在一边。同盟会改组为国民党后的党纲，对民众没有什么吸引力。在国民党担任都督的南方许多省内，民众同样不曾得到多少实际利益，有的倒是遭受残酷镇和换汤不换药的各种苛捐杂税。在他们眼中，国民党和袁世凯之间的冲突，只是一群官僚政客与另一群官僚政客之间的争权夺利，跟他们并不相干，自然不

---

① 章太炎：《检论·小过》，载《章太炎全集》第 3 册，第 636 页。
② 章太炎：《检论·小过》，载《章太炎全集》第 3 册，第 636—637 页。

可能再有多少热情起来给国民党以有力的支持。①

《大过》，主要是章太炎记载了 1914 年在北京时与一位客人之间的谈话。这位"客"，便是当年章氏在光复会中的同志李燮和，而此时他已经投靠了袁世凯。② 这次拜访章太炎，主要目的乃是作为袁世凯的说客，借机探听章太炎对袁政权的态度。李燮和对章氏谈到，昔日清廷虽然腐败不堪，但是社会上仍有基本的道德底线，官场中犹存一二独善其身的良吏。而反观民国，情况非但没有改变，反而每况愈下，所以李燮和甚至认为，"中国其遂亡邪？"③

对此，章太炎认为革命是一项十分艰巨且繁复的事业，经此巨变，"其旧朝贪人恶吏，未有不诛也"。然而武昌起义不久，各省便纷纷响应，使得清政权在短时间内土崩瓦解。这样就让昔日的贪官污吏得以侥幸偷生，混入新政权之中。彼辈"以曩日不罹刑诛，以为贪残不足以丧望实"，遂对过去的种种恶习一仍其旧，在新政权里行其故态。加之这一官僚群体"善为前却，尽色养于达尊，虽取得钜万，而理官不敢诘焉，其侮事谕得又宜也"。正是因为在革命的过程当中没有做到除恶务尽，在政治妥协的名义下，让旧日的奸佞贪婪之人凭借各种手段混迹于民国。④ 所以章太炎指出，要想做到洗涤污风，澄清政治，必须做到"上诚司契而不恣行，动遵法

① 金冲及：《二十世纪中国史纲》第 1 卷，北京：社会科学文献出版社，2009 年，第 114 页。
② 姜义华、朱维铮编注：《章太炎选集》，上海：上海人民出版社，1981 年，第 573 页。
③ 章太炎：《检论·大过》，载《章太炎全集》第 3 册，第 638 页。
④ 关于对这一历史过程的详细梳理，参见桑兵《创建民国新阁》，载《旭日残阳：清帝退位与接收清朝》，桂林：广西师范大学出版社，2018 年，第 308—351 页。

式,用财以度",这样扭转颓势"无必有高材殊能,直心术旋椁之间耳"。①

无独有偶,经历了一系列政海风波的梁启超在当时也认为辛亥革命毫无革故鼎新之象,"遂使衮衮盈廷,易代尚称元老,尘尘伏莽,攀龙尽化侯王"。清末败坏纲纪者,入民国后不少人依然保持权势;桀黠凶戾者,不但未曾受害,反而更以富贵骄人。其结果乃是"萃一国之螟螣蜮贼前代所驱除淘汰然后致治者,今则居要津窃大名而系国家之命焉,举国侧目而莫敢诽也"。② 虽然章太炎、梁启超对辛亥革命的立场不尽相同,但作为革命的重要亲历者,他们都注意到了导致革命之后政局动荡的重要原因之一,就是革命本身并未真正消灭腐朽的旧统治阶级,未能彻底铲除他们的既得利益,反而让后者的许多不良习气在新政权中变本加厉,同时革命党缺乏群众基础,不能真正做到为民请命。凡此种种,加速了新政权诸多政治担当者的迅速变质。对此,今天的史家有着十分精辟的评论:

> 中国官场的这一副马厩,自然不是一朝一夕可以打扫干净,不过,想不想打扫以及如何打扫,对于能否打扫干净至关重要。就此而论,民国肇建,建立新制度和组织新政府,虽然无法规避万事开头难的一般规律,毕竟不能说是开了一个好头。千里之行始于足下,起步已经偏离正轨,进程与结局可想

---

① 章太炎:《检论·大过》,载《章太炎全集》第 3 册,第 639 页。
② 梁启超:《罪言》,载吴松等点校《饮冰室文集点校》第 4 集,第 2398—2399 页。

而知。即使对于袁世凯本人，包容太多的旧物显然也是负累，不仅新政领袖的声名毁于一旦，整个政治生命和历史定位也将循此轨道由云端跌入地狱，到头来，机关算尽得来的荣华和权力都烟消云散，只落得个无限骂名在人间。[①]

由章太炎等人的反思可知，对现代中国政治，保持新兴的政治力量不堕落、不变质、不腐化，坚决清除长期存在的政治痼疾，避免许多不良风气以改头换面的形式重新出现，实为关乎政治兴衰的重要事项。认识到这一点，或许就能理解现代中国另一个重要的政党——中国共产党的第一代领袖毛泽东的一些思考。在1956年召开的中国共产党第八届中央委员会第二次全体会议上，毛泽东指出："我们一定要警惕，不要滋长官僚主义作风，不要形成一个脱离人民的贵族阶层。"[②] 1965年，他重上井冈山。"千里来寻故地，旧貌换新颜。"据当时主要陪同人员之一的王卓超回忆，毛泽东对他说：

　　一想到建立红色政权牺牲了那么多的好青年、好同志，我就担心今天的政权……官僚主义作风反了多次，还是存在，甚至比较严重，官僚主义思想也比较严重。打击迫害、假公济私的事有没有？这样的事情，你们知道得比我多。但报喜不报

① 桑兵：《旭日残阳：清帝退位与接收清朝》，桂林：广西师范大学出版社，2018年，第351页。
② 毛泽东：《在中国共产党第八届中央委员会第二次全体会议上的讲话》，载《毛泽东选集》第5卷，北京：人民出版社，1977年，第326页。

忧,这也是官僚和封建的东西。做官有特权、有政治需要、有人情关系。县官不如现管,假话满天飞,忽"左"忽右、形左实右,这些很容易造成干部的腐化、蜕化和变质,苏联就是教训。[1]

回顾中国现代史,中国共产党在党的建设中时刻注意反对官僚主义,毛泽东等党和国家的领导人对官僚主义与脱离群众的问题十分敏感,不断尝试在制度设计与日常实践中杜绝这一现象。这是中国共产党与包括国民党在内的现代中国政治团体之间的最大区别。只有坚持这些优良传统,章太炎于困顿之境所叙述的"大过""小过"才不会以某种新的形式再现。

五　"政治幻灭感"辨析

　　民初的政治局面让不少曾经对革命成功之后的中国充满憧憬的人们深感失望。像章太炎那样痛定思痛进行反思的自然不乏其人,但还有一种思想现象,就是因对时局深恶痛绝而心生"政治幻灭"之感。这种感觉一旦形成文字,将会对认识近代中国的时代主题产生偏差。在今天,需要从理论上对之进行辨析。在这种"政治幻灭感"之中,陈独秀的言说很有代表性。

　　辛亥革命爆发之时,陈独秀正在杭州教书。故乡安徽的新政府成立后,他受旧交孙毓筠之邀,来到安庆,出任都督府顾问。在

---

[1] 马社香:《前奏:毛泽东1965年重上井冈山》,北京:当代中国出版社,2006年,第156页。

任内,他参与"全皖工振筹办处",致力于安徽省内遭受水患地区的灾民赈济工作。同时他向都督府提出政治改革意见,主张清除政府机构中的旧官僚,革除不利于革命事业的弊政。但由于前文所揭示的当时的政治特点,陈独秀的政治改革计划难以实现。1913年,宋教仁遭到暗杀,孙中山等人认定此乃袁世凯所为,于是召集同志,宣布起兵讨袁。在此之前,安徽都督已由柏文蔚担任,陈独秀一度出任省民政长。因此,当柏氏加入讨袁军的行列之后,陈独秀也积极响应,替前者撰写了一篇极富批评性的讨袁檄文。当然,由于实力差距过大,讨袁军难以对抗袁世凯的部队,连连败退,陈独秀遭到倪嗣冲的通缉,险遭逮捕。

在此背景下,他开始质疑那些自己曾经不懈追求的政治理念。他深怀"国家社会过去未来之无限悲伤",回忆起昔日的革命同志,觉得自己苟活于世,"堕落不堪,愧对亡友",称自己为"不祥之人",咒斯世为"不祥之社会"。[1]

陈独秀非但在情绪上十分低落、消极,甚至开始从学理上否定清末以降风行一时的爱国主义、救亡图存等政治思潮。在发表于1914年的《爱国心与自觉心》一文里,他指出,中国人所理解的"爱国",基本等同于"忠君":

> 盖以此国家,此社稷,乃吾君祖若宗艰难缔造之大业,传之子孙,所谓得天下是也。若夫人民,惟为缔造者供其牺牲,无丝毫自由权利与幸福焉,此欧洲各国宪政未兴以前之政体,

---

[1] 陈独秀:《〈双枰记〉叙》,载任建树主编《陈独秀著作选编》第1卷,上海:上海人民出版社,2009年,第144、145页。

> 而吾华自古讫今，未之或改者也。近世欧美人之视国家也，为
> 国人共谋安宁幸福之团体。人民权利，载在宪章，犬马民众，
> 以奉一人，虽有健者，莫敢出此。欧人之视国家，既与邦人大
> 异，则其所谓爱国心者，与华语名同而实不同。①

陈独秀说这番话时，恰逢袁世凯不断扩张自己的政治权力，因此陈
氏有感而发，认为正因为中国人的帝制思想根深蒂固，才助长袁氏
专权乱政。作为现实感极强的人，陈氏此论，意有所指。但更为重
要的是，作为与中国状况进行对照的"他者"，陈独秀对"欧洲各国"
的想象，很大程度上决定了他如何分析中国的政治状况。

　　近代西方政治思想之于陈独秀，给他提供了不少批判中国现
实的"炮弹"。他认为："土地，人民，主权者，成立国家之形式耳。
人民何故必建设国家，其目的在保障权利，共谋幸福，斯为国家成
立之精神。"而以此为标准，"吾华未尝有共谋福利之团体，若近世
欧美人之所谓国家也"。② 因为中国政治传统中的"国家"，"凡百
施政，皆以谋一姓之兴亡，非计及国民之忧乐"，如此，"若而国家实
无立国之必要，更无爱国之可言"。因为"其爱之也愈殷，其愚也益
甚"。③ 总之，在他看来：

> 爱国心，情之属也。自觉心，智之属也。爱国者何？ 爱其
> 为保障吾人权利谋益吾人幸福之团体也。自觉者何？ 觉其国

---

① 陈独秀：《爱国心与自觉心》，载任建树主编《陈独秀著作选编》第 1 卷，第 146 页。
② 陈独秀：《爱国心与自觉心》，载任建树主编《陈独秀著作选编》第 1 卷，第 147 页。
③ 陈独秀：《爱国心与自觉心》，载任建树主编《陈独秀著作选编》第 1 卷，第 147 页。

家之目的与情势也。是故不知国家之目的而爱之则罔，不知国家之情势而爱之则殆，罔与殆，其蔽一也。①

在当时，陈独秀最主要的政治情绪，自然是对袁世凯与北洋集团的所作所为感到极度愤恨。于是他感到辛亥革命之后所建立的这个政权，实为替袁氏掌权张目，或者说，此政权成立时的初衷，在现实中根本难以实现。因此，这里所说的"国"，一方面固然指的是此刻正存在于世间的那个"政权"，但是联系上下文的脉络，既然他认为中国历史上从未有"共谋福利之团体"，那么不正表明，作为代表了历史与文化延续性的"国家"，其自身也不具备合法性吗？如此一来，生活于这片疆域内的芸芸众生，不论是从历史流变中来看，还是从现实处境来看，皆不具有在陈氏眼里"合法"的政治身份。

不过，陈独秀毕竟是参与过现实政治的人，政治环境的复杂性与残酷性，迫使分析政治形势的人，必须具有更为全面的观察视角。当时世界的主要支配者，自然是"近世欧美人"，以及效法"近世欧美人"而臻于富强之境的日本。但是他们的作为，固然有让陈氏甚为歆羡的一面，但同时还有愈显狰狞的另一面：

　　　　为他人侵犯其自由而战者，爱国主义也。为侵犯他人之自由而战者，帝国主义也。爱国主义，自卫主义也，以国民之福利为目的者也，若塞、比是矣。帝国主义，侵略主义也。君若相利用国民之虚荣心以增其威权为目的者也，若德、奥是

---

① 陈独秀：《爱国心与自觉心》，载任建树主编《陈独秀著作选编》第1卷，第147页。

矣。日本维新以来,宪政确立,人民权利,可得而言矣。一举
而破中国,再举而挫强俄,国家威权莫或敢侮矣。若犹张皇六
师,日不暇给,竭内以饰外,赋重而民疲,吾恐其国日强,其民
胥冻馁以死。强国之民,福利安在,是皆误视帝国主义为爱国
主义,而供其当局示威耀武之牺牲者也。①

陈独秀到底还是参与过清末革命并加入"亚洲和亲会"的。该会主
旨即有感于"百余年顷,欧人东渐,亚洲之势日微,非独政权兵力,
浸见缩朒,其人种亦稍稍自卑",因此辄需"反对帝国主义而自保其
邦族",通过"反抗帝国主义,期使亚洲已失主权之各民族,各得独
立"。② 在此主张之下,一种不同于殖民主义意识形态逻辑的世界
视野得以显现,即从否定帝国主义支配合法性的角度出发,思考一
种新的区域关系。并区分被压迫地区借以反抗侵略者的"爱国主
义"与殖民者为了将其扩张合法化而宣扬的"爱国主义"。这些往
事虽已时过境迁,但难免对陈独秀还有些许影响,让他在抨击中国
的"国家"一无是处同时,能够保持些许清醒,不会非此即彼,把对
中国现状的不满转化为对域外的无限赞美。所以他还有区分"为
他人侵犯其自由而战者,爱国主义也。为侵犯他人之自由而战者,
帝国主义也"的意识,认识到帝国主义国家固然国力强盛,但其内
部同样存在"赋重而民疲"的情形。

　　但是,面对让他万分失望的国内政局,陈独秀更容易将中国与

①　陈独秀:《爱国心与自觉心》,载任建树主编《陈独秀著作选编》第 1 卷,第 147 页。
②　章太炎:《亚洲和亲会约章》,载《章太炎全集·太炎文录补编(上)》,上海:上海人
　　民出版社,2017 年,第 280 页。

那些有类似处境的国家相提并论。他认为："不知国家之情势而爱之者,若朝鲜、土耳其、日本、墨西哥及中国皆是也。"这里需要分疏的是,墨西哥效仿美式共和,政治基础长期不稳,致使国内时局动荡,不但陈独秀有见于此,康有为更是时常举此例作为中国不能行共和政体之证。[1] 土耳其内有民族认同的危机,外面临列强环伺的地缘政治,其状况确可为中国之鉴。但最值得注意的是陈独秀对已被日本殖民的朝鲜之论述:

> 朝鲜地小民偷,古为人属,君臣贪残,宇内无比。自并于日本,百政具兴,盗贼敛迹,讼狱不稽,尤为其民莫大之福。然必欲兴复旧主,力抗强邻,诚见其损,未睹其益。[2]

按照这一认识,陈氏进一步申论:

> 海外之师至,吾民必且有垂涕而迎之者矣……失国之民诚苦矣,然其托庇于法治国主权之下,权利虽不与主人等,视彼乱国之孑遗,尚若天上焉,安在无国家之不若恶国家哉! 其欲保存恶国家者,实欲以保存恶政府,故作危言,以箝国民力争自由者之听,勿为印度,勿为朝鲜,非彼曲学下流,举以讽戒吾民者乎? 夷考其实,其言又何尝梦呓也。夫贪吏展牙于都邑,盗贼接踵于国中,法令从心,冤狱山积,交通梗塞,水旱仍

---

① 章永乐:《万国竞争:康有为与维也纳体系的衰变》,第153—158页。
② 陈独秀:《爱国心与自觉心》,载任建树主编《陈独秀著作选编》第1卷,第148页。

天,此皆吾人切身之痛,而为印度、朝鲜人之所无。①

根据陈独秀的意思,首先,朝鲜自古政治状况就极为恶劣,而自从被日本殖民之后,治理结果反而有所好转,因此彼处反抗殖民统治的活动实无必要,否则"见其损,未睹其益"。其次,既然中国的国内现状与被殖民以前的朝鲜不相上下,那么宣传爱国,只会延续这一具有历史与现实连贯性的,类似有"原罪"的"恶国家"。既然现状如此无可救药,不如让中国人"托庇于法治国主权"。这一思考逻辑,固然和他服膺的"团体之成立,乃以维持及发达个体之权利耳,个体之权利不存在,则团体遂无存在之必要"②这样的政治理念一以贯之,但是更和他对中国历史与现状的理解,以及对世界政治经济局势的认识息息相关。换言之,如何保障个体权利,如何组合成团体,这本身并非一个抽象思辨的议题,而是关乎个人心中蕴含着怎样的中外政治现实图景,对后者的具体认知,直接影响到设想前者的诉求应如何践行。

近代帝国主义国家的全球扩张,在占取经济资源、海外市场与政治利益的表象背后,是一套颇为精致的"教化"工程,涉及街道分布、学制设定、知识分类、生活习俗、监狱管理、法律诠释、治理程序等各个方面,让被殖民地区的知识分子与民众渐渐深信这些举措乃进化之阶梯、文明之实践,"规训"他们在一个由欧美列强支配的世界里,应如何规范自己的行为。甚至通过精心打造的教育体制,

---

① 陈独秀:《爱国心与自觉心》,载任建树主编《陈独秀著作选编》第 1 卷,第 150 页。
② 陈独秀:《〈双枰记〉叙》,载任建树主编《陈独秀著作选编》第 1 卷,第 145 页。

培养出一批符合殖民者统治标准的本地文化精英。①

但在陈独秀所处的环境里,此理却并非如此清晰。这就使得他对中国现状感到绝望时,很难从感知与学理层面抗拒帝国主义意识形态话语,于是产生类似"殖民有理"的论调。此外,在帝国主义意识形态占据话语权的情形下,基本掩盖了袁世凯政权其实也是在列强的大力支持下才得以维系的真相,甚至中国政治破碎、经济丧失自主权、政权运作急需向外国银行团借款等现状,反而有助于列强的在华利益。换言之,从现实角度出发,列强需要一个袁世凯式的中国。而这一切,只有当陈独秀拥有了更具批判性的理论武器之后,才能逐步体会到。

陈独秀虽然强调"国家者,保障人民之权利,谋益人民之幸福者也。不此之务,其国也存之无所荣,亡之无足惜"。② 但是国家并非空洞之物,内部一定包含了生活于其中的国民。自晚清以降,无论革命派、立宪派,都主张向民众宣传国民意识,动员后者参与国家建设。因此,从以启蒙者自居的知识分子之思考习惯上来讲,在经历了革命之后,国家若还破败不堪,那么很容易就会将反思重点从袁世凯那样的当权者,转移到全体国民身上。于是陈独秀指出:

> 盖一国人民之智力,不能建设共和,亦未必宜于君主立宪,以其为代议之制则一也。代议政治,既有所不行,即有神武专制之君,亦不能保国于今世,其民无建设国家之智力故

---

① 关于这些面向在近代中国的具体展开,参见 [美] 何伟亚《英国的课业:19世纪中国的帝国主义教程》,刘天路、邓红风译,北京:社会科学文献出版社,2007年。
② 陈独秀:《爱国心与自觉心》,载任建树主编《陈独秀著作选编》第1卷,第150页。

也。民无建国之力，而强欲摹拟共和，或恢复帝制，以为救亡之计，亦犹瞽者无见，与以膏炬，适无益而增扰耳。夫政府不善，取而易之，国无恙也。今吾国之患，非独在政府。国民之智力，由面面观之，能否建设国家于二十世纪，夫非浮夸自大，诚不能无所怀疑。然则立国既有所难能，亡国自在所不免，瓜分之局，事实所趋，不肖者固速其成，贤者亦难遏其势。①

在清末，陈独秀还相信"我们中国地大人众，大家要肯齐心竭力办起事来，马上就能国富兵强"。② 但当他经历了民初政治的挫败之后，他开始感觉到，之所以至此，不只是革命党或袁世凯集团的问题，而应该由全国民众共担其责。因为全体国民没有践行代议政治的"智力"，才让国事败坏，回天乏术。陈独秀之所以否定爱国，认为像中国这样的国家没有存在的合法性，归根结底，或缘于此。

陈独秀此文，刊登于章士钊创办的《甲寅》杂志。据后者透露，此文一出，"愚获诘问叱责之书，累十余通，以为不知爱国，宁复为人"。③ 如果说陈独秀撰写此文，意在将自己悲观失望的情绪展现出来，引人注意的话，那么根据章士钊收到的回应来看，无疑它引起了时人极大的关注，虽然几乎没有完全认同其观点者。于是章士钊希望从学理层面回应陈独秀的观点。他借用的卢梭"社会契约"学说，区分"亡国"与"解散国家"。认为国家建立，基于由全体国民"总意"而形成的"民约"，此"民约"的重要体现为立法权。一

---

① 陈独秀：《爱国心与自觉心》，载任建树主编《陈独秀著作选编》第 1 卷，第 149 页。
② 陈独秀：《瓜分中国》，载任建树主编《陈独秀著作选编》第 1 卷，第 22 页。
③ 章士钊：《国家与我》，载《章士钊全集》第 3 卷，上海：文汇出版社，2000 年，第 508 页。

且主政者违背"总意",则构成此"总意"的每一个人民都可以视其为违法,不再认可其权威,重新回到自然状态。"解约之后,人人即复其自由,即重新谋所以建国之道,再造总意,复创新约。"所以即便国家解散,"立国之权,犹操在我,我欲其国方之则方之,我欲其国圆之则圆之"。① 章士钊希望借此理论,来消解陈独秀去国之论所产生的弊病,并赋予再造一个合理的政府以学理上的论证。

不过在具体实践层面,章士钊却并未将此重任像学理分析那样,寄托于全体国民。他认为维持政治底线,"苟读书明理,号称社会中坚之人人不忘其我,而不或纡或迄以逢迎之",那么政治犹有挽救余地。因为"历观改革之事,无不以少数人握其枢机"。② 这就引出了一个问题,既然改革政治在于"社会中坚"是否努力,那么反过来说,政治败坏至此,哪个群体才是真正的祸首? 一旦找到答案,或许陈独秀此文的洞见或盲点,都能突显出来。

作为深度介入政治的政坛老手,梁启超一下子就抓住了这一核心问题。他承认,面对各种政治乱象,"吾不知有国之优于无国者果何在也?"但他坚信,冤有头,债有主,谁造祸,谁负责:

> 吾国人民究为善良耶? 为非善良耶? 吾敢径答曰:大多数地位低微之人民,什九皆其善良者也;少数地位优越之人民,什九皆其不善良者也。故中国将来一线之希望,孰维系之? 则至劬瘁、至质直之老百姓即其人也;而此一线之希望孰断送之? 则如我辈之号称士大夫者即其人也……官僚蠹国,

① 章士钊:《国家与我》,载《章士钊全集》第 3 卷,第 512、513 页。
② 章士钊:《国家与我》,载《章士钊全集》第 3 卷,第 514、515 页。

众所疾首也,谁为官僚? 士大夫也;党人病国,众所切齿也,谁为党人? 士大夫也。国家曷为设官? 位置士大夫而已;国家曷为费财? 豢养士大夫而已。①

梁启超此论,一语中的。辛亥革命之后,建立共和政体,但就大多数"读书人"而言,所引为典范的,仍是以士绅支配为主的"贤人政治",或如论者所言,乃"披着人民主权外衣的士绅共和国"。② 因此政治之良莠,很大程度上取决于这一阶层的思虑考量与纵横捭阖。即便真有陈独秀所想象的"海外之师至,吾民必且有垂涕而迎之",按照当时的政治支配格局,也很可能仅为"士大夫"者流"垂涕而迎之"。不对这一阶层有深入的批评性反思,国家现状或许不能得到真正的改善。真正占人口大多数的、处于无声状态下的大众,在民初的历史舞台上显得如此边缘。因此,陈独秀把他们也纳入导致中国不足以让人爱的共犯之列,实在太不客观、太不厚道了。他的这种"感觉",说到底也就只是一种政治不成熟的"感觉"而已,算不上一种学理上的依据。

---

① 梁启超:《痛定罪言》,载吴松等点校《饮冰室文集点校》第 4 集,第 2406—2407 页。
② 高波:《追寻新共和:张东荪早期思想与活动研究(1886—1932)》,北京:生活·读书·新知三联书店,2018 年,第 136 页。

第六讲　新文化运动中的思想议题

一　新文化运动鸟瞰

新文化运动是中国现代史上的大事。[①] 1915 年《青年杂志》（后改名为《新青年》）在上海创刊，主编是自清末起就参与政治运动的前革命党人陈独秀。在创办过程当中，他的旧友汪孟邹给予他很大的帮助，介绍他认识开办"群益书社"的皖籍出版家陈子佩、

[①] "新文化运动"这一概念的使用，其实有比较复杂的背景与过程，比如被视为"新文化运动"代表人物的胡适与陈独秀，对这一概念就有不同的理解。桑兵指出："作为五四爱国运动的接续，新文化运动一方面将重心从政治运动转移到基础性根本性整体性的文化革新，一方面将新文学和新思潮由少数人的鼓吹变成多数人的社会运动。而包括胡适在内的一众被称为新文化运动旗手的人，一度与新文化运动相当疏离。就此而论，新文学、新思潮和五四运动，仍然只是新文化运动前史，而不是运动本身的组成部分，否则就很容易模糊新文化运动的历史地位及其性质意义。"参见桑兵《北京大学与新文化运动》，《中山大学学报（社会科学版）》2017 年第 5 期，第 57—80 页。不过鉴于包括新思潮、新文学、新人生观在内的一般意义上的"新文化运动"概念流行已久，本讲遂采用这一约定俗成的定义。

陈乐素兄弟，后者愿意承担杂志的印刷与发行工作。① 初期杂志的主要撰稿人除了陈氏自己，还包括高一涵、刘文典、高语罕、潘赞化、谢无量、易白沙等人。这些人要么为陈独秀的安徽老乡，要么为清末革命党阵营与民初《甲寅》作者圈的旧同志，或者二者兼具。② 从中可见，陈独秀自己创办刊物，渐渐执言论界牛耳，在初期草创阶段，离不开依据中国旧伦理中的乡土观念而形成的人际网络，或者因在清末民初政坛中与他一起参与过政治活动而培养的革命友谊。就此而言，《青年杂志》实为一群受到过较为系统的传统教育、饱经世事纷纭的中年人，向他们心目中真正的青年人传授立身处世、救国救民之道。觉今是而昨非，时犹未晚；重整旧山河，还待后来人。

《新青年》杂志的创刊，标志着轰轰烈烈的思想运动开始在中国大地展开。1916 年，正在美国留学的胡适致书友人梅光迪，讨论文学改良问题。后来新文化运动中蔚为壮观的白话文运动实肇始于此。这不单是文体上的变革，更是思想领域的巨大转变。胡适后来关于白话文学的许多观点，从他写给梅光迪的信中都能找到端倪。此外，湖南人易白沙于本年 2 月在《新青年》杂志上发表《孔子平议》一文，开新文化运动批孔之先声，后来许多批判孔子、批判礼教的论述，与易白沙此文一脉相承。之后陈独秀发表《宪法与孔教》一文，将尊孔与民初的政局联系起来，进一步凸显了新文化运动反传统思潮的政治动因。最后，老革命党人蔡元培被任命为北

---

① 唐宝林：《陈独秀全传》，北京：社会科学文献出版社，2013 年，第 139 页。
② 陈万雄：《五四新文化运动的源流（修订本）》，北京：生活·读书·新知三联书店，2018 年，第 1—8 页。

京大学校长。此后北大就成为新思潮的中心，由那里产生的许多学说与思想，深深影响着现代中国的历史进程。

1917年，借着袁世凯政权覆亡之后的政治乱局，在辛亥革命之后一直以清室忠臣自居的张勋，在康有为等遗老的支持下，让已经退位数年的儿皇帝溥仪重新"即位"。就当时的政治氛围来看，虽然人们十分不满意民初的政治乱局，但对清廷复辟更为反对。因此这出复辟闹剧没能上演多久就作鸟兽散。而陈独秀等人目睹这一切，便更加警惕中国传统所可能出现的弊端，于是发起了对孔子、儒学、礼教更为猛烈的抨击。在民国学界，与这一立场比较接近的论述，时常会举袁世凯与张勋的例子作为孔学必须要予以彻底清算的理由。此外，胡适在《新青年》杂志发表了《文学改良刍议》一文，把他在美国关于白话文的思考通过国内的舆论传播开来。不久之后陈独秀发表了一篇言辞更为激烈的《文学革命论》，将白话文与文言文之间的关系提升到革命与被革命的高度，这样从传播的角度而言，固然有助于宣扬他们的文学主张，但是如此评价中国古文，对整个文教体系的损伤将会十分深远，难以愈合。殊不知近代许多仁人志士义无反顾地投身于救亡运动，多半也是读着古圣先贤的文章而成长的，他们热爱的是作为政治与文化共同体的中国。一旦切断了人们与历史文化之间的联系，那么各种政治与文化虚无主义将会慢慢流行开来。这一点，恰恰是陈独秀等人未曾料及的，也是视美国文明为巅峰的胡适所不愿意花太多精力去思考的。

根据王奇生的研究，鼓吹白话文在当时是新文化运动诸多项目中最受人们关注者。① 陈独秀力倡要"推倒雕琢的阿谀的贵族文学,建设平易的抒情的平民文学","推倒陈腐的铺张的古典文学,建设新鲜的立诚的写实文学","推倒迂晦的艰涩的山林文学,建设明了的通俗的社会文学"。② 并且坚持"改良中国文学,当以白话为文学正宗之说,其是非甚明,必不容他人之匡正也"。③ 态度较之陈独秀稍显温和的胡适,多年之后追忆往事,也认为提倡白话文学使古文"从'正宗'变成了'谬种',从'宇宙古今之至美'变成了'妖魔''妖孽',这正是我们的'哥白尼革命'"。④

　　文学史家陈子展在新文化运动余波犹存的 1920 年代末回溯历史时谈道:"《新青年》最初只是主张思想革命的杂志,后来因为主张思想革命的缘故,也就不得不同时主张文学革命。因为文学本是合文字思想两大要素而成;要反对旧思想,就不得不反对寄托旧思想的旧文学。所以由思想革命引起文学革命。"⑤诚如他所言,胡适等人提倡白话文,表面上是进行文章体裁与书写方式的转化,更深层次的考虑乃是借此推进思想革命,对文言文中所体现的古人思想与情感进行批判。像陈独秀就认为各种样式的"古典文学","盖与吾阿谀夸张虚伪迂阔之国民性,互为因果"。以至于久浸其中者"不张目以观世界社会文学之趋势,及时代之精神,日夜

---

① 王奇生:《新文化是如何"运动"起来的》,载《革命与反革命:社会文化视野下的民国政治》,北京:社会科学文献出版社,2010 年,34—37 页。
② 陈独秀:《文学革命论》,载任建树编《陈独秀著作选编》第 1 卷,上海:上海人民出版社,2010 年,第 289 页。
③ 陈独秀:《再答胡适之》,载任建树编《陈独秀著作选编》第 1 卷,第 538 页。
④ 胡适:《中国新文学运动小史》,载欧阳哲生编《胡适文集》第 1 册,北京:北京大学出版社,1998 年,第 128 页。
⑤ 陈子展:《中国近代文学之变迁》,上海:上海书店出版社,1982 年,第 174 页。

埋头故纸堆中,所目注心营者,不越帝王、权贵、鬼怪、神仙,与夫个人之穷通利达"。① 而当时还身为北大学生,在新文化运动中崭露头角的傅斯年也认为:"政治、社会、风俗、学术等一切心外景象俱随时变迁,则今人之心意,自不能与古人同;而以古人之文学达之,其应必至于穷,无可疑者。"比如盛行于汉魏六朝的骈文"之于人也,教之矜伐,诲之严饰,启其意气,泯其懿德。学之而情为所移,便将与鸟兽、草木、虫鱼为群,而不与斯人之徒相与。欲其有济于民生,作辅于社会,诚万不可能之事"。因此在他看来,"今欲崇诚信而益民德,写人生以济群类,将何用此骈体为也?"②

从晚清开始,不少人认为中国的衰颓是因为文化,而要想更新文化,必须彻底废除汉字,在表达方式上步武西方,于是一批无政府主义者大力提倡所谓"世界语"。殊不知这种"语言"也是以西方的字母和文法作为基础,与其说是"世界",不如说象征着近代资本主义文明的全球扩张。相似地,新思潮的推动者,为了传播、普及新思想,仅将文言改为白话还不够,也必须要废除汉字。晚清之时主张复古,此时却激烈地反传统的钱玄同于此用力颇深。1918 年 1 月 2 日钱玄同在日记中写道:"独秀、叔雅二人皆谓中国文化已成僵死之物,诚欲保种救国,非废灭汉文及中国历史不可。此说与豫才所主张相同,吾亦甚然之。"③不久之后他又在日记中说:

---

① 陈独秀:《文学革命论》,载任建树编《陈独秀著作选编》第 1 卷,第 291 页。
② 傅斯年:《文学革新申义》,载欧阳哲生编《傅斯年文集》第 1 卷,北京:中华书局,2017 年,第 4、12 页。
③ 杨天石整理:《钱玄同日记(整理本)》上册,北京:北京大学出版社,2014 年,第 326 页。

　　我近日想这汉文实在是要不得的东西。论其本质,为象形字之末流,为单音语之记号。其难易巧拙已不可与欧洲文字同年而语矣。而二千年来孔门忠孝干禄之书居百分之五十五,参拜□牝之道家及不明人身组织,说什么阴阳五行、三焦这些屁话,狠毒过于刽子手的医生,其书又居百分之二十,诲淫诲盗、说鬼谈狐、满纸发昏梦疯之书又居百分之二十五。此等书籍断不可给青年阅看,一看即终身陷溺而不可自拔。①

　　在公开发表的文章中,钱玄同更是强调:"汉字不革命,则教育决不能普及,国语决不能统一,国语的文字决不能充分的发展,全世界的人们公有的新道理、新学问、新知识决不能很便利、很自由地用国语写出。"②他连续用了四个"决不能"来表明自己的态度,俨然中国能否进步,汉字问题,壁立千仞,只争一线。而从今天的角度看,如果没有秦始皇以来的"书同文",中国的长期统一将很难维系,各地人民会因方言不同而产生隔阂。中国的方块字绝非落后之物,而是让中国之所以为中国的最主要载体。即便从普及与推广的角度来看,今天不少学者已指出,英语(或拼音文字)其实更难掌握,汉字反而易于学习。因此,废除汉字的主张无论是在学理上还是操作性层面都没有任何道理可言,完全是近代中国知识分子对西方文化的一种幼稚且狂热的想象。

　　总之,新思潮的影响越来越广。面对这一局面,许多坚持中国

---

① 杨天石整理:《钱玄同日记(整理本)》上册,第334页。
② 钱玄同:《汉字革命》,载《钱玄同文集》第3卷,北京:中国人民大学出版社,1999年,第62页。

传统之价值的老辈学者自然不忍坐视。在清末以翻译大量近代西方小说而闻名的林纾，1919年就在报纸上公开致信蔡元培，批评他放任新思潮的流行，致使洪水滔天，伦常扫地。只是林纾虽然名气颇大，但旧学功底绝非一流，因此由他发声很难让人信服。更有甚者，林纾的这封信非但没能改变许多趋新之人的立场，反而给予后者一个进一步批判传统的由头。蔡元培的回信，与其说是自我辩护，不如说借机进一步宣扬了新文化运动的许多基本理念。林蔡之间的这番往来，昭示着老辈学者的话语权越来越少，学术影响也在日益减弱。与此同时，《少年中国》杂志创刊，少年中国学会的成员开始逐渐走上政治、思想与学术的舞台。其中既有著名的马克思主义者，也有宣扬国家主义的中国青年党党魁。而在此时，他们彼此之间巨大的政治与学术分歧还未显现出来。这份刊物，加上上一年另一份青年同仁刊物《新潮》的声名鹊起，某种程度上也可视为新一代青年知识分子开始主导中国未来政治、思想与学术的走向。

有论者言，从1850年到1949年，"从史实看，在这个'屈辱的世纪'里，种种转机预示了中国在我们这个时代的崛起。中国政府不断在军事、经济、政治和科技领域推进改革以寻求富强，与其他国家比肩"。之所以如此，原因之一便是"过去一个半世纪里，中国政治家们所秉持的意识形态虽然各不相同，但他们都在追寻富强，以求重获甚至提升和扩大其国家主权"。① 因此，新文化运动的思

---

① ［美］哈尔西：《追寻富强：中国现代国家的建构，1850—1949》，赵莹译，北京：中信出版社，2018年，序言，第1页。

想言说中固然具有一面宣扬民族主义，一面憧憬世界主义的"两歧性"。① 比如梁启超就认为："我国人向来不认国家为人类最高团体，而谓必须有更高级之团体焉，为一切国家所宗主，是即所谓天下也。换言之，则我中国人之思想，谓政治之为物，非以一国之安宁幸福为究竟目的，而实以人类全体之安宁幸福为究竟目的。"② 但正如论者所言，对五四一代知识分子而言，"民族主义仍是理解他们言行的重要概念工具"，即便曾设想世界主义的未来图景，他们的"民族主义情感，或应说是潜藏而不是丧失"。③ 而民族主义在现实层面的最主要表现，便是对国家形态与内外秩序的不断探讨。五四新文化运动期间关于社会、世界主义、思想文化、个人等问题的讨论，可以说是源于对中国所面临的危机之反思基础上而逐渐展开。同样的，对新的社会形态之憧憬、新的个人面貌之展望，归根结底，与希望由此而产生新的国家组织形式、合理的制度安排息息相关。所谓世界主义式的国际秩序能实现，中国改地换天，呈现新貌，进而影响东亚格局，可以说是其中的重要原因之一。因此，思考新文化运动，窃以为不能忽视当时参与者对国家问题的强烈关注，即怎样才能构建一个好的国家，而非用一种反国家、去政治的视角来看待这些问题，忽视新文化运动期间各类议题之间的内在联系。

---

① 张灏：《重访五四：论五四思想的两歧性》，载《时代的探索》，台北：联经出版公司，2004 年，第 132—136 页。

② 梁启超：《国际同盟与中国》，载夏晓红辑《〈饮冰室合集〉集外文》中册，北京：北京大学出版社，2005 年，第 743 页。

③ 罗志田：《理想与现实：清季民初世界主义与民族主义的关联互动》，载许纪霖、宋宏编《现代中国思想的核心观念》，上海：上海人民出版社，2011 年，第 353、366 页。

最后,新文化运动期间,各种西学思想纷纷涌入中国,从最新的马克思列宁主义,到易卜生的个人主义,再到充满理想色彩的无政府主义。当时的中国思想界可以说是一个各类西学资源的交汇地。许多人对时代的意见,与其说是根植于个人的观察与思考,不如说是汲取了不同的西学资源。不但认同新思潮的人如此,就连其主要反对者亦如此。1922 年,著名的《学衡》杂志创刊。这份刊物旨在对抗以《新青年》为代表的宣扬新思潮的力量。主要创办人吴宓也是留学生,并且师从哈佛大学的"新人文主义"领袖白璧德。如此一来,《学衡》虽然反对胡适等人,却不能说它的支持者都是恪守旧章、不谙世事之辈。"学衡"派的文化观点基于白璧德的"新人文主义"。该观点认为对世界上各种文化传统应取其精华,建设具有普遍和永恒意义的文化体系。这就要求对中西的文化传统有充分的了解与体悟,将其汇入新的文化思潮而达到创新的目的,既非一味守旧,又非抛弃传统、全盘西化。不过也正因为如此,吴宓、梅光迪等人对胡适、陈独秀思想的批判,与其说是从中国传统的立场出发,不如说是与后者相较继承了不一样的西学资源。因为吴宓等人对中国传统的认知很大程度上借助了白璧德的学说。而吴宓本人除了旧体诗写得不错,在对中国传统学术的研究方面其实并无太多建树,许多观点极有可能源自他的留美同学陈寅恪。所以,吴宓对中国传统时常流于"提倡有功,践行无力"。

因此,如今,与其说要继承新文化运动期间各种激越的文化情绪,或是把那一代人视为新的"文庙"中的"列圣",不如了解其提倡者在思考中西文化问题时的一些基本逻辑与特征,进而提供一个探讨现代中国文化建设问题的视角,以史为鉴,以图将来。

二　对待"新文明"的态度——以陈独秀为例

毛泽东曾说，陈独秀"是五四运动的总司令，整个运动实际上是他领导的"。陈独秀的历史地位，"好像俄国的普列汉诺夫，作了启蒙运动的工作"。① 因此，既然新文化运动的主旨之一是介绍"新文明"，那么比较深入地分析这一介绍过程中的基本特征，或许就是聚焦于陈独秀本人的思考，以收见微知著之效。

在陈独秀看来，"青年至于社会，犹新鲜活泼细胞之在人身，新陈代谢，陈腐者无时不在天然淘汰之列"。② "吾人首当一新其心血，以新人格；以新国家；以新社会；以新家庭；以新民族；必迨民族更新，吾人之愿始偿，吾人始有与晰族周旋之价值，吾人始有食息此大地一隅之资格。"③而欲将此"新鲜活泼细胞"传播到像中国这样弊病丛生的社会里，则必须将长期以来"陈腐者"所形塑的各种不合时宜的"偶像"给彻底清除。所以他呼吁："破坏！破坏偶像！破坏虚伪的偶像！吾人信仰，当以真实的合理的为标准；宗教上、政治上、道德上、自古相传的虚荣，欺人不合理的信仰，都算是偶像，都应该破坏。"④而欲达此效，关键在还于，什么样的文明、什么样的国家才是中国应孜孜以求的？

如何让中国摆脱近代以来的困境，如何在中国建设一个崭新

---

① 毛泽东：《中国共产党第七次全国代表大会的工作方针》，载《毛泽东文集》第3卷，北京：人民出版社，1999年，第294页。

② 陈独秀：《敬告青年》，载任建树主编《陈独秀著作选编》，第1卷，第158页。

③ 陈独秀：《一九一六年》，载任建树主编《陈独秀著作选编》第1卷，第198页。

④ 陈独秀：《偶像破坏论》，载任建树主编《陈独秀著作选编》第1卷，第423页。

的文明,是陈独秀思考问题的起点。关于创办《青年杂志》,陈独秀曾自白:"介绍西方学说,改造社会,此固本志唯一之宗旨。出版以来,一字一句,皆此物之志也。"①因此,想象一个理想的"新文明""新国家",在陈独秀那里,离不开对他所理解的"西方学说"中有关国家的描述。一方面,这种描述给予陈氏一种思想视角,让他来审视、批判中国历史与现实中的国家状况,另一方面,他依据这种描述,针对诸如欲创造一个"新国家",应以采取哪些步骤、重视哪些面向等问题,探索如何设计一套较为完善的制度。

在陈独秀看来,居今之世,思考包括文明与国家在内的一系列关乎中国前途的问题,必须具有一套全新的历史观。他指出:

> 可称曰"近世文明"者,乃欧罗巴人之所独有,即西洋文明也;亦谓之欧罗巴文明。移植亚美利加,风靡亚细亚者,皆此物也。欧罗巴之文明,欧罗巴各国人民,皆有所贡献,而其先发主动者率为法兰西人。②

这种诞生于"欧罗巴"的"近世文明",除了位于时间轴上的最高点,还有一种普世主义的特征:

> 各国之制度文物,形式虽不必尽同,但不思驱其国于危亡

---

① 陈独秀:《答孔昭铭(介绍西学)》,载任建树主编《陈独秀著作选编》第 1 卷,第 276 页。
② 陈独秀:《法兰西人与近世文明》,载任建树主编《陈独秀著作选编》第 1 卷,第 164 页。

者,其遵循共同原则之精神,渐趋一致,潮流所及,莫之能违。于此而执特别历史国情之说,以冀抗此潮流,是犹有锁国之精神,而无世界之知识。①

而此"潮流"在政治领域的具体特征,陈独秀认为:

　　古今万国,政体不齐,治乱各别。其拨乱反正者,罔不舍旧谋新,由专制政治,趋于自由政治;由个人政治,趋于国民政治;由官僚政治,趋于自治政治;此所谓立宪之潮流,此所谓世界之轨道也。吾国既不克闭关自守,即万无越此轨道逆此潮流之理。②

　　依据这样的历史观、文明观,陈独秀认为中国要想摆脱困境,必须紧跟时代"潮流",在政治领域构建相似的制度、伦理,如"民主国家,真国家也……真国家者,牺牲个人一部分之权利,以保全体国民之权利也";③"自治的国民政治";④"近世国家,无不建筑于国民总意之上";⑤"庶政公诸舆论""尊重人民自由"。⑥ 他的这些观点,已有许多论著对之进行表彰、阐发。这些政治制度与政治伦理

① 陈独秀:《敬告青年》,载任建树主编《陈独秀著作选编》第1卷,第161页。
② 陈独秀:《吾人最后之觉悟》,载任建树主编《陈独秀著作选编》第1卷,第203页。
③ 陈独秀:《今日之教育方针》,载任建树主编《陈独秀著作选编》第1卷,第173页。
④ 陈独秀:《吾人最后之觉悟》,载任建树主编《陈独秀著作选编》第1卷,第203页。
⑤ 陈独秀:《答汪叔潜(政党政治)》,载任建树主编《陈独秀著作选编》第1卷,第222页。
⑥ 陈独秀:《答汪叔潜(政党政治)》,载任建树主编《陈独秀著作选编》第1卷,第222页。

在近代中国国家建设中确需予以重视。问题的关键在于,陈独秀是否对其产生、巩固、传播的历史过程有较为清晰的认识。这不仅是学理上的考辨,更关乎能否认识到必须立足于中国的现实条件,让这些要素能名副其实地落地生根。

陈独秀认为:

> 法兰西革命以前,欧洲之国家与社会,无不建设于君主与贵族特权之上,视人类之有独立自由人格者,唯少数之君主与贵族而已;其余大多数之人民,皆附属于特权者之奴隶,无自由权利之可言也。自千七百八十九年,法兰西拉飞耶特(美国独立宣言书亦其所作)之"人权宣言"刊布中外,欧罗巴之人心,若梦之觉,若醉之醒,晓然于人权之可贵,群起而抗其君主,仆其贵族,列国宪章,赖以成立。①

这段话体现了陈独秀对"近世文明"演变的基本认识。当然,他或许没有想到,对近代西方文明进行一系列深刻解析的马克思,面对它的蒸蒸日上,却指出:"统治阶级的思想在每一时代都是占统治地位的思想。这就是说,一个阶级是社会上占统治地位的物质力量,同时也是社会上占统治地位的精神力量。"②因此,在近代意义上,某一文明具有"普世性"的过程应该是:

---

① 陈独秀:《法兰西人与近世文明》,载任建树主编《陈独秀著作选编》第 1 卷,第 164 页。
② [德]马克思、恩格斯:《德意志意识形态(节选)》,载中共中央马克思恩格斯列宁斯大林著作编译局编译《马克思恩格斯选集》第 2 卷,北京:人民出版社,2012 年,第178 页。

　　每一个企图取代旧统治阶级的新阶级,为了达到自己的目的不得不把自己的利益说成是社会全体成员的共同利益,就是说,这在观念上的表达就是:赋予自己思想以普遍性的形式,把它们描绘成唯一合乎理性的、有普遍意义的思想。①

在这样的意识形态操纵下,这一文明及其所代表的新的统治阶级,将会把自身成长壮大的历史,描绘成某一理念不断克服重重阻力,最终普照大地、成为进步之象征的历史,其中各种复杂的社会矛盾、军事冲突、权力交易、剥削手段、生产与分配方式,都将被纳入这一理念当中,成为用以证明其无上荣光的注脚,成为各种历史神话。

　　当陈独秀开始在中国言论界显露头角之时,拉斯基也渐渐成为英美知识界的骄子。而当他经历了自一战以来西方一系列政治与经济变局之后,他开始重新思考陈独秀所歆羡的"近世文明",从其历史进程来看,到底体现了哪些特征。他指出:

　　在超过四个世纪的时间里,资本主义已经逐渐利用国家的最高强制力,将这些权利渗透到了它所控制的社会的每一个角落的缝隙。法律、教育、宗教和家庭,这所有的一切都受到了它的影响。它的受益者不但出于历史上所有人类的习惯行事,而且还使他们赖以成长的机构适应社会基础的需求。

① [德]马克思、恩格斯:《德意志意识形态(节选)》,载中共中央马克思恩格斯列宁斯大林著作编译局编译《马克思恩格斯选集》第2卷,第180页。

他们真心实意地认为，对他们赖以生存的特权所进行的攻击，实际上就是对文明社会的基础的攻击。正如在法国大革命中英勇奋斗的人士，或是试图将列宁推离权力宝座的俄国资产阶级一样，他们也丝毫不怀疑自己的道德正确性。它们已经变成了捍卫传统社会观念的武装起来的思想。①

拉斯基这段话所揭示的，是这一"近世文明"如何将自己的主张扩散于社会各个领域，其最大的受益者是哪个群体，它如何在察觉自己可能面临挑战与危机时，迅速形成战斗意识，与挑战自己的政治势力展开对决。

笔者征引这些，并非在用后见之明来苛责陈独秀的西学功底，而是想借此来说明，陈独秀向国人介绍西学，广开民智，确实具有重要的历史意义，但他未能在此过程中践行自己早年的座右铭——"推倒一世豪杰，扩拓万古心胸"，以不带迷信的情绪，以独立的眼光审视近代西方政治的运作逻辑，探寻它从"中古"到"近世"的演变过程中，哪些社会力量在其中起了关键作用，各种政治

---

① ［英］哈罗德·J·拉斯基:《欧洲自由主义的兴起》，林冈、郑忠义译，北京:中国人民大学出版社，2012 年，第 173 页。

口号背后的现实诉求是什么。① 更为重要的是,这一历史巨变下所产生的政治与经济理念,对中国可能产生哪些真实的启示。

因此,当陈独秀用他所理解的西学来审视中国问题时,他就很难做到像马克思分析近代西方那样,能够具体地揭示中国的社会结构、政治症结、内外情势,和《甲寅》时期他咒骂中国不足以让人爱类似,此刻他对中国现状的看法,依然还是情绪性多于反思性。他感觉到,"举凡吾之历史,吾之政治,吾之社会,吾之家庭,无一非暗云所笼罩;欲一一除旧布新,而不为并世强盛之民所兼、所攻、所食,固非冒万险,排万难,莫由幸致"。② 这种对民族国家危机的担忧,自然无可厚非,但他认为,造成这种情形的原因之一,除了"学说之为害"与"专制君主之流毒",还在于中国历史上的政治统一:

> 列邦并立,各自争存,智勇豪强,犹争受推重。政权统一,则天下同风,民贼独夫,益无忌惮;庸懦无论矣,即所谓智勇豪强,非自毁人格,低首下心,甘受笞挞,奉令惟谨,别无生路。

---

① 需要说明的是,这其实与个人对西学认知的深入程度关系并不见得多么密切。一个很明显的例子,章太炎在清末虽然曾广泛阅读各种经由日本所编译的西学著作,但从今天的角度来看,其理论深度或许并不那么高。只是在认知立场上,章氏1906年以后开始反思创始于近代西方的现代性要素,没有盲目崇拜西方的心理特征。如此一来,他反而能根据自己对中国历史的了解,以及政治实践经验,通过冷静的分析,发现近代西方历史演变的些许特征。例如他认为近代的代议制肇因于中古时期的封建制社会结构,早期的议员皆为封建贵族,平民并无多少机会参与其中。代议制的出现,与西方中古以来的政治与社会情状息息相关。这与马克斯·韦伯、佩里·安德森对近代早期西欧国家形态的研究,在结论上有极高的相似度。关于这一点,参见王锐《历史国情与制度设计——章太炎〈代议然否论〉再解读》,《华东师范大学学报(哲学社会科学版)》,2018年第2期,第97页。

② 陈独秀:《抵抗力》,载任建树主编《陈独秀著作选编》第1卷,第180页。

"臣罪当诛,天王圣明。"至此则万物赖以生存之抵抗力,乃化而为不祥之物矣。[①]

莫非长时期的政治统一原来也是阻碍中国步入"近世文明"的绊脚石?在这里,陈独秀心中想象的,大概是欧洲中世纪以降封建割据、列国林立的历史画面。但从清末开始,有识之士之所以苦苦探寻救亡图存之道,不正是因为西方列强的入侵,严重危害到了中国的疆域版图,也就是政治统一,让中国有惨遭瓜分之险?而许多对国家问题的分析与论辩,都基于如何维系历史中形成的统一之局。若没有这种强烈的救亡意识,时人哪里会孜孜不倦地探寻西洋诸国的富强之道。陈独秀此论,虽然在情绪上容易唤起青年人的瞩目,却违背了近代中国关于国家问题思考的最主要前提。

可以说,透过自己所了解并推崇的西学,陈独秀在分析中国问题时,非但未能获得一个富于启发性的理论资源,反而由于以西洋为榜样,让自己很难实事求是地探索在中国实现民主、独立的条件,很难真正认识到中国社会的主要矛盾,以及妨碍大多数民众个人权利的根本症结。他认为:"所谓立宪政体,所谓国民政治,果能实现与否,纯然以多数国民能否对于政治,自觉其居于主人的主动的地位为唯一根本之条件。"[②]从原理上说,此论自然不差。不过在观察中国"多数国民"的情况后,他又感到"中国政治所以至此者,乃因一般国民雅不欲与闻政治,群以为政治乃从事政治生活者之

---

① 陈独秀:《抵抗力》,载任建树主编《陈独秀著作选编》第1卷,第181页。
② 陈独秀:《吾人最后之觉悟》,载任建树主编《陈独秀著作选编》第1卷,第203页。

事业,所以国民缺乏政治知识,政治能力,如外人所讪笑者"。① 所以他颇为绝望地说道:"欧美文明制度,如何乞灵于空文,强使尽行于至野蛮不识字无经济能力之豚尾民族哉!"②话虽如此,但总要给现实政治一个可行的解决方案,否则难免流于空谈。于是他指出:

> 国家组织之作何态,实以国中有力分子若何分布以为衡。③

又言:

> 社会国家之进步也,其道万端,而始终赖为必要者,乃有大众信仰之人物,为之中枢为之表率。④

既然政治良莠与否,全靠"国中有力分子"如何作为,那么他又何必苦心焦虑地高呼"国民政治"?"国民政治"如何在中国生根,如何将真正占人口绝大多数的那个群体组织动员起来,或许这才是关乎国家前途的真问题,也是让"新文明"在中国扎根的关键所在。无奈陈独秀却未见及此。

由此看来,能让陈独秀进一步深入思考国家问题的契机,或许

---

① 陈独秀:《答顾克刚(政治思想)》,载任建树主编《陈独秀著作选编》第 1 卷,第 364 页。
② 陈独秀:《时局杂感》,载任建树主编《陈独秀著作选编》第 1 卷,第 352 页。
③ 陈独秀:《时局杂感》,载任建树主编《陈独秀著作选编》第 1 卷,第 353 页。
④ 陈独秀:《时局杂感》,载任建树主编《陈独秀著作选编》第 1 卷,第 353 页。

就在于他能否深刻反思自己所仰赖的"近世文明"。一战结束后，时任美国总统的威尔逊提出了十四点和平原则，主张世界各殖民地有权追求民族自决。这一宣传在中国的知识分子圈产生了极大的影响。当时正在中国各地旅行的杜威，观察到中国知识分子"对美国的信任是那么的天真无邪"，"中国在其绝望处境中创造了一个具备强烈民主意识、爱好和平的美国人的形象，后者尤其致力于为弱国确保国际的公理和正义"。对他们而言，美国担当了"一个拯救者的角色"。① 这一观察颇为到位。陈独秀在了解到威尔逊的政治主张之后就声称："美国大总统威尔逊屡次的演说，都是光明正大，可算得现在世界上第一个好人。"②当然，这也绝非中国一国的现象。彼时和中国处于相似境遇的国家，如印度、埃及、韩国，其本国知识分子也对威尔逊报以极大的欢迎与期盼，甚至争相给后者写各种表忠心的信，表达自己如何热盼望待威尔逊替自己国家主持公道。③

　　但接下来巴黎和会上包括美国在内的列强之所作所为，却给像陈独秀那样的知识分子一个沉重的打击。按照一位现代外交史研究者的说法，在巴黎和会的会场上，"威尔逊的演讲充斥了用于医治和平和自由的空洞药方，令巴黎的政治现实潜流暗涌。这里是那些不可靠的政客们云集的巴黎，担负着重新描绘欧洲的政治版图以及规划世界经济复苏的重任的地方"。从结果来看，"收到

① ［美］杜威：《在中国进行的国际对决》，载顾红亮编《中国心灵的转化——杜威论中国》，马迅译，上海：华东师范大学出版社，2017 年，第 16 页。
② 陈独秀：《〈每周评论〉发刊词》，载任建树主编《陈独秀著作选编》第 1 卷，第 453 页。
③ 关于这些地区知识分子的表现，参见［美］马内拉《1919 中国、印度、埃及和韩国，威尔逊主义及民族自决的起点》，吴润璿译，台北：八旗文化出版社，2018 年。

过多次欢呼的威尔逊原则所倡导的公开外交,不啻是调停过程的一个早就埋下的隐患。显而易见,美国总统的空头支票'公开的和平公约,公开签署'很快变得只是意味着外交协定的最后文本应该予以公布"。① 目睹这一情形,陈独秀感慨道:"有一班人因为孙中山好发理想的大议论,送他一个诨名,叫做孙大炮。威尔逊总统的平和意见十四条,现在也多半是不可实行的理想,我们也可以叫他做威大炮。"②更让他感到难以理解的,是那个之前让自己为之歆羡的"法兰西文明",如今却显露出另一种样态:

> 法兰西国民,向来很有高远的理想,和那军国主义狭义爱国心最热的德意志国民,正是一个反对。现在德意志不但改了共和,并且执政的多是社会党,很提倡缩减军备主义。而法兰西却反来附和日本、意大利,为着征兵废止、国际联盟、军备缩小等问题,和英美反对,竟使威总统有主张将平和会议迁移他国的风传。不知理想高远的法兰西国民,都到那里去了?③

曾经亲历巴黎和会的经济学家凯恩斯,这样描述代表法国出席谈判的克列孟梭:"他所秉持的哲学就是:在国际关系中,是没有给'多愁善感'留出任何位置的。国家是真实的存在,你热爱其中的一个,而对于其他那些,你则漠不关心,乃至心怀仇恨。你所热爱

---

① ［美］科勒:《20 世纪的世界:1900 年以来的国家关系与世界格局》,王宝泉译,北京:群言出版社,2010 年,第 24—25 页。
② 陈独秀:《随感录・威大炮》,载任建树主编《陈独秀著作选编》第 2 卷,第 37 页。
③ 陈独秀:《随感录・理想家那里去了?》,载任建树主编《陈独秀著作选编》第 2 卷,第 49 页。

的这个国家的无上荣光,是值得追索的理想目的,但是,一般来说,你的邻国却需要为此付出代价。"①由此可见,在国际政治中,法国确实也坚持自己的"理想",只是这一"理想"的内涵,远不同于陈独秀所想象的那样。当明白这一点时,他将会重新思考如何建设一个好的国家,如何让中华文明走向开新之路。

三　批判礼教的逻辑

谈及新文化运动,不得不讨论其中的反传统问题。比如对自汉代以来就处于思想与文化支配地位的儒学,陈独秀认为:"吾人所不满意者,以其为不适于现代社会之伦理学说,然犹支配今日之人心,以为文明进步之大阻力耳。且其学说已成完全之系统,未可枝枝节节以图改良,故不得不起而根本排斥之。盖以其伦理学说,与现代思想及生活,绝无牵就调和之余地也。"②钱玄同则在1919年的日记里追忆自己思想变迁的轨迹,他说1916年之时,"因为袁世凯造反做皇帝,并且议甚么郊庙的制度,于是复古思想为之大变。起初对于衣冠礼制反对复古,夏秋间见《新青年》杂志及陈颂平、彭清鹏诸公改国文为国语的议论,于是渐渐主张白话作文,而于孔氏经典尚不知其为不适用共和时代也"。一年以后,他思想见解更显激进,"此时始知孔氏之道断断不适用二十世纪共和时代,

---

① [美]凯恩斯:《〈凡尔赛条约〉的经济后果》,李井奎译,北京:中国人民大学出版社,2017年,第29页。

② 陈独秀:《再答俞颂华(孔教)》,载任建树主编《陈独秀著作选编》第1卷,第344页。

而废汉文等等思想发生，现在差不多还是这种思想”。① 本乎此，他撰写了许多批判中国传统的文章。

在新文化运动的反传统思潮中，时人对礼教的抨击颇值得注意。因为比起抽象地谈论孔子学说，这一方面更能直指中国社会的一些基本特征，并且形成了比较广泛的社会共鸣。

《左传》云："礼，经国家，定社稷，序民人，利后嗣者也。"在古代中国，礼在政治上、社会上、文化上，甚至是个人心理层面上具有着巨大的影响。唐代杜佑著《通典》，讨论礼制者居其大半。虽然北宋欧阳修曾经感慨："由三代以上，治出于一，而礼乐达于天下；由三代以下，治出于二，而礼乐为虚名。"②但是各种礼制及礼节在古人的日常生活中依然随处可见。明末清初天主教初入中国，在中西之间所引起的最大争论，也是所谓"礼仪之争"。

明清两代，随着社会经济结构的演变，礼教的重要性日益凸显。它有助于维系家族伦理与乡里秩序，尽可能保证基层社会的守望相助，老有所养，幼有所安。家族为族内成员提供生存与发展的基本保障，并形成一套长幼有序，尊卑有别的伦常规范。随着土地所有制与经济生产方式的变化，由此产生了乡绅支配的格局。地方上的社会精英以礼教为准则，维持当地的社会安定与经济生产。在当时的历史条件下，礼教有其存在的必然性。但另一方面，为了维持社会稳定，一些弱者、贫者就成了礼教的牺牲品，处于长期被压迫、被剥削的境地。总之，礼教既有温情脉脉的一面，也有

① 杨天石整理：《钱玄同日记（整理本）》上册，第 336—337 页。
② 欧阳修、宋祁：《新唐书》上册，北京：中华书局，1999 年，第 197 页。

冷峻严酷的一面。

陈独秀在 1917 年说道:"惟期期以为孔道为害中国者,乃在以周代礼教齐家治国平天下,且以为天经地义,强人人之同然,否则为名教罪人。"①这番道理,鲁迅 1918 年借小说《狂人日记》,用文学的方式呈现于世人面前。他通过描写一位"狂人"对周遭信奉礼教的亲戚友朋的观察,揭示出礼教对于中国社会的束缚、对于人性的扭曲。他写道:

> 凡事总须研究,才会明白。古来时常吃人,我也还记得,可是不甚清楚。我翻开历史一查,这历史没有年代,歪歪斜斜的每叶上都写着"仁义道德"几个字。我横竖睡不着,仔细看了半夜,才从字缝里看出字来,满本都写着两个字是"吃人"!②

鲁迅把礼教背后的"仁义道德"理想视为"吃人",十分形象地表达了时人对礼教的抨击。在此之后,人们便常用"吃人的礼教"来形容中国古代社会规范。

此外,鲁迅还在小说中告诉人们,礼教会一代一代地传承,整个教育机制就是在把礼教背后的一整套价值诉求与道德约束向人们普及,让人们对之奉若神明,不敢违背。在这个意义上,每一位奉行礼教之人,都是在践行着"吃人"行为。而且这种行为未经任

---

① 陈独秀:《答〈新青年〉爱读者(孔教)》,载任建树主编《陈独秀著作选编》第 1 卷,第 362 页。
② 鲁迅:《狂人日记》,载《鲁迅全集》第 1 卷,北京:人民文学出版社,1981 年,第 424—425 页。

何反思,便被视作理所当然:

> 至于我家大哥,也毫不冤枉他。他对我讲书的时候,亲口
> 说过可以"易子而食";又一回偶然议论起一个不好的人,他便
> 说不但该杀,还当"食肉寝皮"。我那时年纪还小,心跳了好半
> 天。前天狼子村佃户来说吃心肝的事,他也毫不奇怪,不住的
> 点头。可见心思是同从前一样狠。既然可以"易子而食",便
> 什么都易得,什么人都吃得。我从前单听他讲道理,也胡涂过
> 去;现在晓得他讲道理的时候,不但唇边还抹着人油,而且心
> 里满装着吃人的意思。①

鲁迅意在提醒世人,批判礼教,不仅要针对礼教所造成的各种弊
病,更要直指被礼教长期熏染而造成的中国人的"集体无意识"。
他特别强调,礼教之下的受害者,往往也是遵循礼教的"作恶者"。

吴虞在读罢《狂人日记》后撰写了一篇名为《吃人与礼教》的文
章。他声称:"我读《新青年》里鲁迅君的《狂人日记》,不觉得发了
许多感想。我们中国人,最妙是一面会吃人,一面又能够讲礼教。
吃人与礼教,本来是极相矛盾的事,然而他们在当时历史上,却认
为并行不悖,这真正是奇怪了。"于是他在中国古籍里搜寻有关"吃
人"的记载,指出:

> 孔二先生的礼教讲到极点,就非杀人吃人不成功,真是惨

---

① 鲁迅:《狂人日记》,载《鲁迅全集》第 1 卷,第 426—427 页。

> 酷极了！一部历史里面，讲道德讲仁义的人，时机一到，他就直接间接的都会吃起人肉来了。①

胡适称赞吴虞是"中国思想界的一个清道夫"。② 吴虞十分熟悉古代经史典籍，这让他得以从批判礼教的角度反思中国传统。既然礼教与古代家族制度密切相连，家族制度的维系离不开奉行孝道，那么在吴虞看来，"详考孔子之学说，既认孝为百行之本，故其立教，莫不以孝为起点，所以'教'字从孝"。"然孝敬忠顺之事，皆利于尊贵长上，而不利于卑贱，虽奖之以名誉，诱之以禄位，而对于尊贵长上，终不免有极不平等之感。""盖孝之范围，无所不包，家族制度之与专制制度，遂胶固而不可以分析。"③"以家族的基础为国家的基础，人民无独立之自由，终不能脱离宗法社会，进而出于家族圈以外。麻木不仁的礼教，数千年来不知冤枉害死了多少无辜的人。"④他向人们揭示孝道维系着尊卑秩序，礼教与帝制之间互相配合，孝道有利于居上位者行肆虐之政，礼教妨害个人的行动自由与个性发展。如果共和政治的要义在于推翻帝制，那么就不应让礼教再在中国社会盛行。这就让许多力图挣脱礼教束缚的人，能将自己的行为上升到保卫共和制度的高度。

批判礼教的参与者们，聚焦礼教对个体的残害。其中，女性节

---

① 吴虞：《吃人与礼教》，载蔡尚思主编《中国现代思想史资料简编》第 1 卷，杭州：浙江人民出版社，1982 年，第 373、377 页。
② 胡适：《〈吴虞文录〉序》，载欧阳哲生编《胡适文集》第 2 册，第 610 页。
③ 吴虞：《家族制度为专制主义之根据论》，载蔡尚思主编《中国现代思想史资料简编》第 1 卷，第 364 页。
④ 吴虞：《说孝》，载蔡尚思主编《中国现代思想史资料简编》第 1 卷，第 370 页。

烈观问题成为讨论的焦点。因为在礼教的作用下,明清两代出现了许多以贞节闻名的事迹。这固然有助于维系家族秩序,甚至让家族得名获利,但对女性个人的伤害非常大,制造了不少人间惨剧。在发表于1918年的《贞操问题》一文里,胡适列举了一些辛亥革命之后依然出现的节烈行为,并强调北洋政权竟还颁布了内含奖励"妇女节烈贞操可以为风世范者"的《褒扬条例》,让一些知识分子意识到这些极不人道的事情依然较为广泛地存在,与共和政体的宗旨大不相符。他呼吁:"贞操既是个人男女相待的一种态度,乃是双方交互的道德,不是偏于女子一方面的。""以近世人道主义的眼光来看,褒扬烈妇烈女杀身殉夫,都是野蛮残忍的法律,这种法律,在今日没有存在的地位。"①此外,鲁迅在发表于同一年的《我之节烈观》一文里也表达了类似的主张,他希望世人"要除去于人生毫无意义的痛苦。要除去制造并玩赏别人痛苦的昏迷和强暴"。②

　　包括批判节烈行为在内的批判礼教运动,造成一定的社会影响,许多深受礼教压迫的青年男女开始立志走向追求独立自主的道路,同时促使许多极不合理的行为规范渐渐被大多数人否定。不少人从批判礼教出发,进一步检讨、反思当时中国的社会结构,从而形成了一个认识中国社会基本矛盾与中国大多数民众真实生活状况的契机,由此培养起为了大多数人能更好地生活而改造社会、改造政治的决心。不少从礼教中解放出来的青年人,后来成为国民革命的参与者,从中还出现了不少中国共产党的早期党员,现

---

① 胡适:《贞操问题》,载欧阳哲生编《胡适文集》第2册,第503—510页。

② 鲁迅:《我之节烈观》,载《鲁迅全集》第1卷,第125页。

代中国新的政治力量也由此而生。在这个意义上,新文化运动中对礼教的批判是有正面意义的。

1950 年代,毛泽东在组织阅读讨论苏联《政治经济教科书》时谈到:"保守和进步,稳定和变革,都是对立统一,这也是两重性。生物的代代相传,就有而且必须有保守和进步的两重性。"因为"如果只有进步的一面,只有变革的一面,那就没有一定相对稳定形态的具体的生物和植物,下一代就和上一代完全不同,稻子就不成其为稻子,人就不成其为人了。保守的一面,也有积极作用,可以使不断变革中的生物、动物,在一定时期内相对固定起来,或者说相对地稳定起来"。[1] 所以说,从今天的角度来看,包括礼仪制度在内的中国古代政治与社会秩序,并非仅像新文化运动的倡导者们所描述的那样充满负面意义。荀子曰:"人有气、有生、有知亦且有义,故最为天下贵也。力不若牛,走不若马,而牛马为用,何也?曰:人能群,彼不能群也。人何以能群?曰分。分何以能行?曰义。故义以分则和,和则一,一则多力,多力则强,强则胜物。"[2]强调人禽之别在于是否能"群",体现了中国古代思想的核心特征,即姜义华老师所说的,"中华文明从古代以来,就把个人与家庭、乡里、社会等各种联系结合到一起。一个人不能孤立地存在,家庭中有父母、祖父母,下面还有子女,周边还有他的兄弟姐妹。每一个人都是非常广泛的社会联系中间的一分子,都是非常复杂的社会联系网络中间的一个环节。所以,每一个人必须对社会负责,对社

---

① 中华人民共和国国史学会编:《毛泽东读社会主义政治经济学批注和谈话(简本)》,北京:中华人民共和国国史学会,2001 年,第 66 页。
② 北大哲学系注释:《荀子新注》,台北:里仁书局,1983 年,第 153 页。

会联系中间的其他各个环节负起自己的责任来"。① 这形成了具有中国特色的"责任伦理",使中国的社会形态具有"家国共同体"的特征。② 对家庭负责、对社会负责、对国家负责,在政治实践层面重视将德治、礼治、法治有机结合,都与这样的伦理价值息息相关。正是因为认识到个体与一个广阔的共同体之间具有紧密联系,于是才产生了休戚相关、荣辱与共之感,近代以来中国仁人志士不断寻求救亡图存之道,其根本动力也正在于此。就此而言,以礼教为表现形式的中国传统秩序不应继续被简单否定,我们应思考其创造性转化的可能性。

四　地方上的新文化运动——以新民学会与《湘江评论》为例

新文化运动虽然以北京和上海这样的大都市为中心,但随着大众媒体的迅猛发展,以及出版业的繁荣,新思潮开始向全国各地传播。《新青年》《新潮》等刊物受到不少青年学子的欢迎,其中所宣扬的理念与学说成为他们分析中国与世界问题时的主要思想资源。可以说,没有各地的知识分子的积极响应,没有民间社会依然存在着的多将读书人视为地方精英的传统,没有传统地缘社会中的同乡伦理与新式学堂中的同学关系,没有新兴的学会、团体及与《新青年》等刊物理念相近的报刊进行"再宣传",新文化运动蔚为

---

① 姜义华:《大一统国家治理的历史与现实》,载《中华文明的经脉》,北京:商务印书馆,2019 年,第 172—173 页。
② 姜义华:《中华责任伦理的形成与演进》,载《中华文明的经脉》,第 154 页。

潮流之势将难以形成。

晚清以来,从曾国藩、左宗棠等人成为清廷"中兴"名臣开始,湖南人才辈出,形成了一股颇为强烈的经世致用学风。戊戌年间,梁启超在长沙主持《时务学堂》,以新学教授当地子弟,使湖南的思想风气为之一新。传统的经世致用观加上与新学相伴而生的救亡图存观念,使近现代湖南知识分子具有极强的思考、组织与行动能力。新文化运动之风吹响此地后,就立即引起了响应。诞生了在中国现代史上著名的组织——"新民学会",以及著名的刊物——《湘江评论》。而这两件新事物的出现,背后都离不开一位更著名的人物——毛泽东。

辛亥革命之后,毛泽东从家乡到省城长沙念书。他先是进入了湖南省立第一中学,但不适应里面课程太少而规则烦琐的校园环境,于是离开学校,自己给自己制订了一个读书自修计划,决定每日赴湖南省立图书馆中看书。他回忆:

> 在这自修的时期内,我读了许多书籍,读到世界历史和世界地理。在那里我以极大的兴趣第一次阅读了世界的舆图。我读了亚当·斯密士的《原富》和达尔文的《物种起源》和约翰·斯陶德·密尔所著的一本关于伦理学的书。我读了卢骚的著作,斯宾塞的《逻辑学》和孟德斯鸠所著的一本关于法学的书。我将古希腊的诗歌,罗曼史,神话和枯燥的俄、美、英、法等国的史地混合起来。①

---

① [美]斯诺:《毛泽东自传》,载刘统编《早年毛泽东:传记、史料与回忆》,张宗汉译,北京:生活·读书·新知三联书店,2011年,第15页。

这番读书经历，让毛泽东了解了近现代世界的基本演变，形成了广袤的分析问题的视野。随后，毛泽东进入湖南第一师范学校学习。在那里他得到杨昌济等人的大力提携，并结交了一批与自己志同道合的友人。此时他关注《新青年》杂志，经常阅读里面的文章，并开始探索救国之道，思考如何改变中国的现状。1917 年他致信黎锦熙，强调："欲动天下者，当动天下之心。""当今之世，宜有大气量人，从哲学、伦理学入手，改造哲学，改造伦理学，根本上变换全国之思想。"①

随后，他寻访同志，希望能共同讨论这些问题。据毛泽东的青年时代友人周世钊回忆：

　　一九一七年秋天，长沙城里大部分学校先后都接到一个署名"二十八画生"的征友启事。启事的大意是：二十八画生要求和有爱国热情的青年做朋友，邀请能耐艰苦、有为祖国牺牲决心的志士和他通信联络。信封上批着"请张贴在大家看得到的地方"几个字。有一些头脑顽固的校长，认为这个二十八画生一定是怪人，征友也一定不怀好意，就把启事没收，不让在校内粘贴。湖南第一女子师范一个姓马的老校长，见启事写着"来信由第一师范附属小学陈章甫转交"，就亲自找到一师附小，又亲自找到第一师范，从陈章甫同志和第一师范校长那里知道"二十八画生"就是毛泽东同志，而毛泽东同志在

①　毛泽东：《致黎锦熙信》，载《毛泽东早期文稿》，长沙：湖南人民出版社，2008 年，第73 页。

校是敦品励学的好学生,才消释了"二十八画生"是什么人的疑虑。原来毛泽东同志发出征友启事时,怀着很大的希望,希望有很多进步的青年和他做朋友。他期待了一些日子,还只收到三个人的来信。他先后约他们于星期天在定王台图书馆会晤。见面时,不说一句应酬话,就问:"你近来读些什么书?写了些什么文章?"谈得很亲切。等到后来日子久了,交谈的次数多了,毛泽东同志总是和他们讲些读书要有理想,不要追求个人名利,不要打做官发财的主意;只有"先天下之忧而忧,后天下之乐而乐"的人,才值得学习一类话。①

毛泽东自己也回忆,在那段时间里,"我的同伴连日常生活中的琐事都不谈的。记得有一次在一个青年的家里,他和我谈起买肉的事情,并且当面叫佣人来和他商量,叫他去买。我动怒了。以后就不和他来往。我和朋友只谈大事,只谈修身齐家治国平天下的事!"②随着参与讨论的人数逐渐增多,"讨论的情形至款密,讨论的次数大概在百次以上。至溯其源,这类问题的讨论,远在民国四五两年,至民国六年之冬,乃得到一种结论,就是'集合同志,创造新环境,为共同的活动'。于是乃有组织学会的提议,一提议就得到大家的赞同了。这时候发起诸人的意思至简单,只觉得自己品性要改造,学问要进步,因此求友互助之心热切到十分——这是

----

① 周世钊:《湘江的怒吼——五四前后毛泽东同志在湖南的革命活动》,载《新民学会资料》,北京:人民出版社,1980年,第293—294页。
② [美]斯诺:《毛泽东自传》,载刘统编《早年毛泽东:传记、史料与回忆》,张宗汉译,第18页。

学会发起的第一个根本原因。又这时候国内的新思想和新文学已经发起了，旧思想、旧伦理和旧文学，在诸人眼中，已一扫而空，顿觉静的生活与孤独的生活之非，一个翻转而为动的生活与团体的生活之追求——这也是学会发起的一个原因"。[1] 1918 年 4 月 4 日，在毛泽东、蔡和森等人的主导下，新民学会成立。其宗旨为"革新学术，砥砺品行，改良人心风俗"，强调会员应遵守"不虚伪""不懒惰""不浪费""不赌博""不狎妓"等规定。[2]

虽然新民学会刚成立时，主要的宗旨以个人道德品性修养为主，但在国内新思潮的影响下，他们目睹中国社会的各种弊病，不久之后便开始着重探讨政治与社会问题。比如 1921 年新民学会开会，据现场的记录，会员们讨论了关于"新民学会应以甚么作共同目的""达到目的须用什么方法""方法进行即刻如何着手"三个问题：

> 熊瑾玎言：目的之为改造中国与世界，新民学会素来即抱这种主张，已不必多讨论了。毛润之不以为然，谓第一问题还有讨论的必要，因为现在中国对于社会问题的解决，显然有两派主张：一派主张改造，一派主张改良。前者如陈独秀诸人，后者如梁启超张东荪诸人。彭荫柏云：改造世界太宽泛，我们说改造，无论怎样的力量大，总只能及于一部分，中国又嫌范围小了，故我主张改造东亚。物质方面造成机器世界，精神方面尽能力所及使大多数得到幸福。陈启民赞成改造东亚。谓

---

① 《新民学会学务报告（第一号）》，载《新民学会资料》，第 2 页。
② 《新民学会学务报告（第一号）》，载《新民学会资料》，第 3 页。

欧洲有欧洲的改造法,我们不能为他们代庖。惟澳洲宜包括在东亚里,非洲我们也应负责。至于"改造""改良",我主张前者。因资本主义,积重难返,非根本推翻,不能建设,所以我主张劳农专政。太自由不能讲改造,为的是讲自由结果反不得自由。谈到方法则此非二十年内所能实现。现在要用力的,不在即时建一个非驴非马的劳农政府,而在宣传。东亚一方面,尤重在促成工业革命。毛润之云:改良是补缀办法,应主张大规模改造。至用"改造东亚",不如用"改造中国与世界",提出"世界"所以用吾侪的主张是国际的;提出"中国",所以明吾侪的下手处;"东亚"无所取义。中国问题本来是世界的问题;然而从事中国改造不着眼及于世界改造,则所改造必为狭义,必妨碍世界。至于方法,启民主用俄式,我极赞成,因俄式系诸路皆走不通了新发明的一条路,只此方法较之别的改造方法所含可能的性质为多。讨论良久,主席宣告本日对此三问题(目的,方法,进行)暂停讨论。①

今天其实不必纠缠于这些人讨论问题时的知识基础或理论深度,因为当时中国社会对新学说、新主义的整体认识水平都比较有限,而是应注意到,新民学会所宣扬的道德感,一旦与富于实践性的学说结合起来,在这样的思虑、气魄、理想与热情之下,他们中间的不少成员成为中国共产党的党员,蔡和森、何叔衡等人还为革命献出了生命。把中国传统的"以天下为己任"观念和新的理论武器相结

---

① 《新民学会学务报告(第二号)》,载《新民学会资料》,第17—18页。

合,在探索个人、社会与国家问题时摆脱一己之私利,把分析问题的视野扩大到中国与世界,并从自己开始力行之,这里面显露出一种高贵的政治德性。

毛泽东不但参与创建新民学会,还在全国各种宣传新思潮的刊物如雨后春笋般涌现出来之际建议创办《湘江评论》,湖南学联采纳他的意见,决定创办《湘江评论》杂志,并聘请他担任主编和主要撰稿人。关于毛泽东如何负责《湘江评论》的工作,周世钊回忆:

> 《湘江评论》只编写五期,每期绝大部分的文章都是毛泽东同志自己写的。刊物要出版的前几天,预约的稿子常不能收齐,只好自己动笔赶写。他日间事情既多,来找他谈问题的人也是此来彼去,写稿常在夜晚。他不避暑气的熏蒸,不顾蚊子的叮扰,挥汗疾书,夜半还不得休息。他在修业小学住的一间小楼房和我住的房子只隔一层板壁。我深夜睡醒时,从壁缝中看见他的房里灯火荧荧,知道他还在那儿赶写明天就要付印的稿子。文章写好了,他又要自己编辑、自己排版、自己校对,有时还自己到街上去叫卖。①

正是因为有这一舆论界的经历,毛泽东后来在革命与建设年代都十分重视宣传工作。新中国成立后,他反复强调领导干部要掌握理论动态,要能动笔写文章,无产阶级要有自己的"秀才",这绝非泛泛之谈,而是与他自己亲自参与过利用新媒介进行舆论斗争的

---

① 周世钊:《湘江的怒吼——五四前后毛泽东同志在湖南的革命活动》,载《新民学会资料》,第408页。

切身体验有关。

在《湘江评论》的《创刊宣言》里，毛泽东开宗明义地指出："世界什么问题最大？吃饭问题最大。什么力量最强？民众联合的力量最强。"[1]为了解答这一问题，探索这一力量，毛泽东十分关注当时世界政治经济变动的轨迹。在发表于这份刊物的文章里，其内容涉及日本抢米风潮、西欧罢工运动、阿富汗与印度的关系、匈牙利与东欧政局、德法之间的"莱茵共和国"纠纷、美国托拉斯势力的经济主张等。这是一种何其广袤的世界视野，新文化运动中所形成的"放眼世界"之风气，在这份刊物里有十分明显的体现。在著名的《民众的大联合》一文中，他希望那些在中国社会里被压迫、被剥削的人们能觉醒，"思想的解放，政治的解放，经济的解放，男女的解放，教育的解放，都要从九重冤狱，求见青天"。在此基础上形成的"大联合"，将产生巨大的能量。"我们中华民族原有伟大的能力！压迫愈深，反动愈大，蓄之既久，其发必速。我敢说一句话，他日中华民族的改革，将较任何民族为彻底。中华民族的社会，将较任何民族为光明。中华民族的大联合，将较任何地域任何民族而先告成功。"[2]这番话其实透露出了毛泽东一生事业的主要目标。

---

[1] 毛泽东：《〈湘江评论〉创刊宣言》，载《毛泽东早期文稿》，第270页。
[2] 毛泽东：《民众的大联合（三）》，载《毛泽东早期文稿》，第359页。

第七讲　"北方吹来十月的风"

　　1917年,十月革命爆发,不久之后,列宁等人在俄国建立了苏维埃政权。这对中国知识分子影响极大,李大钊等人开始向国内介绍俄国革命的情况。李大钊称十月革命为"庶民的胜利"。其实自1914年第一次世界大战以来,在《东方杂志》等刊物上,不少知识分子通过观察欧洲的战局,思考未来世界局势的变化与中国的前途。他们意识到阶级、文明、政党、帝国主义等因素对现实政治的影响,同时注意到欧洲资本主义文明在这次大战中显现出来的各种弊病。这些言说其实已经为十月革命很快引起中国知识分子瞩目做好了铺垫。① 1919年的巴黎和会上,中国受到东西列强极不公正待遇,丝毫没有体现出所谓"一战"战胜国应有的地位与尊严,美国总统威尔逊的政治许诺最终流于空言,让大多数中国知识

---

① 汪晖:《文化与政治的变奏——战争、革命与1910年代的"思想战"》,载《短20世纪:中国革命与政治的逻辑》,香港:牛津大学出版社,2015年,第33—110页。

分子对近代资本主义文明产生一种极强的批判意识，他们开始寻找新的救国之路，马克思列宁主义受到越来越多人的关注。李大钊在《新青年》杂志发表《我的马克思主义观》一文，介绍马克思主义唯物史观、政治经济学及科学社会主义原理。不少知识分子在流连于各种流行的主义与学说之后，开始坚信只有马克思列宁主义才能真正救中国。1920年，《新青年》杂志从第8卷第1号起，改为中国共产主义者在上海发展组织的机关刊物。马克思主义的经典文献《共产党宣言》的中文全译本也由陈望道翻译出版。这对马克思主义的进一步传播，意义是不言而喻的。

1921年，中国共产党成立。"天若有情天亦老，人间正道是沧桑。"从初生、探索、挫折、壮大，到最后走向胜利，中国共产党的发展史不但改变了中国的历史进程，而且深刻影响着世界的历史进程。中国共产党成立后，在全国各地积极组织工人运动，并开始在农村发动农民推翻阶地主阶级统治的斗争，1924年1月在广州召开中国国民党第一次全国代表大会，标志着国民党改组的完成和国共合作的正式建立。改组后的国民党确立了"联俄、联共、扶助农工"的三大政策，开启了轰轰烈烈的大革命。国民党一大之后，在中国共产党的领导下，各地工人纷纷举行罢工，掀起反帝爱国运动的高潮；广东、湖南等省的农民运动逐渐发展起来，广东的革命政府还创办了旨在培养农民运动骨干的广州农民运动讲习所。

毛泽东在《论人民民主专政》一文里的叙述，对理解马克思主义在现代中国的传播极有帮助，毛泽东指出："自从一八四〇年鸦片战争失败那时起，先进的中国人，向西方国家寻找真理。"那时的有识之士相信，"要救国，只有维新，要维新，只有学外国。那时外国只有西方资本主义国家是进步的,它们成功地建设了资产阶级的现代国家。日本人向西方学习有成效,中国人也想向日本人学。在那时的中国人看来,俄国是落后的,很少人想学俄国"。但是,"帝国主义的侵略打破了中国人学西方的迷梦。很奇怪,为什么先生总是侵略学生呢?中国人向西方学得很不少,但是行不通,理想总是不能实现。多次奋斗,包括辛亥革命那样全国规模的运动,都失败了。国家的情况一天比一天坏,环境迫使人们活不下去。怀疑产生了,增长了,发展了"。再往后,"第一次世界大战震动了全世界。俄国人举行了十月革命,创立了世界上第一个社会主义国家。过去蕴藏在地下为外国人所看不见的伟大的俄国无产阶级和劳动人民的革命精力,在列宁、斯大林领导之下,像火山一样突然爆发出来了,中国人和全人类对俄国人都另眼相看了。这时,也只是在这时,中国人从思想到生活,才出现了一个崭新的时期。中国人找到了马克思列宁主义这个放之四海而皆准的普遍真理,中国的面目就起了变化了"。①

讨论马克思主义在现代中国的传播,必须要重视对中国共产党的两位早期重要领导人李大钊与陈独秀思想的分析。从今天的角度来看,他们是怎样将马克思主义与现代中国救亡图存的时代任务相结合来探索中国问题的理路,以及马克思主义给予了他们怎样的认识中国与世界的新视野,这些问题都值得进行探讨。此外,中国共产党成立后,党内知识分子对中国当时政治、经济与社会的分析,对今天的理论建设也颇有启示意义。

---

① 毛泽东:《论人民民主专政》,载《毛泽东选集》第 4 卷,北京:人民出版社,1991 年,第 1469—1470 页。

一 "新中华民族主义"与马克思主义

1917 年 2 月,李大钊发表《新中华民族主义》一文。他出:"民族主义云者,乃同一之人种,如磁石之相引,不问国境、国籍之如何,而遥相呼应、互为联络之倾向也。"[1]基于此,他认为:

> 以余观之,五族之文化已渐趋于一致,而又隶属于一自由平等共和国体之下,则前之满云、汉云、蒙云、回云、藏云,乃至苗云、瑶云,举为历史上残留之名辞,今已早无是界,凡籍隶于中华民国之人,皆为新中华民族矣。然则今后民国之政教典刑,当悉本此旨以建立民族之精神,统一民族之思想。此之主义,即新中华民族主义也。[2]

很明显,李大钊认为各民族在辛亥革命之后共处于"共和国体"之下,是"新中华民族"得以建立的根本原因。一个新的政治实体在中国出现,为"新中华民族"成长壮大奠定了根本的政治前提。共同致力于"共和国体"的奠基与建设,是"新中华民族"能够形成稳固认同的情感与心理基础。如果说近代中国的核心问题之一在于"确立起由人人自主而奠定的民族主权",进而锻造一个"政治民

---

[1] 李大钊:《新中华民族主义》,载《李大钊全集》第 1 卷,北京:人民出版社,2013 年,第 478 页。

[2] 李大钊:《新中华民族主义》,载《李大钊全集》第 1 卷,第 478 页。

族",①那么李大钊"新中华民族主义"的核心要义即强调此主义之
"新",正在于打破过去长期存在的文化上、风俗上、语言上的区隔，
让在中国国土内生活的各族人民，在参与新政权的过程当中形成
坚实稳固、具有共同政治理想的"政治民族"。

此外，在《新中华民族主义》一文中，李大钊还强调：

> 以吾中华之大，几于包举亚洲之全陆，而亚洲各国之民
> 族，尤莫不与吾中华有血缘，其文明莫不以吾中华为鼻祖。今
> 欲以大亚细亚主义收拾亚洲之民族，舍新中华之觉醒、新中华
> 民族主义之勃兴，吾敢断其绝无成功……吾中华民族于亚东
> 之地位既若兹其重要，则吾民族之所以保障其地位而为亚细
> 亚主义之主人翁者，宜视为不可让与之权力，亦为不可旁贷之
> 责任，斯则新民族的自觉尚矣。②

在另一篇文章里，李大钊声称："我主张的新亚细亚主义是为反抗
日本的大亚细亚主义而倡的，不是为怕欧美人用势力来压迫亚洲
民族而倡的。我们因为受日本大亚细亚主义的压迫，我们才要揭
起新亚细亚主义的大旗，为亚洲民族解放的运动。亚洲民族解放
运动的第一步，是对内的，不是对外的；是对日本的亚细亚主义的，
不是对欧美的排亚主义的。"③作为近代日本在面对西方势力东渐

---

① 张志强：《一种伦理民族主义是否可能？——论章太炎的民族主义》，《哲学动态》
　　2015 年第 3 期，第 10 页。本文关于"政治民族"的定义，即借用此文中的观点。
② 李大钊：《新中华民族主义》，载《李大钊全集》第 1 卷，第 478 页。
③ 李大钊：《再论新亚细亚主义（答高承元君）》，载《李大钊全集》第 3 卷，第 97 页。

的危急时刻,围绕着"东洋"与"西洋"的认识问题而形成的特定的亚洲观及其政治思想与实践诉求,①"亚细亚主义"的主要议题之一便是如何看待中国,以及在此基础上应形成怎样的对华策略。随着明治维新之后日本海外扩张的野心日益增强,古典亚细亚主义中的那种认同东方文化,把亚洲视为一个整体并力求振兴亚洲的思想因素日趋衰亡,通过侵略中国等周边国家和地区来获取自身利益,维护日本政治与经济霸权的扩张型亚细亚主义甚嚣尘上,成为日本帝国主义意识形态的重要组成部分。② 很明显,面对辛亥革命之后日本军国主义对中国的侵略企图,李大钊在论述"新中华民族主义"的同时,必须积极设想一种不同于日本为了称霸东亚而故作标榜的"亚细亚主义",能保证区域平等与和平的新的联合方式,他将此称为"新亚细亚主义"。他相信,实践"新中华民族主义"本身就是对全球不平等支配体系的冲击,如果中国的革命者能和周边地区的革命者充分合作,那么从"新中华民族主义"到"新亚细亚主义",将提供一个想象一种新的世界格局的可能性。

在比较中日近代民族主义思想时,丸山真男认为中国在晚清时期未能通过改组统治阶层的内部结构来实现现代化,因此遭受列强长期的侵蚀与渗透。但也正由于这样,中国的民族主义运动,为了能够最终反抗帝国主义,必须完成从根本上改革旧社会与旧政治体制的时代任务,所以民族主义与革命运动具有内在结合之

---

① 王屏:《近代日本的亚细亚主义》,北京:商务印书馆,2004 年,第 15 页。
② 王屏:《近代日本的亚细亚主义》,第 137—143 页。

特点。① 回到历史现场,辛亥革命之后,列宁从全球革命形势变化的角度指出:"世界资本主义和俄国 1905 年的运动终于唤醒了亚洲。几万受压制的、由于处于中世纪的停滞状态而变得粗野的人民觉醒过来了,他们走向新生活,为争取人的起码权利、为争取民主而斗争。"因此,"亚洲的觉醒和欧洲先进无产阶级夺取政权斗争的开始,标志着 20 世纪初所开创的全世界历史的一个新阶段"。② 在这样的视野下,包括李大钊所主张的"新中华民族主义"在内的中国民族主义思潮是全球反抗资本主义、帝国主义运动的重要一环。正是以此为契机,马克思主义赋予李大钊一种对内可以团结广大中国民众,特别是长期处于被压迫的底层大众,对外可以思考一种新的"平等政治",打破帝国主义国家所形塑的国际体系的可能性。这是他在十月革命之后十分热情地向国内知识界介绍马克思主义与俄国革命成就的重要原因。

李大钊的政治生涯,最开始主要与汤化龙、孙洪伊等进步党人关系密切,直至 1917 年,李大钊与高一涵还替孙洪伊起草地方自治法规。③ 章士钊则回忆,李大钊"及与余交,议论竟与《甲寅》沆瀣一气,当时高(高一涵)、李齐名,海内号甲寅派,胡适之曾屡道

---

① [日]丸山真男:《现代政治的思想与行动》,陈力卫译,北京:商务印书馆,2018 年,第 156 页。
② 列宁:《亚洲的觉醒》,载中共中央马克思恩格斯列宁斯大林著作编译局编译《列宁选集》第 2 卷,北京:人民出版社,2012 年,第 316 页。
③ 高一涵:《回忆五四时期的李大钊同志》,载人民出版社编《回忆李大钊》,北京:人民出版社,1980 年,第 164 页。

之"。① 但是李大钊目睹民初政治与社会的各种乱象,依他之见,在内忧外患并存的现实条件下,中国之再生需要克服极大的困难:"吾以老大衰朽之邦,风烛残年,始有新中华之孕育,先天遗传之病惰种子,在在皆足以沉滞新命发育之机能,甚且有流产胎殇之恐焉。故吾人于新命诞孕之中,所当尽之努力,所当忍之苦痛,尤须百倍于美、法、俄诸国之民。前路茫茫,非旦夕之间所能竟此大任。"②在此焦虑下,章士钊对现政府的支持态度,让李大钊感到不满,而李氏经常对研究系进行攻击,章士钊也并不同意。二人之间,分歧日增。③

十月革命的胜利,给予李大钊一个彻底有别于进步党式的、新的分析中国问题与世界格局的视角,让他能够以此为出发点,去思考中国未来的道路。④ 他在《庶民的胜利》一文里谈到,十月革命"是资本主义失败,劳工主义战胜"。而"这劳工的能力,是人人都

① 章士钊:《李大钊先生传序》,载《章士钊全集》第 8 册,上海:文汇出版社,2001 年,第 82—83 页。
② 李大钊:《此日——致〈太平洋〉杂志记者》,载《李大钊全集》第 2 卷,第 255 页。
③ 高一涵:《回忆五四时期的李大钊同志》,载《回忆李大钊》,北京:人民出版社,1980 年,第 165 页。
④ 据与李大钊关系密切的高一涵回忆,李氏"早在东京留学时,他就接触到马克思的学说了。那时,日本东京帝国大学的经济学教授河上肇博士已将马克思的《资本论》译成日文,河上肇博士本人也有介绍马克思学说的著作。守常接触马克思主义,就是通过河上肇博士的著作"。参见高一涵《回忆五四时期的李大钊同志》,载《回忆李大钊》,北京:人民出版社,1980 年,第 165 页。不过据今人研究,李大钊在日本留学期间,阅读的主要是河上肇关于经济学的论著,而非与马克思主义相关的文章。但是,他却颇受当时在早稻田大学任教的日本著名社会主义者安部矶雄的影响。参见朱文通主编《李大钊传》,天津:天津古籍出版社,2005 年,第 72—73 页、第 80 页。可见,无论具体因缘为何,李大钊接受马克思主义,是有其思想基础的。

有的,劳工的事情,是人人都可以作的,所以劳工主义的胜利,也是庶民的胜利"。① 既然"新中华民族主义"之"新"建立在新的政治实践者在共和政体下形成新的联合与认同,那么苏联的"庶民"作为革命的最主要参与者,他们通过打破列强所形塑的世界体系,创造一种新的政治联合,这无疑给李大钊思考如何在中国推翻由官僚与武人支配的政治、摆脱列强对中国的控制,提供了一个绝佳的借鉴与参考。质言之,"民主主义、劳工主义既然占了胜利,今后世界的人人都成了庶民,也都成了工人"。② 如此一来,李大钊开始思考如何将"新中华民族主义"与广大被压迫的、长期处于"失语"状态的群体联系在一起。他们的翻身解放,才是中国摆脱民族危机的关键所在。因此,在《Bolshevism 的胜利》一文里,他更是颇为激动地宣称:"赤色旗到处翻飞,劳工会纷纷成立,可以说完全是俄罗斯式的革命,可以说是二十世纪式的革命。像这般滔滔滚滚的潮流,实非现在资本家的政府所能防遏得住的。因为二十世纪的群众运动,是合世界人类全体为一大群众。这大群众里边的每一个人、一部分人的暗示模仿,集中而成一种伟大不可抗的社会力。"③对李大钊而言,马克思主义的主要意义正在于,它借助阶级、资本、帝国主义等概念,揭示了当时中国所面临的压迫与危机,以及在这种情势之下新的政治主体如何形塑、动员、组织。它使李大钊认识到,中国人不再将救亡的诉求寄托在旧式的武人政客与列强资助之上,而是被动员起来的广大工人与农民,依靠严格的组织纪律与

① 李大钊:《庶民的胜利》,载《李大钊全集》第 2 卷,第 358 页。
② 李大钊:《庶民的胜利》,载《李大钊全集》第 2 卷,第 358 页。
③ 李大钊:《Bolshevism 的胜利》,载《李大钊全集》第 2 卷,第 367 页。

清晰的政治经济纲领,重新改造国家与社会,真正摆脱屡弱贫穷的境地,同时获得巨大的政治与经济参与感。

在接受马克思主义之后,李大钊认为"Democracy"一词应翻译为"平民主义",其在精神上与社会主义相一致。他指出:"真正的德谟克拉西,其目的在废除统治与屈服的关系,在打破擅用他人一如器物的制度,而社会主义的目的,亦是这样。无论富者统治贫者,贫者统治富者;男子统治女子,女子统治男子;强者统治弱者,弱者统治强者;老者统治幼者,幼者统治老者,凡此种种擅用与治服的体制,均为社会主义的精神所不许。"①因此,为了让中国走出衰颓的境遇,必须在铲除国内由权力、资本、帝国主义所造成的各种不平等支配关系。通过向国人介绍当时全球范围内风起云涌的社会革命与工人运动,李大钊呼吁:"我们要知道这样大的问题,都是因为分配而起的。我们要知道,有生产才有分配,有生产的劳工才有分配的问题。像我们这种大多数人只想分配不想生产的国民,只想抢饭不愿做工的社会,对于这种世界潮流,应该怎么样呢?那些少数拿他们辛辛苦苦终年劳作的汗血,供给大多数闲人吮括的老百姓,应该怎么样呢?这大多数游手好闲不工作专抢干饭的流氓,应该怎么样呢?望大家各自拿出自己的良心来想一想!"②

① 李大钊:《由平民政治到工人政治》,载《李大钊全集》第4卷,第7页。
② 李大钊:《战后之世界潮流——有血的革命与无血的革命》,载《李大钊全集》第2卷,第404—405页。迈斯纳认为在李大钊的马克思主义思想中,隐含着"在中国的外部敌人面前,中国内部的阶级矛盾已经消失"的假说。参见[美]迈斯纳《李大钊与中国马克思主义的起源》,中共北京市委党史研究室编译组译,北京:中共党史资料出版社,1989年,第205页。但根据这两段引文,可以比较清楚地看到李大钊虽然强调国际帝国主义势力对中国的侵略,但并未因此忽视中国国内的阶级问题,而是把二者都视为需要有效解决的时代任务。

　　五四一代的马克思主义者多将"中国的民族革命理解为具有世界意义的革命"。① 这意味着在他们的政治视野里,中国自身的解放与改造离不开世界其他地区革命所带来的全球政经体系的变化。李大钊也正是在这个意义上,运用他所理解的马克思主义理论,将中国的民族主义运动与世界革命联系起来。他指出:"受资本主义的压迫的,在阶级间是无产阶级,在国际间是弱小民族。中国人民在近百年来,既被那些欧美把成长的资本主义武装起来的侵略的帝国主义践踏摧陵于他的铁骑下面,而沦降于弱败的地位。我们劳苦的民众,在二重乃至数重压迫之下,忽然听到十月革命喊出的'颠覆世界的资本主义''颠覆世界的帝国主义'的呼声,这种声音在我们的耳鼓里,格外沉痛,格外严重,格外有意义。"所以,"像中国这样的被压迫的民族国家的全体人民,都应该很深刻的觉悟他们自己的责任,应该赶快的不踌躇的联结一个'民主的联合阵线',建设一个人民的政府,抵抗国际的资本主义,这也算是世界革命的一部分工作"。② 此处所谓的"世界革命",就是要创造一个新的世界体系,民族主义固然是中国革命的主要动力,但其结果并不仅是让中国国内的境况有所改观,而是以此为出发点,让中国革命具有世界意义,成为突破 19 世纪东西方列强所形塑的世界体系的重要起点。总之,由于接受了马克思主义对阶级、国家、资本、帝国主义的分析方法,李大钊的民族主义始终是在一种国际视野之下呈现出来的。

---

① 汪晖:《中国现代历史中的"五四"启蒙运动》,载许纪霖选编《现代中国思想史论》上卷,上海:上海人民出版社,2014 年,第 70 页。
② 李大钊:《十月革命与中国人民》,载《李大钊全集》第 4 卷,第 124 页。

在这里,李大钊将"弱小民族"与"无产阶级"相提并论,认为都是受到政治与经济上的不平等支配的受害者。1924年他在北京大学政治学会演讲"人种问题",便从阶级问题与民族问题的关系入手,分析晚近以来的全球局势,以及中国必须直面的时代课题。他指出,欧洲人秉持"文明论"的观念,认为白人支配全球理所应当,其余国家及其人民,"只有退化,只有堕落"。在此情形下,

> 白人在世界上居于引导文化的先驱,视异色人种为低下阶级而自居于高上的地位,因此人种问题在世界上也成为阶级的问题,于是世界上就形成了相对的阶级。人种的斗争于将来必定发生,这是可以断定的。而且这斗争或许为白色人种与有色人种的战争而与"阶级斗争"并行哩![1]

李大钊的这段话,表面上看似乎很容易被理解成"对极端的中国民族主义给予类似马克思主义的辩护"。[2] 但如果将眼光放到整个19世纪西方垄断资本主义的发展与全球殖民主义的兴起的时代背景中,特别是亚洲与非洲在政治、经济、文化上日渐被帝国主义国家所瓜分、支配、殖民,[3]那么李大钊在这里谈到的人种问题在全球范围内本质上是阶级问题的观点就自有其合理性与针对性。基于

---

[1] 李大钊:《人种问题——在北京大学政治学会的演讲》,载《李大钊全集》第4卷,第575页。

[2] [美]迈斯纳:《李大钊与中国马克思主义的起源》,中共北京市委党史研究室编译组译,第206页。

[3] 关于这一历史过程,参见[美]斯塔夫里阿诺斯《全球分裂:第三世界的历史进程》上册,王红生等译,北京:北京大学出版社,2017年,第217—236页。

此,李大钊强调民族之成立"要更兼有主观的事实,要在相互的意识之承认及精神上认为同族之后而民族才能成立"。所以,"我们如能使新的文化、新的血液日日灌输注于我们的民族,那就是真正新机复活的时候"。同时"我们无论如何,都要猛力勇进,要在未来民族舞台施展我们的民族特性,要再在我们的民族史以及世界史上表扬显着我们的民族精神"。① 就此而言,李大钊的民族主义思想一直存在确实是不争的事实,但马克思主义赋予他的,是较之先前更为广阔且有深度的分析视野,以及将理论与实践结合起来的政治学说。这预示着此后政治行动中的"民族特性",已经融入了不容忽视的马克思主义色彩,要实现民族独立,离不开阶级解放。革命者们必须要思考,如何将这一因素更好地与中国革命实践相结合,在此基础上真正实现这一政治理想所要达到的目标。

二 "新的政治"的历史意义

在1919年12月1日出版的《新青年》杂志里,作为创办人的陈独秀,有感于"本志具体的主张,从来未曾完全发表。社员各人持论,也往往不能尽同。读者诸君或不免怀疑,社会上颇因此发生误会"。② 其中关于政治问题,他说道:

> 我们虽不迷信政治万能,但承认政治是一种重要的公共

---

① 李大钊:《人种问题——在北京大学政治学会的演讲》,载《李大钊全集》第4卷,第574、578页。
② 陈独秀:《〈新青年〉宣言》,载任建树主编《陈独秀著作选编》第2卷,第130页。

生活;而且相信真的民主政治,必会把政权分配到人民全体,就是有限制,也是拿有无职业做标准,不拿有无财产做标准;这种政治,确是造成新时代一种必经的过程,发展新社会一种有用的工具。至于政党,我们也承认他是运用政治应有的方法;但对于一切拥护少数人私利或一阶级利益,眼中没有全社会幸福的政党,永远不忍加入。①

在此之前,《新青年》杂志的另一位主要作者李大钊已公开撰文宣传马克思主义,同时他与胡适就"问题与主义"展开论争,而后者依然是美式政治的忠实拥护者。如此一来,所谓"《新青年》阵营"在政治问题上就出现了分歧。陈氏此文,或许是为了避免读者对这些政治分歧产生误解,于是希望寻找一个各方都能接受的最大公约数来体现作者同仁内部的基本团结,借此来正视听。不过虽说如此,该文仍透露出陈独秀此时在政治问题上,较之先前,有了新的思考。

在那一时期,欧洲大陆烽烟四起,列强之间鏖战正浓,远在中国的知识分子观察战争走向的同时,也在反思参战各国所象征的那种政治逻辑是否还具有合理性,象征着 19 世纪文明的资本主义体制,渐渐被人们重新加以审视,与之相连带的,便是探索一种新政治、新文明诞生在禹域的可能性。② 只有在这个背景下,才能理解为何十月革命能对中国知识界产生如此巨大的冲击。与陈独秀

---

① 陈独秀:《〈新青年〉宣言》,载任建树主编《陈独秀著作选编》第 2 卷,第 131 页。
② 汪晖:《文化与政治的变奏——战争、革命与 1910 年代的"思想战"》,载《短 20 世纪:中国革命与政治的逻辑》,第 97—102 页。

一样同是老革命党人的吴玉章这样回忆：

> 辛亥革命时，我们对掌握政权和改造国家机器太不注意了，当时为了迁就袁世凯而让出了政权。有些人(如宋教仁)还幻想用议会斗争的方式来控制住旧的国家机器，结果反动派就能够利用现成的政权和旧国家机器向我们进攻。布尔什维克认为：革命的根本问题是政权问题，工人阶级在革命中必须粉碎旧的国家机器，代之以新的国家机器，才能够巩固革命的胜利。这正是一个颠扑不破的真理。像中国这样一个几千年相传下来的以官僚制度为核心的旧国家机器，是许多罪恶的根源，其势力根深蒂固，即使经历许多次的革命风暴，但在官僚国家的荫庇下，万恶势力仍会死灰复燃。以往我也常想这个问题，模模糊糊地想不出一个道理。布尔什维克关于政权和国家的理论，解决了我的问题。[①]

其实和吴玉章一样，"政权与国家"也是陈独秀自清末以来不断思考的主要问题，并且他也曾苦恼于革命党人为何在"掌握政权和改造国家机器"方面屡遭挫败。不过在十月革命爆发前，他认为"社会主义，理想甚高，学派亦甚复杂。惟是说之兴，中国似可缓于欧洲。因产业未兴，兼并未盛行也"。[②] 所谓"理想甚高"，透露出

[①] 吴玉章：《回忆"五四"前后我的思想转变》，载中国社科院近代史研究所《近代史资料》编译室主编《五四运动回忆录》，北京：知识产权出版社，2013 年，第 10 页。

[②] 陈独秀：《答褚葆衡(社会主义)》，载任建树主编《陈独秀著作选编》第 1 卷，第 83 页。

他依然是在前文所论的思想框架内思考国家问题。但与此同时，他更对中国的政治现状愈发不满，认为民国成立以来，现状并无多少改观："革命者，一切事物革故更新之谓也。中国政治革命，乃革故而未更新。严格言之，似不得谓之革命。"①不但国内如此，在国际政治中，陈独秀通过目睹中国在巴黎和会中所遭受的待遇，终于清醒地认识到"现在还是强盗的世界！现在还是公理不敌强权的时代！"所以"要想免第三次大战争的痛苦，非改造人类的思想，从根本上取消这蔑弃公理的强权不可"。② 总之，国内外的政治现实让陈独秀终于发现，

> 立宪政治在十九世纪总算是个顶时髦的名词，在二十世纪的人看起来，这种敷衍不彻底的政制，无论在君主国民主国，都不能够将人民的信仰、集会、言论出版三大自由完全保住，不过做了一班政客先生们争夺政权的武器。现在人人都要觉悟起来，立宪政治和政党，马上都要成为历史上过去的名词了，我们从此不要迷信他罢。什么是政治？大家吃饭要紧。③

可以说，认识到政治的关键之处在于"大家吃饭要紧"这一议

---

① 陈独秀：《答卓鲁（革命问题）》，载任建树主编《陈独秀著作选编》第 1 卷，第 366 页。

② 陈独秀：《为山东问题敬告各方面》，载任建树主编《陈独秀著作选编》第 2 卷，第 98 页。

③ 陈独秀：《随感录·立宪政治与政党》，载任建树主编《陈独秀著作选编》第 2 卷，第 111 页。

题,在很大程度上转变了陈独秀一直以来思考国家问题的视角,提供了一个让他去认真探讨中国社会内部真实且复杂的情形之契机。如果说"国家不过是人民集合对外抵抗别人压迫的组织,对内调和人民纷争的机关"。① 那么从"吃饭问题"入手,便可具体的分析列强借以压迫中国的方法与动机,特别是经济上的手段;以及去追问为什么会有"国内纷争",难道仅仅是思想先进或落后吗? 这种纷争背后是否凸显出政治与经济的严重不平等? 按照周策纵教授的观点:"在当时的情况之下,中国必须正视的最严重问题是经济和社会问题;而自由主义者,像其他人一样,都不曾仔细研究这些刻不容缓的问题,也不曾提供任何假设或最后的解决方案。"此外,"他们似乎忽略了一个事实,即实验主义和自由主义可能的贡献不应仅限于吹毛求疵的批评"。② 那么从另一个角度来看,陈独秀能够通过对现实的敏锐观察,以及具有反思自己的理论基础与价值倾向的意愿,遂能逐渐认识到这一"刻不容缓"的问题之严重性,就此而言,他思考问题的方向比"自由主义者"们切中要害多了。

胡绳认为,五四运动前后的中国知识分子之于社会主义,"对这个理论虽然还不明究竟,但接受了他,就明确了在中国要反对帝国主义,打倒军阀。而且使人有了一个远大的理想,要实现社会主义、共产主义。自辛亥革命以来,政治家们都视为小集团、为个人

---

① 陈独秀:《我们究竟应当不应当爱国?》,载任建树主编《陈独秀著作选编》第2卷,第114页。
② [美]周策纵:《五四运动史》,陈永明等译,北京:世界图书出版公司,2016年,第219—220页。

利益而奋斗,社会主义者则有一个超乎这些狭隘目的的伟大目标。这个目标使社会主义者有了高尚的追求和无私的奉献精神,使他们生气勃勃"。① 按照中国传统的政治伦理,为政者能否以天下之"公"为旨归,克服一己之私利,乃判断其是否有政治合法性的重要标准。早期的社会主义者能够从自己生活的知识分子圈里走出来,能够超越本阶层的利益诉求,将视野投射到占中国人口绝大多数的、在话语权上属于"失语"状态的、不少人有沦于赤贫境遇的无产者身上,分析改变他们现状的可能性。② 这一行为本身,较之时人眼里的民初官僚与依附于军阀的无良士人,在道德形象上已有天壤之别。而这种超越一己之狭隘目标的眼光,必须建立在对中国社会现实矛盾的深刻揭示,以及对中国所必须面对的那个"他者"——西方大致客观的认识之基础上的。陈独秀无疑在不断地趋近这一点:

> 劳动者诸君呀！十八世纪以来的"德莫克拉西"是那被征服的新兴财产工商阶级,因为自身的共同利害,对于征服阶级的帝王贵族要求权利的旗帜。现在宪法都有了,共和政体也渐渐普遍了,帝王贵族也逃跑或是大大让步了,财产工商业阶级要求的权利得到了手了,目的达了,他们也居于帝王贵族的特权地位了。如今二十世纪的"德莫克拉西",乃是被征服的

① "从五四运动到人民共和国成立"课题组:《胡绳论"从五四运动到人民共和国成立"》,北京:社会科学文献出版社,2001年,第22页。
② 关于赤贫的"失语"者觉醒的文化与政治意义,参见汪晖《阿Q生命中的六个瞬间》,上海:华东师范大学出版社,2014年。

新兴无产劳动阶级,因为自身的共同利害,对于被征服阶级的财产工商界要求权利的旗帜。①

这段话堪称陈独秀转向社会主义之后,对近代西方历史发展的新认识。而这一认识,也更接近西方学者从现代学理(而非宣传)回溯自身文明发展过程而得出的相关结论。在 19 世纪西方历史编纂学的谱系里,基佐无疑具有十分重要的位置。他在史学领域的主要特点之一,便是强调社会活动的发展对文明史的巨大影响。因此,他特别重视从阶级斗争的角度,分析欧洲历史上不同政治与经济集团之间的冲突、妥协、斗争。在他看来,如果说法国大革命是现代政治的代表性事件,那么:

> 1789 年的第三等级,从政治角度看,是 12 世纪自治市镇的后代和继承者,这一点是不容置疑的。这一个阶层的法兰西国民,如此目空一切,雄心勃勃,自视如此之高,要求主权的呼声如此响亮,不仅声称自己要复兴,要自我管理,还要管理、复兴全世界。无可置疑,他们基本上是 12 世纪中默默无闻却英勇地起来造反的自治市民的后继者,而这些造反者的惟一目的只是在国土的一个角落里找个安身之处,逃脱领主们隐蔽的暴政。②

这种阶级分析的视角,让基佐将法国大革命中登上历史舞台成为

---

① 陈独秀:《告北京劳动界》,载任建树主编《陈独秀著作选编》第 2 卷,第 139 页。
② [法]基佐:《欧洲文明史》,程洪逵译,北京:商务印书馆,2005 年,第 133 页。

主角的那一群人,从历史上追溯至中世纪的"自治市民",赋予其一以贯之的传统荣光,为他们"管理、复兴全世界"提供历史的合法性。而到了马克思那里,这套理论却成为他解剖资本主义体制的病理、思考革命可能性的"武器"。在此视域下,他指出19世纪欧洲的问题"不是争论'共和国还是君主国'",而是"资产阶级共和国在这里是表示一个阶级对其他阶级实行无限制的专制统治"。[1]而借由初步了解马克思的学说,陈独秀便能渐渐地用这一套理论分析框架,从历史演变的角度去认识今日之西方,并且在此基础上思考中国的国家问题。一言以蔽之,此时他不再被西方"主流"话语所忽悠了。

关于陈独秀接受马克思主义的途径,据今人研究,主要来自日本与美国(维经斯基的帮助),其中包括了列宁关于无产阶级专政的学说。[2]通过运用这些理论资源,陈独秀开始将中国的国家问题置于一种新的历史观与内外视野之下进行分析。他指出:"现代世界上政治状况是怎样?不但中国,无论那国也都是军人、官僚、政客底世界。"在此基础上,他强调:

> 我们不是忽略了政治问题,是因为十八世纪以来旧的政治已经破产,中国政治界所演的丑态,就是破产时代应有的现象,我们正要站在社会的基础上,造成新的政治,新的政治理想。不是不要宪法,是要合乎二十世纪的时代精神能解决社

---

[1] [德]马克思:《路易·波拿巴的雾月十八日》,中共中央马克思恩格斯列宁斯大林著作编译局编译,北京:人民出版社,2015年,第17页。
[2] 唐宝林:《陈独秀全传》,第230—235页。

会经济问题的新式宪法,而且要先在社会上造成自然需要新宪法的实质。至于凭空讨论形式的宪法条文,简直是儿戏,和实际社会没有关系。①

所谓"十八世纪以来"的政治,其要义不在于从宪法条文与政府组织模式去观察,而是分析在这种国家形态中由哪个阶级、群体来执政。陈独秀认为,相比于古代由"君主、贵族、僧侣、大地主"掌权的古代政治,"十八世纪以来"的政治实践主体乃"工商业资本家的官僚政客",②即随着近代经济生产方式的变迁而出现的掌握大量经济资源的那个群体。其政治诉求,在表面上自然以"自由""宪政"等名词为号召,"他们全都以为各民族应当是一个在独立立宪政府统治下的政治单位,这个政府将消灭专制贵族和教会的势力,使各个国民在最广泛的意义上切实运用政治上、经济上、宗教上和教育上的个人自由权"。但是他们之中大多数人的真实想法其实是,"政府应当是有产者的政府,因为其他的人民不知道他们自身的利益"。③ 透过政治口号的表象,去探究真正的政治获益者与政治操盘者,这才是真正明白怎么看政治。陈独秀在逐渐掌握这一要素。

因此,陈独秀认为"新的政治"应该祛除"游民政治"——"贵

---

① 陈独秀:《我的解决中国政治方针》,载任建树主编《陈独秀著作选编》第 2 卷,第 237 页。
② 陈独秀:《我的解决中国政治方针》,载任建树主编《陈独秀著作选编》第 2 卷,第 237 页。
③ [美]海斯:《现代民族主义演进史》,帕米尔等译,上海:华东师范大学出版社,2011年,第 124—125 页。

族、军人、官僚、政客"对政权的掌控。① 在这里,"游民政治"这一概念或许是他借用了当时作为论战对手的杜亚泉之说法。在后者那里,除了地痞流氓,"游民"还包括了"过剩的知识阶级",他们依附于官僚、武人这样的"游民首领之贵族化者",成为后者的文化帮凶。杜氏呼吁:

> 若今后之智识阶级,犹不肯断绝其政治生活之希望,不置身于产业阶级、劳动阶级中与之结合,而惟与贵族化之游民为伍,则贵族势力与游民势力,将日益膨胀而不知制,何政治革命、社会革命之可言?②

杜氏此论,无疑补充了陈独秀的观点。如果说当时关于国家问题的思考多由知识分子来进行,那么这一群体能否与"劳动阶级"结合,从后者的立场出发思考如何建设一个好的国家,就显得尤为重要。如果站在"贵族势力与游民势力"一边,那么"政治革命"很难名实相副,甚至不会觉得"劳动阶级"的诉求值得一瞥。

一般认为,陈独秀 1920 年 9 月发表的《谈政治》一文,是他转向马克思主义后的代表作。在他看来,"你谈政治也罢,不谈政治也罢,除非逃在深山人迹绝对不到的地方,政治总会寻着你的;但我们要认真了解政治底价值是什么,决不是争权夺利的勾当可以

---

① 陈独秀:《我的解决中国政治方针》,载任建树主编《陈独秀著作选编》第 2 卷,第 239 页。

② 杜亚泉:《中国政治革命不成就及社会革命不发生之原因》,载《杜亚泉文选》,上海:华东师范大学出版社,1993 年,第 401 页。

冒牌的"。① 顺带一提,从思想脉络上看,新文化运动之所以能引起强烈的反应,与时人对现实政治的极度失望相关,因此,尽管在言说上有暂时不谈政治,专注于文化建设的表达,但这种新文化的形塑,本身就带有极强的政治色彩,是借助探索新的"文化",来构建新的"政治"。此外,当时还颇受李大钊、陈独秀影响的傅斯年,认为俄国十月革命是一场"社会革命"。他有感于"今日之社会,本其历史上之遗传性质组织,多有不适于现在者;或有仅有形式,更无灵性者;或有许多罪恶凭傅之而行者"。因此,在今日的中国,"俄国式的革命——社会革命——要到处散布了"。② 如果说这里所谈的"俄国式革命"包括无产阶级专政的话,那么社会革命的最终目的是为政治革命奠定坚实基础,政治革命是社会革命的动力与保障。

谈到政治,则不能不涉及权力问题。陈独秀认为,政治强权显现何种特征,关键在于为谁所用。"我以为强权所以可恶,是因为有人拿他来拥护强者和无道者,压迫弱者与正义。若是倒转过来,拿他来救护弱者与正义,排除强者与无道,就不见得可恶了。由此可以看出强权所以可恶,是他的用法,并不是他本身。"就此而言,无政府主义者对所有权力一并深恶痛绝,这并不能真正消除不合理的强权,反而因为把抵抗的力量也污名化,致使不合理的支配没有了外部威胁,从而被固定化。对此陈独秀指出:

从事实上说起来,第一我们要明白世界各国里面最不平

① 陈独秀:《谈政治》,载任建树主编《陈独秀著作选编》第2卷,第249页。
② 傅斯年:《社会革命——俄式的革命》,载欧阳哲生编《傅斯年文集》第1卷,北京:中华书局,2017年,第115、116页。

最痛苦的事,不是别的,就是少数游惰的消费的资产阶级,利用国家、政治、法律等机关,把多数勤苦的生产的劳动阶级压迫在资本势力底下,当做牛马机器还不如。要扫除这种不平、这种痛苦,只有被压迫的生产的劳动阶级自己造成新的强力,自己站在国家地位,利用政治、法律等机关,把那压迫的资产阶级完全征服,然后才可望将财产私有、工人劳力等制度废去,将过于不平等的经济状况除去。若是不主张用强力,不主张阶级战争,天天不要国家、政治、法律,天天空想自由组织的社会出现;那班资产阶级仍旧天天站在国家地位,天天利用政治、法律。如此梦想自由,便再过一万年,那被压迫的劳动阶级也没有翻身的机会。[1]

陈独秀很清楚,当一个阶级利用国家机器进行统治,制定各种有利于自身的法律,维护其社会与经济利益的时候,处于被压迫的阶级要想改变这种状况,必须从政治的角度展开形势分析,用"强力"将其推翻,建设一个更为平等、公平的新政权。"天天不要国家、政治、法律",对改变现状基本没有任何效用。这就像后来鲁迅所说的"Salon 社会主义"——"坐在客厅里谈谈社会主义,高雅得很,漂亮得很,然而并不想到实行的"[2]。他敏锐地观察到:

　　劳动者自来没有国家没有政权,正因为过去及现在的国

---

① 陈独秀:《谈政治》,载任建树主编《陈独秀著作选编》第 2 卷,第 252 页。

② 鲁迅:《对于左翼作家联盟的意见——三月二日在左翼作家联盟成立大会上讲》,载《鲁迅全集》第 4 卷,北京:人民文学出版社,1981 年,第 233 页。

家、政权，都在资产阶级的手里，所以他们才能够施行他们的生产和分配方法来压迫劳动阶级；若劳动阶级自己宣言永远不要国家、不要政权，资产阶级自然不胜感激之至；你看现在全世界底国家对于布尔塞维克底防御、压迫、恐怖，比他们对于无政府党厉害得多，就是这个缘故。①

在此基础上，陈独秀便像列宁那样思考国家的问题："资产阶级的国家，资产阶级统治所需要的国家机器在历史上是怎样产生的？在历次资产阶级革命进程中和面对着各个被压迫阶级的独立行动，国家机器如何改变，如何演变？无产阶级在对待这个国家机器方面的任务是什么？"②陈氏认为现代社会中处于支配地位的政治形态，其演变过程，不外乎"新兴的资本家利用自由主义，大家自由贸易起来，自由办起实业来，自由虐待劳动者，自由把社会的资本集中到少数私人手里，于是渐渐自由造成了自由的资本阶级，渐渐自由造成了近代资本主义自由的国家"。所以处于被压迫地位的人们必须明白，"枷锁镣铐分明是自由主义将他带上的；现在理想的将来的社会，若仍旧妄想否认政治是彻底的改造，迷信自由主义的万能，岂不是睁着眼睛走错路吗？"③置诸历史背景，陈独秀此论绝非无的放矢。杜威观察到，"中国把其刚起步的工业看作不受约束的社会开拓者的天堂"，在经济模式上"盲目地重复西方工业

---

① 陈独秀：《谈政治》，载任建树主编《陈独秀著作选编》第 2 卷，第 252 页。
② 列宁：《国家与革命》，中共中央马克思恩格斯列宁斯大林著作编译局编译，北京：人民出版社，2015 年，第 30 页。
③ 陈独秀：《谈政治》，载任建树主编《陈独秀著作选编》第 2 卷，第 253 页。

革命中最糟糕的一幕"。① 而被今人归于所谓自由主义阵营的人，
"很少有人严肃地考虑通过经济组织和实践，在中国实现民主主义
的问题。对经济问题的忽略是自由主义的公众影响力日益衰微的
主要原因之一"。② 就此而言，一些当代论者一味地强调陈独秀的
观点如何充满"暴力"的危险，而忽视了陈独秀所揭示问题的紧迫
性，以及与陈独秀观点不同的人对这些问题的异常冷漠，那么这种
分析基本上是反历史的。借用陈独秀的话说："他们只有眼睛看见
劳动阶级特权不合乎德谟克拉西，他们却没眼睛看见戴着德谟克
拉西假面的资产阶级特权是怎样。他们天天跪在资产阶级特权脚
下歌功颂德，一听说劳动阶级专政，马上就抬出德谟克拉西来抵
制，德谟克拉西成了资产阶级底护身符了。"③

　　在这样的政治立场之下，陈独秀大概就不会再觉得"开口一个
国家，闭口一个国家；这种浅薄的自私的国家主义爱国主义，乃是
一班日本留学生贩来底私货"。④ 他当时在国家问题上的辩论对
象，除了对被压迫阶级之生计漠然视之的"自由主义者"，还有初衷
极佳、理想高远的无政府主义者。他希望后者明白，"我们无论如
何反对我们所生存的社会制度，在我们未曾用我们的力量把现存
的制度推翻以前，我们仍旧必然为现存的我们所反对的社会制度
所支配，除非自杀或是单独一人逃到深山穷谷没人迹的地方，绝对

---

① ［美］杜威：《工业中国》，载顾红亮编《中国心灵的转化——杜威论中国》，郑玉国
　　译，上海：华东师范大学出版社，2017 年，第 189 页。
② 周策纵：《五四运动史》，陈永明译，第 228 页。
③ 陈独秀：《谈政治》，载任建树主编《陈独秀著作选编》第 2 卷，第 256 页。
④ 陈独秀：《随感录·学生界应该排斥底日货》，载任建树主编《陈独秀著作选编》第
　　2 卷，第 163 页。

没有方法可以自由逃出;所以就是对于资本制度深恶痛绝的无政府党或社会党,在社会革命未成功以前,仍然是资本制度支配他们的生活,没有方法可以退出"。① 因此,关键问题在于如何改变背后是强权的"资本制度",释放出探讨国家问题的更多可能性。而这个改变过程,正如鲁迅所说:"革命是痛苦,其中也必然混有污秽和血,决不是如诗人所想象的那般有趣,那般完美;革命尤其是现实的事,需要各种卑贱的,麻烦的工作,决不如诗人所想象的那般浪漫;革命当然有破坏,然而更需要建设,破坏是痛快的,但建设却是麻烦的事。"②

陈独秀正是在对"十八世纪旧政治"的不断质疑、对"新的政治"的不断深入了解的过程中,一步一步地认清了如何建设理想的政权,以及这个新的政权之阶级基础是什么。他明确地宣称:

> 我们主张救济中国,首在铲除这种割据的恶势力,断然不可怀苟且的心理,以为他是已成的势力,来承认他助长他。铲除这种恶势力的方法,是集中全国爱国家而不为私利私图的有力分子,统率新兴的大群众,用革命的手段,铲除各方面的恶势力,统一军权政权,建设一个民主政治的全国统一政府;这样政府实现了,才有政治可言,才有从容制宪的余地。③

---

① 陈独秀:《讨论无政府主义·答区声白的信》,载任建树主编《陈独秀著作选编》第2卷,第394页。
② 鲁迅:《对于左翼作家联盟的意见——三月二日在左翼作家联盟成立大会上讲》,载《鲁迅全集》第4卷,第233—234页。
③ 陈独秀:《联省自治与中国政象》,载任建树主编《陈独秀著作选编》第2卷,第76页。

总之,国家问题解决的唯一办法,"是在用政治战争的手段创造一个真正独立的中华民国"。① 如何在战争中锻造新政治、新政党、新人、新文化,便成为陈独秀说这番话之后,理解中国现代历史进程的主要切入点。②

三 马克思列宁主义与中国问题分析——以帝国主义论为例

晚清以来,随着中国日渐被卷入由近代东西列强帝国主义扩张所形塑的世界体系,时人已经逐渐认识到,思考中国问题必须同时思考同一时期的欧洲与全球问题,以辨别中国在全球关系中所处的地位,并提供一种比较性的全球视野。单纯地从中国自身历史轴线上思考中国问题已不复可能。③ 马克思主义在中国的传统日渐流行,给予了中国知识分子一种分析政治、经济、社会问题的"全球视野"。

对于当时大多数追求进步的知识分子而言,俄国的十月革命是他们了解、服膺马克思主义的重要中介。列宁对马克思主义的继承和发展,一个很重要的构成部分就是他的帝国主义论。马克思主义的政治经济分析,特别是对资本主义的剖析,十分强调从一个全球的视角来审视各种问题。马克思与恩格斯在《德意志意识形态》中分析"世界历史"的形成时指出:

① 陈独秀:《造国论》,载任建树主编《陈独秀著作选编》第 2 卷,第 480 页。
② 汪晖:《二十世纪中国历史视野下的抗美援朝战争》,载《短 20 世纪:中国革命与政治的逻辑》,第 140—146 页。
③ 汪晖:《世纪的诞生——20 世纪中国的历史位置(之一)》,《开放时代》2017 年第 4 期,第 29 页。

大工业创造了交通工具和现代的世界市场,控制了商业,把所有的资本都变为工业资本,从而使流通加速(货币制度得到发展)、资本集中。大工业通过普遍的竞争迫使所有个人的全部精力处于高度紧张状态。它尽可能地消灭意识形态、宗教、道德等等,而在它无力做到这一点的地方,它就把它们变成赤裸裸的谎言。它首次开创了世界历史,因为它使每个文明国家以及这些国家中的每一个人的需要的满足都依赖于整个世界,因为它消灭了各国以往自然形成的闭关自守的状态。①

这种因资本主义大工业生产而形成"世界历史"的状态,到了19世纪后期,随着列强在全球范围内急剧扩张,其表现形式又发生了变化。列宁的帝国主义论是在与第二国际的"考茨基主义"进行理论斗争中诞生的。按照他于帝国主义的定义,帝国主义具有以下五个基本特征:

(1)生产和资本的集中发展到这样的高度,以至造成了在经济生活中起决定作用的垄断组织;(2)银行资本和工业资本已经融合起来,在这个"金融资本"基础上形成了金融寡头;(3)和商品输出不同的资本输出具有特别的意义;(4)瓜分世界的资本家国际垄断同盟已经形成;(5)最大资本主义大国已

---

① [德]马克思、恩格斯:《德意志意识形态(节选本)》,中共中央马克思恩格斯列宁斯大林著作编译局编译,北京:人民出版社,2018年,第60页。

把世界上的领土瓜分完毕。帝国主义是发展到垄断组织和金融资本的统治已经确立、资本输出具有突出意义、国际托拉斯开始瓜分世界、一些大的资本主义国家已把世界全部领土瓜分完毕这一阶段的资本主义。①

对非资本主义的国家和地区而言，"资本主义向垄断资本主义阶段的过渡，即向金融资本的过渡，是同瓜分世界的斗争的尖锐化联系着的"。② 帝国主义的一个主要特征就是金融资本处于支配地位。在对外扩张与瓜分世界方面，"金融资本是一种存在于一切经济关系和一切国际关系中的巨大力量，可以说是起决定作用的力量，它甚至能够支配而且实际上已经支配着一些政治上完全独立的国家;这种例子我们马上就会讲到。不过，对金融资本最'方便'最有利的当然是使从属的国家和民族丧失政治独立这样的支配。半殖民地国家是这方面的'中间'形式的典型"。③ 谈到资本帝国主义时代的殖民地政策，"金融资本和它相适应的国际政策，即归根到底是大国为了经济上和政治上瓜分世界而斗争的国际政策，造成了许多过渡的国家依附形式。这个时代的典型的国家形式不仅有两大类国家，即殖民地占有国和殖民地，而且有各种各样的附属国，它们在政治上、形式上是独立的，实际上却被金融和外交方面的依附关系的网罗缠绕着"。④ 总之，列宁的帝国主义论，既继承了

---

① 列宁:《帝国主义是资本主义的最高阶段》，北京:人民出版社，2014 年，第 87 页。
② 列宁:《帝国主义是资本主义的最高阶段》，第 76 页。
③ 列宁:《帝国主义是资本主义的最高阶段》，第 79—80 页。
④ 列宁:《帝国主义是资本主义的最高阶段》，第 83 页。

马克思剖析资本主义世界的思想学说,又充分吸收了同时代理论家(如英国的霍布森)对于帝国主义现象的观察,同时将理论与实践高度结合,在揭示帝国主义的一般特征同时探索如何从帝国主义势力全球统治的薄弱环节入手,推翻它的支配格局,为一个更为平等的世界体系创造条件。

作为分析现实的基本概念之一,"帝国主义"在辛亥革命前十年已经被零星使用,日本社会主义者幸德秋水的《二十世纪之怪物——帝国主义》被留日学生介绍到国内来。到了五四运动期间,随着马克思列宁主义广泛地在中国传播,日益被早期马克思主义者所采用。不过这并非列宁的帝国主义理论。列宁的《帝国主义是资本主义的最高阶段》被介绍到中国之后,对中共党人探讨国内外状况产生极大的影响。1922年,远东各国劳动者代表大会在莫斯科召开。据出席此次会议的张国焘回忆,"这次大会把帝国主义与中国的反动势力联结在一起。我们讨论的结果,确认中国的反动势力只是外国帝国主义的工具。中国革命运动要能有成就,必须从反对帝国主义下手"。①

1922年6月中国共产党发表《对时局的主张》。其在分析辛亥革命之后的"民主派"为什么会失败时指出:"民主派的失败,便是人民不能脱离国际帝国主义及本国军阀压迫的痛苦。因为民主政治未能成功,名为共和国家,实际上仍旧由军阀掌握政权,这种半独立的封建国家,执政的军阀每与国际帝国主义互相勾结,因为军阀无不欢迎外资以供其军资与浪费,国际帝国主义在相当的限制

---

① 张国焘:《我的回忆》,北京:东方出版社,2004年,第177页。

以内,也都乐以全力借给军阀,一是可以造成他们在中国的特殊势力,一是可以延长中国内乱使中国永远不能发展实业,永远为消费国家,永远为他们的市场。"①近一个月之后,中国共产党发表第二次全国代表大会宣言,以"国际帝国主义宰割下之中国"为标题,分析中国的政治、经济与社会现状。《宣言》根据列宁的帝国主义学说,描述了从资本主义到帝国主义的发展过程,资本主义国家进行殖民扩张的内在逻辑,以及在此基础上出现的全球范围内的战争、杀戮与掠夺,把中国的问题置于帝国主义国家之间为争夺与瓜分世界的斗争之中来审视。《宣言》指出:"帝国主义的列强历来侵略中国的进程,最足以表现世界资本帝国主义的本相。中国因为有广大的肥美土地,无限量的物产和数万万贱价劳力的劳动群众,使各个资本主义的列强垂涎不置:你争我夺,都想夺得最优越的权利,因而形成中国目前在国际上的特殊地位。"②除了鸦片贸易、开设工厂、获取殖民地、奴役中国工人阶级、通过控制关税而倾销商品,《宣言》还揭示了列强在意识形态领域的操控:"帝国主义者还贿赂中国的官僚政客,派遣许多的顾问牧师,出版报纸,设立学校——这是企图更顺利的达到他们贪婪掠夺的目的。"③

作为新兴的帝国主义国家,美国在 20 世纪初的经济与军事实力位居全球前列。鉴于中国已被其他列强瓜分殆尽,美国于是主

---

① 《中国共产党对于时局的主张》,载上海师范大学历史系中国现代史教学小组编《中国现代史资料选辑(第一册)》上,1977 年,第 47 页。
② 《中国共产党第二次全国代表大会宣言》,载上海师范大学历史系中国现代史教学小组编《中国现代史资料选辑(第一册)》上,第 60 页。
③ 《中国共产党第二次全国代表大会宣言》,载上海师范大学历史系中国现代史教学小组编《中国现代史资料选辑(第一册)》上,第 61 页。

张"门户开放"政策,声称不对中国领土抱有野心。这让不少中国知识分子对之颇具好感。《宣言》强调美国此举是"想用掩眼法来实现他国际托拉斯的经济侵略政策":

> 华盛顿会议中之主要问题——中国问题,是美国胁制之下解决的,结果,他们承认日本在满、蒙和东部西伯利亚独占的掠夺,将中国置在他们共同侵略的"开放门户"政策之下。美国之所以采用海约翰以来的旧调,完全是要借着这个"开放"来打破日、英在中国的优势,让他自己插足进来,操纵中国的经济生命,"开放门户"政策的采取,显然是美国侵略中国的第一步成功。多少年来驾御中国的英日同盟虽然废了,但这次成立英、美、日、法的四国吸血同盟——虽然他的根基极不稳固——却要做比他加倍有力的侵略。美国所领导的新银行团,从华盛顿会议算是加了一层保障,将要使农人的中国变成国际托拉斯进贡的藩属,从此中国的贫苦农民要纳租税给那些外国的银行,中国所有的实业要归为外国银行的私产了。
>
> 华盛顿会议给中国造成一种新局面,就是历来各帝国主义者互竞侵略,变成协同的侵略。这种协同的侵略,将要完全剥夺中国人民的经济独立,使四万万被压迫的中国人都变成新式主人国际托拉斯的奴隶。[1]

《中国共产党第二次全国代表大会宣言》发表之后,引起了各

---

[1] 《中国共产党第二次全国代表大会宣言》,载上海师范大学历史系中国现代史教学小组编《中国现代史资料选辑(第一册)》上,第64页。

方的关注。作为现代中国所谓自由主义的代表人物,新文化运动以来声名鹊起的胡适深受美国及其治国之道的影响。胡适在哲学层面服膺他所理解的富于美国特色的杜威思想,在政治主张上称赞美式民主白璧无瑕。因此,当他看到这份宣言后马上撰文回应。针对《宣言》中关于帝国主义国家性质与政略的分析,胡适声称:"我们要知道,外国投资者的希望中国和平与统一,实在不下于中国人民的希望和平与统一。"比如在民初,"外人所以捧袁(即袁世凯),大部分是资本主义者希望和平与治安的表示。我们可以说他短见,但不能说这全是出于恶意"。在巴黎和会之后,列强又召开了华盛顿会议,"中国的国民外交和美国的舆论竟能使华盛顿会议变成一个援助中国解决一部分中、日问题的机会"。而列强之所以干涉中国内政,是由于"国际投资所以发生问题,正因为投资所在之国不和平,无治安,不能保障投资者的利益和安全"。所以,"我们现在尽可以不必去做那怕国际侵略的恶梦。最要紧的是同心协力的把自己的国家弄上政治的轨道上去。国家的政治上了轨道,工商业可以自由发展了,投资者的正当利益有了保障了,国家的投资便不发生问题了,资本帝国主义也就不能不在轨道上进行了"。①

胡适此文,引起著名马克思主义理论家李达的回应。在发表于 1923 年的《何谓帝国主义》一文里,他针对"如今还有许多学者先生们只认定武人政治的万恶,即不承认帝国主义有侵略中国的

---

① 胡适:《国际的中国》,载欧阳哲生编《胡适文集》第 3 卷,北京:北京大学出版社,1998 年,第 383、384、385 页。

事实,甚至要为帝国主义辩护"的现象,①论述了资本主义国家进行全球扩张的原因在于为本国生产的商品寻找原料地与倾销地。他强调当国外市场已被瓜分殆尽之时,"资本主义国家若想觅得贩卖剩余商品的市场,只有两条路可走,一个是夺取海外的殖民地,一个是侵入非工业的国家。在野蛮未开化的地方,当不起文明国家——资本主义国家压迫,自然变成了剩余商品的倾销场,至于非工业的农业国家,在经济上可以自给,自然拒绝文明国家剩余商品的流入,而文明国家为了延长孳乳他的资本主义,就用种种的侵略的方法,假用全体国民的名义,或者和平的,或者武力的来达到他的目的"。②

李达指出,在这之后,资本主义国家为了进一步扩大在非资本主义国家内的利益,希望创造新的市场。于是想方设法使后者"文明化",将其卷入由资本主义国家主导的全球政治经济体系之中,在当地开辟商埠、行驶轮船、敷设铁路、供给借款。比如敷设铁路,通常采取让后者向其借款筑路的方式,并且收取贷款利息犹嫌不足,还常要挟获得修筑铁路沿线的采矿权、相关地域的租借权与割让权、国内通商的独占权等。若后者不答应这些要求,资本主义国家"就利用国民全体对外的口号,兴兵动众演出经济侵略的战争,结果文明国家定得胜利,战败的弱国自然俯首听令,不但送给种种政治的经济的权利,并且赔偿大宗的款项"。③ 李达通过叙述这些

① 李达:《何谓帝国主义》,载中共一大会址纪念馆编《中国一大代表早期文稿选编(1917.11—1923.7)》,上海:上海人民出版社,2011年,第184页。
② 李达:《何谓帝国主义》,载中共一大会址纪念馆编《中国一大代表早期文稿选编(1917.11—1923.7)》,第185页。
③ 李达:《何谓帝国主义》,载中共一大会址纪念馆编《中国一大代表早期文稿选编(1917.11—1923.7)》,第187页。

现象,意在提醒国人,当今世界上,"那些已经资本主义化,已为一国所久占的地方,列强已是认为没有余利而不大注意,其最注意的就是那没有完全资本主义化而且正在互相争夺的地方"。① 很明显,当时的中国就是处于这样的境地。

除此之外,像李大钊、瞿秋白、蔡和森等人,都广泛地运用列宁对帝国主义的基本分析,来论述当时中国的社会性质是半殖民地半封建社会,以及在此基础上所遭受的各种压迫与剥削,并号召广大工人与知识青年加入革命队伍,推翻帝国主义及其在华代言人的统治。例如在发表于 1923 年的《帝国主义侵略中国之各种方式》一文里,瞿秋白指出帝国主义的侵略方式有"强辟商场""垄断原料""移植资本""文化侵略"。他简要地概述了从鸦片战争以来直到 1923 年,不同的帝国主义国家如何运用这些手段掠夺中国的资源、侵犯中国的主权、培植其在华的政治与经济代言人。特别是他注意到政治与经济的手段背后,新兴的帝国主义国家美国更为重视文化上的操控:

> 他(美国)能有这么大的"度量"放弃庚子赔款,无意之中造成亲美派留学生的政治势力,遍处设立教会学校,办他那假惺惺的慈善事业;不但现时他能控制中央政府,做侵略全中国的事业,而且还能改制中国人的心肺,略买整个儿的阶级,预备做他将来的"代理统治者";他能有很大很多的机关报,"洋大人"的舆论每每足以影响中国日常的政治生活;凡此一切都

---

① 李达:《何谓帝国主义》,载中共一大会址纪念馆编《中国一大代表早期文稿选编(1917.11—1923.7)》,第 188 页。

足以"威临中国之人心",挟制日本,卸罪于日本,诬蔑赤俄,减杀中国真民主派的势力。①

其实在当时,即便不是马克思主义者,他们也都注意到中国正面临列强政治上与经济上的侵略。一战之后梁启超赴欧洲考察,他看到了战争所造成的满目疮痍,感受到了由于十月革命的影响,社会主义运动在欧洲国家的日渐高涨。于是他察觉到,战后西方资本很可能会加紧对中国的经济掠夺,这样将会在中国造成普遍的贫困。1921 年他撰文强调:

> 然则中国人何故失却劳动地位耶?其原因之一部分,固由政治之混乱使然。而最主要者,乃在受外国资本之朘削压迫。质言之,则我国人之职业,直接为外国劳动阶级之所蚕食;而我国衣食之资,间接为外国资产阶级之所掠夺也。以最显著之事实言之,三十年前,食于丝者几何人?食于茶者几何人?食于土布者几何人?食于土糖者几何人?乃至食于制针、制钉者几何人?而今则皆何如者?欧洲工业革命之结果,昔之恃手工业、小商业自养之人,次第失职,驱而走集于都会工厂,变成仰佣钱为活之一阶级。然彼犹有工厂可投,有佣钱可得,不过佣钱毂薄而已,生活不固定而已,劳力之结果被人掠夺一部分而已。吾国国内,曾未梦见工业革命之作何状,而世界工业革命之祸殃,乃以我为最后之尾闾。畴昔食于土布

① 瞿秋白:《帝国主义侵略中国之各种方式》,载《瞿秋白文集(政治理论编)》,北京:人民出版社,2016 年,第 2 卷,第 79 页。

者,今失业矣,能否在门治士达纺绩厂佣得一辨尼？畴昔食于
铁工者,今失业矣,能否在必珠卜铁厂佣得一仙？畴昔食于制
糖者,今失业矣,能否在台湾糖厂佣得一钱？①

在梁启超的这段分析里,近代资本主义影响中国的过程,就是中国
农村经济日趋破产的过程。随着资本主义大生产的进行,会制造
出越来越多的产品,为了寻求市场,必然更为大面积地进入中国,
以求开拓销路。许多借此为生的小生产者在资本主义商品倾销的
浪潮下难以维系生计。中国经济生产力低下,没有能力抵御外国
资本的大规模入侵。而那些破产的小生产者,为了生计,多半进入
城市,竞相成为外国工厂的廉价劳动力。如此这般,中国本国的经
济必然受外国资本操控,难以自立。因此梁氏断言:"压制阶级、掠
夺阶级之大本营,在伦敦、纽约、巴黎、大阪诸地,而凡居于禹域二
十一行省之人,皆被压制、被掠夺之阶级也。"②只是在解决这一问
题的方案上,梁启超不同意中国马克思主义者提出的打倒军阀统
治、推翻资产阶级政权、建立无产阶级专政,而是认为应该大力保
护与扶持本国的资本,让他们能够和列强进行经济竞争。虽然他
与马克思主义者就此问题展开论战,但是在对国际形势的基本分
析上,他们都承认外国资本主义对中国的剥削是存在的,并且严重
危害中国的政治经济主权与中国人民的生计,而非像胡适那样觉

---

① 梁启超:《复张东荪书论社会主义运动》,载吴松等点校《饮冰室文集点校》第 6 集,
第 3617 页。
② 梁启超:《复张东荪书论社会主义运动》,载吴松等点校《饮冰室文集点校》第 6 集,
第 3617 页。

得"外国投资者"也很"热爱"中国,并不想侵略中国。

相似地,1930 年 6 月胡适发表《我们走那条路》一文,认为中国所面临的问题是贫穷、疾病、愚昧、贪污、扰乱,并再次强调帝国主义不是危害中国的祸首,并反对进行革命。① 对此梁漱溟撰文与他商榷。他援引漆树芬著,郭沫若撰序的《帝国主义侵略下之中国》一书的结论,认为国民革命的成果之一就是"大大增进了国人对所谓世界列强和自己所处地位关系的认识与注意;大大增进了国人对于'经济'这一问题的认识与注意"。② 他质问胡适,所谓的"贫穷","直接出于帝国主义的经济侵略,扰乱则间接由帝国主义之操纵军阀而来,故帝国主义实为症结所在。这本是今日三尺童子皆能说的滥调;然先生不加批评反驳,闭着眼只顾说自家的话,如何令人心服?尤其是论贫穷纵不能都归罪到帝国主义,而救贫之道,非发达生产不可;帝国主义扼死了我开发产业的途路,不与他为敌,其将奈何?"③

总之,晚清以来"开眼看世界"日渐成为大多数中国人的共识。但如何"看世界",如何从"看世界"的过程中认识到中国的现状,以及造成这种现状的原因,对真正能通过"开眼看世界"而找到解决中国问题的方案至为重要。这不是一个抽象意义的学术探讨,而是与救亡图存的时代主题息息相关。帝国主义理论让中国人能够将政治、经济、军事等因素综合起来分析问题,进而形成一种广阔

---

① 胡适:《我们走那条路》,载欧阳哲生编《胡适文集》第 5 卷,第 351—363 页。
② 梁漱溟:《敬以请教胡适之先生》,载《梁漱溟全集》第 5 卷,济南:山东人民出版社,2005 年,第 36 页。
③ 梁漱溟:《敬以请教胡适之先生》,载《梁漱溟全集》第 5 卷,第 38 页。

的世界视野,探讨鸦片战争以来中国屡受侵略的原因,祛除资本主义国家为了美化侵略行为而制造的意识形态说辞。它既非毫无理性的"仇外",也非深闭固拒的自我辩护,而是建立在理论分析的基础之上。正由于它能向人们揭示现代中国的各方面症结及其解决之道,并且许多观点符合大多数中国人日常所感知到的时代特征(比如列强在华高人一等、农村经济破产、国货难以振兴、政府在外人面前经常屈服等),因此获得了极高的认同度。关于"主义"在现代中国的流行,章太炎曾经有论:

> 凡所谓主义者,非自天降,非自地出,非摭拾学说所成,非冥心独念所成,正以见有其事,则以此主义对治之耳。其事非有,而空设一主义,则等于浮沤;其事已往,而曼引此主义,则同于刍狗。[①]

作为近代一系列政治与文化运动的参与者,章太炎十分清楚,各种"主义"之所以在中国流行,关键还在于此"主义"提供了人们思考近代中国最根本的政治、社会、文化矛盾的视角,并启发人们按照此"主义"所揭示的路径去解决这些近代基本矛盾。否则,即便"主义"的内涵再华美绚丽,也难以真正在中国大地上生根发芽。对帝国主义理论在现代中国的传播,亦应作如是观。

关于在当代如何看待帝国主义理论,陈云在 1989 年 9 月谈道:"从历史事实看,帝国主义的侵略、渗透,过去主要是'武'的,后来

---

① 章太炎:《排满平议》,载《章太炎全集》第 4 册,上海:上海人民出版社,2014 年,第 277 页。

'文''武'并用,现在'文'的(包括政治的、经济的和文化的)突出起来,特别是对社会主义国家搞所谓的'和平演变'"。总之,"那种认为列宁的帝国主义论已经过时的观点,是完全错误的"。① 1991年,在与人谈及党史写作问题时,胡绳认为在中美关系上,历史与现实之间具有极大的相似性。对如何认识美国,他指出:"理论界要解释两方面的问题,一个它是帝国主义国家,一个要同它做生意,要利用它的投资,和它来往。社会主义可以利用资产阶级来得到好处。这方面的解释,理论界多少讲了一些。但是虽然要开放做生意,世界毕竟是资本主义占优势的世界,它对社会主义又要搞和平演变,对第三世界要控制。后一个方面,理论界说得很少。"② 在这里,所谓"说得很少",凸显出当时理论界、学术界的某种风气,即有意淡化帝国主义理论对分析历史与现实问题的重要性。针对这一现象,胡绳强调:"王忍之说现在应该写一本新的《帝国主义与中国政治》。费正清的《美国与中国》就讲胡绳的书是教条主义。事实证明,这个'教条'还有些用。美国要用不同的手段,对新的变化要有新的解释。到底帝国主义在世界上是怎么回事? 现在我们的文章连帝国主义也不太说了。旧殖民主义的体系是没有了,但帝国主义还存在,有些新的变化。"③ 从今天的中国与世界形势来看,老一辈革命家与理论家的这些观点依然值得重视。

---

① 陈云:《帝国主义本性没有变》,载《陈云文选》第 3 卷,北京:人民出版社,1995 年,第 370 页。
② 金冲及:《一本书的历史:胡乔木、胡绳谈〈中国共产党的七十年〉》,北京:中央文献出版社,2014 年,第 125 页。
③ 金冲及:《一本书的历史:胡乔木、胡绳谈〈中国共产党的七十年〉》,第 125 页。

第八讲　南京国民政府的基本症结

　　从政治学的角度而言,在现代政治领域里,建立稳固的国家政权,展开现代化建设,扩大政治参与,形成有效的组织与动员机制,最终在民族国家的丛林法则中生存下来,乃是政治参与者必须正视的基本问题。现代中国在这些方面很大程度上是由革命型政党主导的。革命党自身的良莠,是否能够保持革命性与纯洁性,很大程度上决定着现代中国政治的走向。亨廷顿指出:"在那些传统政治制度或崩溃或软弱或根本不存在的政体中,政党的作用就完全不同于那些生存于具有传统制度延续性的政体的政党。在这种情况下,强大的党组织是唯一能最终排除腐化型的或普力夺型的或群众型的社会动乱的选择。政党就不仅仅是个辅助性组织,而是合法性和权威性的源泉。"①这一观点十分适合用来分析辛亥革命

---

① [美]亨廷顿:《变化社会中的政治秩序》,王冠华译,上海:上海人民出版社,2008年,第69页。

之后的中国政治。

在帝制终结之后,民初政治呈现出十分混乱且无序的状态,中央政权有名无实,大小军阀混战不断,列强操控经济与政治资源,这导致当时的中国政治不但无法保证大多数人的生计,更遑论实现近代以来几代人所梦寐以求的富国强兵。五四新文化运动以后,随着民众力量崛起、十月革命经验在中国传播,不但中国共产党开始走上中国的政治舞台,成为一支十分重要的力量,经历了清末革命与民初乱局的国民党也开始自我改造,在孙中山的主持下,师法苏联,希图将自身打造成为具有明确革命宗旨与革命纪律性的新式革命党。1924年召开的国民党第一次代表大会开启全面"改组"的进程,之后北伐一路势如破竹,受到各地民众的踊跃支持,显现出"改组"之后的正面效果。但是随着蒋介石发动"四一二"反革命政变,大量屠杀对国民党自身改造贡献极大的共产党员与左翼分子,致使国民党的革命色彩顿时褪色不少,整个政权的基本性质发生了重大变化。

不可否认,南京国民政府在现代化建设方面是取得一定成绩的。比如培养了一些各行各业的人才,尤其是科技与工业人才;在财政与金融领域引进了一些现代的管理方式;在基础建设方面修筑了公路、铁路,建设了一些工厂、企业与医院;在抗日战争中,广大国民党军队的官兵浴血杀敌,为抵御侵略者作出巨大贡献。但是,这个政权一直存在着一些从未被认真解决的基本症结。对今天而言,从国民党方面人物的各类文章、日记、回忆录中分析国民党政权兴衰史,无疑具有极佳的政治镜鉴作用。而如何从一些带有"反历史"性质的"民国想象"式的叙事中走出来,更为深入全面地探讨民国史中的基本政治与经济问题,把中国传统史学的优良传统与现代社会科学的分析框架相结合,形成具有理论性与现实感的历史叙事、政治叙事,为今天展开党建工作,实现国家治理能力现代化提供历史经验教训,或许更是值得深入探讨的问题。

一 从"改组派"的论说看南京国民政府的变质

"四一二"反革命政变之后,以汪精卫、陈公博、顾孟余为首的一部分不甘心坐视国民党日渐沉沦的所谓"左派",开始组织力量,宣传理论,希望国民党保持当初"改组"时的精神,这群人因此也被称为"改组派"。虽然其中一些主要分子后来认贼作父,自绝于华夏,成为汉奸,但分析当初他们组成"改组派"时的政治主张,不仅有助于理解现代中国革命政党为何会变质、堕落,更提供了一个具体生动的历史切面,让人们思考现代中国政治进程中的一些十分重要的基本问题。[1]

在清末民初,国民党(包括其前身同盟会与中华革命党)基本是一个由精英组成、组织颇为松散、群众基础十分有限的政治团体。因此,随着具体政治形势的变化,其内部常发生各种矛盾冲突,几乎没有严格的纪律性。它的政治口号虽然也强调广大民众的福祉,早期的理论家如章太炎、朱执信等,更是对中国的民生问

---

[1] 近年来学界关于包括"改组派"在内的国民党左派的研究,李志毓的相关成果无疑颇具代表性。参见李志毓《1928 年国民党内激进左派的"党治"理论》,《首都师范大学学报(社会科学版)》2011 年第 1 期,第 16—22 页。李志毓:《关于"国民党左派"问题的再思考(1924—1931)》,《中共党史研究》2016 年第 10 期,第 87—99 页。

题与阶级问题有着颇为精当的分析,但其实并无一套实践这些主张的方法,内部成员长期脱离民众,要么聚焦于缺少社会基础的议会,要么热衷于联络握有军事资源的军阀。1924 年国民党改组之后,虽然这些旧习气一时间难以完全清除,其内部对与共产党合作、扶助农工等政策也不无争议,但总体而言,国民党的气象为之一新。许多抱有革命理想的青年学生纷纷加入其中。① 他们的行事作风不同于孙中山口中已渐趋腐朽的"老同志",在组织动员民众、宣传革命理论、完善军队中的党代表制度等方面颇有建树。但是在蒋介石发动的"清党"运动中,这些新鲜血液很大程度上遭到了"逆淘汰"。"不少真正有信仰有理想有革命热情的党员受清洗,被淘汰,有的因同工农群众打成一片而被当作共产党惨遭杀害。"与此同时,"又有成千上万的投机分子、腐化分子和土豪劣绅涌入国民党内,部分填充了共产党和国民党左派青年被清洗之后所留下的组织空缺"。②

　　对这一点,国民党改组派有着颇为清醒的认识。施存统指出:"近代革命是民众自己的革命。革命的基础应该建筑在民众上面。中国国民党是代表大多数被压迫民众的利益来革命的,他的基础当然要建筑在大多数被压迫民众的身上。十三年国民党改组的第一个精神,就是坚决地把党的基础放在民众的身上,使党获得了民众的基础,成为真正民众的党,从这次改组以后,党向民众公开了,

---

① 王奇生:《中国近代通史·国共合作与国民革命(1924—1927)》,南京:江苏人民出版社,2006 年,第 416—421 页。

② 王奇生:《党员、党权与党争——1924—1949 年中国国民党的组织形态(修订增补本)》,北京:华文出版社,2010 年,第 147 页。

才有广大的民众加入到党里来。"①可是在"清党"之后,情形大为
变化:

> 现在呢,民国十三年改组的精神,差不多丢得干干净净
> 了! 当年总理苦心孤诣改组国民党的精神,差不多忘记完了!
> 第一次全国代表大会宣言和决议案,差不多也没有人去理会
> 了! 因为忙着清共分共的关系竟把自己底革命立场也抛到九
> 霄云外去了! 稍为左倾的革命分子,都被目为共产党或所谓
> 准共产党了! 一切贪官污吏土豪劣绅新旧军阀投机腐化分
> 子,都摇身一变而为总理最忠实的信徒了! 国民党的招牌差
> 不多完全变成少数军人的私有品了……想不到总理十三年辛
> 苦改组的国民党,竟落到今日如此的结果。②

如果说这段话只是一般性的描述的话,在另一篇文章中,施存
统更为直接地指出了国民党为何会发生这样的变化:"现在的国民
党,一清再清,以至于三清四清,差不多把以前的革命忠实党员清
干净了,重新加入了一大批'反革命的忠实同志',什么贪官污吏,
土豪劣绅,买办洋奴,走狗学者,研究系,交通系,政学系,安福系,
外交系,北洋系,都如潮水般地滚到国民党里来,变成国民党里最

① 施存统:《恢复十三年国民党的改组精神》,载中国人民大学中共党史系编《国民党
　改组派资料选辑》,校内用书,1984 年,第 203 页。
② 施存统:《恢复十三年国民党的改组精神》,载中国人民大学中共党史系编《国民党
　改组派资料选辑》,第 201 页。

忠实的同志。"①另一位改组派成员也痛言,自从"清党"成为国民党的施政重点之后,"整个党的政策离开了三民主义的立场,背叛了总理的遗教,党的革命领袖既因这些腐败分子的排挤攻击而不能立足,党内革命同志更横被压迫,动辄以'共产党''准共产党''共产党的工具'等名词而惨遭杀戮,全党全国布满了乌烟瘴气"。② 而那些在此过程中获取巨大利益的党人,"他们的主义只是分赃主义升官主义发财主义,决不是三民主义;他们所代表的利益,是豪绅资产阶级的利益,决不是被压迫民众的利益。他们要把三民主义搬到文庙去,做继承尧舜的道统,要把中国革命做成日本明治维新运动"。③ 作为改组派的领袖,汪精卫如是描述当时国民党的现状:"如今本党有些号为同志的,其步骤已经和民国元年以后的样子差不多了。他们已经一跤跌倒在帝国主义的怀里,要和北洋军阀及其豢养之官僚争食馂余了。他们已经把三民主义里头所谆谆指示的话忘记得一句不剩,而且向着相反的道路走去了。"④

从改组派的这些言说中,可以感受到他们对国民党迅速变质的焦虑与不满。就分析程度而言,他们也基本上指出了这样的现象为何会发生。本来,既然国民党有着较强的精英习气与等级观

① 施存统:《怎样改组国民党》,载中国人民大学中共党史系编《国民党改组派资料选辑》,第 247 页。
② 君干:《改组运动与中国革命前途》,载中国人民大学中共党史系编《国民党改组派资料选辑》,第 263 页。
③ 君干:《改组运动与中国革命前途》,载中国人民大学中共党史系编《国民党改组派资料选辑》,第 266 页。
④ 汪精卫:《汪精卫先生复林柏生先生函(摘录)》,载中国人民大学中共党史系编《国民党改组派资料选辑》,第 183 页。

念,不易形成为民众奉献的革命精神,加上组织纪律性向来不强,改组之后的入党手续依然时常流于形式,[①]那么要想使之具有革命性与使命感,必须不断加强革命观念的普及,重视具有革命理想与奉献精神的青年党员,加强组织性与纪律性,尽一切办法抑制党内的利益集团与腐化分子对党的侵蚀。但蒋介石发动的"清党"运动在政治路线上却与之截然相反。且不说蒋本人的野心,这样大规模打着"防共""防左"旗号进行党内清理,在效果上很容易给党内的利益集团、腐化分子,以及党外的投机分子与曾经被打倒被压迫的土豪劣绅、地主恶霸一个反攻倒算的机会。他们自然就会举着"清党"的旗号,把凡是有碍于巩固自己政治与经济利益的党员视为共产主义的同路人,这样既能在"清党"行为中立功表忠,得到党国新贵的重用,又能更进一步巩固自己的既得利益,用"护党"的名义作为自己的护身符,将自己与国民党捆绑到一起,在改变国民党基本性质的同时,也让自己在党内能获取更多的政治与经济利益,使国民党成为为他们服务的政治集团。正如王奇生分析的那样,虽然国民党发动"清党"的初衷或许并非让土豪劣绅与不法分子从中获益,但在"清党"过程中,"土豪劣绅的重新崛起,并对国民党基层政权的侵夺,使一个曾以'扶助农工'为职志的国民党迅速向一个新的军绅政权蜕变"。[②]

进一步而言,在清除了党内的革命分子与左翼青年之后,为了巩固政权,国民党必须要在当时的社会条件下寻求新的政治同盟者。既然"反共""防左"已成主导意识形态,那么依照政治行为的

---

① 王奇生:《中国近代通史·国共合作与国民革命(1924—1927)》,第 432 页。
② 王奇生:《中国近代通史·国共合作与国民革命(1924—1927)》,第 394 页。

惯性,他们自然就会接纳同样对"反共""防左"心有戚戚焉的地主豪绅与大资产阶级,甚至将许多原属北洋政权中的人士吸引进国民政府之中。这样不但可以使政权更加稳固(虽然只是表面上的),而且具体执行者还不会被扣上"左"倾与"亲共"的政治帽子,在行为上是十分安全的。对此改组派也有十分清醒的认识。他们指出,把"反共""防左"作为政治意识形态,"这危险就是使本党的最妥协最投机的分子,在恐惧共产党的心理之下,尽量的无条件的拉拢旧势力,不仅仅向着共党猛攻,并且一批一批的向着本党的主张比较坚定的分子猛攻"。在这些人的眼里,"反共的方法,便是打击一切认为与共党的言论或行动有相同或相似之点的人,并且向一切旧势力道歉忏悔,把本党改组后的成绩一笔抹煞,把一切正确的革命的言论行动,都认为罪恶,而洗刷自己革命的来历,并辩明自己当初并未反对帝国主义,并未主张工农运动,因此造成一种浓厚的反动空气"。① 一个曾以革命为口号的政党,在政治路线发生巨大转变之后,竟然使党员不敢再言革命,反而尽量将自己的言行往曾经要打倒的对象靠拢。在某种程度上,这也埋下了后来国民党不断蜕化、衰败的种子。

　　此外,20 世纪中国政治的主要特征之一就是广大民众,特别是过去长期处于"失语"状态的下层民众在政治活动中渐渐成为主要参与力量。这就要求以革命、救国为基本理念的政治团体在政治行动中提出要代表这些新生力量的基本主张,要思考如何让他们过上更好的生活,推翻长期压迫、剥削他们的政治与经济势力,使

---

① 《前进》记者:《那里是出路?》,载中国人民大学中共党史系编《国民党改组派资料选辑》,第 191—192 页。

他们的基本利益得到有效保障,使得他们的声音能够在国家的政治生活中体现出来。而要做到这一点,革命的政治团体就必须不断地分析自己的阶级基础是什么,不断地在实践中思考自己参与政治活动要依靠谁,为了谁。就此而言,是否具有广阔的阶级基础,是否能为大多数穷苦民众谋幸福,也就成为判断现代中国政治团体优劣的一个重要标准。

1924 年国民党改组,提出"扶助农工"的口号,开始进行工运与农运,虽然效果并非十分理想,但总算与中国大多数平民发生了关系,一定程度上代表了他们的利益。在蒋介石发动"清党"以后,共产党的宣传口号成为禁忌,革命分子纷纷被迫害,土豪劣绅成为党内新宠,在此情形下,一谈"阶级基础"问题自然就让国民党意识形态话语建设与日常实践中倍显尴尬,而这也成为"改组派"所关注的重点问题。身为"改组派"内对中国社会变迁颇有研究的理论家,①陶希圣十分敏感地注意到当时有一种宣称国民党应"超阶级",代表"所有人"的论调。他指出:

> 党没有超阶级的。党的纲领和政策必须得到某种民众的赞助,才可以达到党的目的,才可以完成党的使命。做议会运动的党,如果没有选民的赞助,必不能使其候选人当选议员。做革命运动的政党,如果没有革命民众的拥护,必没有夺取政权的力量。所以党没有超阶级的。在中国,本有超阶级的社会群,这便是过去的士大夫阶级……士大夫是超阶级的,超出

---

① 关于陶希圣加入"改组派"的始末,参见贺渊《陶希圣的前半生》,北京:新星出版社,2017 年,第 42—45 页。

生产组织各阶级以外,自有特殊的利益。但是同时,士大夫又
与生产组织内地主资本家利益相通,所以研究系最近出版的
宣传品里面主张"有产阶级的大联合"。中国国民党决不是这
样的集团。他负有国民革命的使命。①

很明显,陶希圣强调国民党不应宣扬自己"超阶级",除了认为这样
将会削弱国民党的革命性,很大程度上是防止其"士大夫化"。在
他看来,"本党的基础如移植于官僚士大夫,则'革命军起,革命党
消',党员人人均将以争得社会地位自足,不复计及利害本不切肤
的民众的痛苦,而民众的兴起反将不利于己,更将深恶而痛绝之。
而这便是本党官僚化的危机。本党官僚化以后,则党籍成了士大
夫升化的阶梯,而政治便成为官僚政治"。② 陶希圣对国民党阶级
基础丧失的担忧不可谓不深,只是或许他本人也未料到,过了十余
年,在马克思主义者王亚南的《中国官僚政治研究》一书里,国民党
政权就是现代中国官僚政治的代表。

　　相似地,陶希圣还认为国民党拾起儒学的符号,比如戴季陶用
儒学"道统"来解释孙中山学说,同样是其"士大夫化"的体现。他
强调:"有人想把孔子来三民主义化,这是不可能的。便从民生主
义说,改革地主制度,不能解决土地问题。反之,离开地主制度便
没有孔子及孔子学。"基于此,他强烈反对"三民主义孔子化",直言
此举"是三民主义的士大夫直觉化,以士大夫的感情冲动来解释三
民主义"。"把三民主义孔子化,不独破毁三民主义,并且违反孔子

_____

① 陶希圣:《中国社会之史的分析》,北京:商务印书馆,2015 年,第 53 页。
② 陶希圣:《中国社会之史的分析》,第 54 页。

及孔子学的本质。"因为在近代中国,"孔学之经世济民的探讨失败,所留存者,伟大的孔子,为地主阶级与士大夫集团之保护神"。[①]在此情形下,把孔子学说引入对三民主义的解释中,无疑就是承认了地主士大夫也是国民党的一分子,或者至少是同盟者。随之而来的,就是原有的革命的阶级基础丧失殆尽。不得不承认,陶希圣对"三民主义孔子化"的分析颇为犀利,体现出他作为社会史专家的洞察力。而南京国民政府在组织形态与阶级基础方面,某种程度上也正变得如陶希圣所说的那样。

二 国民党要员眼里的南京国民政府之危机

南京国民政府成立之后,本应具有历代新政权都曾有过的所谓"开国气象",但在现实中这种"气象"并不多见。国民党内部不同派系之间的争斗愈发激烈,北伐战争期间崛起的新军阀关系紧张,战争一触即发。更为严重的是,国民党的党员与国民政府中的各级公务人员严重缺少积极向上、奋发有为、恪尽职守的风气,显露出各种腐败、堕落、消沉、不负责的风气。不光是中国共产党的刊物时常揭露这一点,国民党内部的不少要员其实也十分清楚。从他们的言说当中可以窥见南京国民政府所面临的政治危机。

1932 年 7 月 1 日,蒋介石在日记中写道:

> 今日上午批阅后,与经扶谈话,到总部会客,俞樵峰之敷

[①] 陶希圣:《孔子学说之发展》,载陈峰编《中国近代思想家文库·陶希圣卷》,北京:中国人民大学出版社,2014 年,第 151、152 页。

衍塞责殊为痛心,手书严戒。下午是湖北党委与清乡促进会委员,所见所闻皆腐败官僚,与幼稚党委,新官僚,湖北政治非用严厉手段决无起色也,对何雪竹深恨,痛斥其误省也。①

两个月后,他又在日记中感慨:

> 时以不得襄助之人为念,世道日非,人欲横流,欲得一贤能之士为助,如何求之。旧党员多皆腐败无能,新党员多恶劣浮嚣,而非党员则接近不易,考察更难。古之山林之贤,今不可复见,而租界反动之流,多流氓之亚者。其在留学生中,大学教授中,职业团体中,旧日官僚而未在本党任仕有风格者中,外交界中,其在此中求之乎。②

1932年年底,蒋介石再一次抱怨道:

> 早晨谒陵后,与戴叶慨叹,深谈本党老党员之腐败,自私、卖老、害事,如不更张,则必亡国也。决以世界第二次大战之期为标准,于此期前,速行宪政,使国民共员国政且以国民之力,促进本党之急进也,否则,以党亡国矣。如欲党国之有进步,非促成此策无其他生路。否则,牺牲数十万之部署,徒造成一般老党员亡国之地位而已。言之痛心。上午,到党部主

---

① 《蒋中正日记》1932年7月1日,美国斯坦福大学胡佛档案馆馆藏。
② 《蒋中正日记》1932年9月1日,美国斯坦福大学胡佛档案馆馆藏。

席团会议。下午,开正式会议,晚会客。①

可见,蒋介石在日记里描述的国民党,充斥着腐败、无能、顽劣、自
私、颟顸等官僚作风,让人难以想象这是一个刚取得全国政权不久
的政治集团。

　　蒋介石本人对此自然是十分焦虑。他在公开的演讲中也不断
揭露国民党政权的不良习气。1930 年他在一次演讲中声称,国民
党员在中国社会中是一种高踞民众之上的"特殊阶级":

　　　　党员既在国民中间只占很少数,但是既做了党员,人家如
　　看见你有一种不好的毛病,即将当作党员像是一个特殊阶级,
　　讲得不好,就是如同军阀一样,再讲不好一点,就如同乡下劣
　　绅一样。现在一般人看见我们的党员,就是类似一个特殊阶
　　级,这是最不好的一种影响和态度。我们要知道,特殊阶级是
　　没有一个人不讨厌,不排斥的。如果我们党员不知道这一点,
　　甚至自己以为是一个党员,仍旧要给人家看作是特殊阶级,并
　　且我们自己也当自己是特殊阶级,那就糟了。特殊阶级没有
　　不失败,没有能在社会上存在的。②

在孙中山的思想体系里,国民党党员是要作为"先知先觉",带领
"后知后觉"的老百姓进行革命的。而这种"先知先觉",是要建立

────────────
① 《蒋中正日记》1932 年 12 月 16 日,美国斯坦福大学胡佛档案馆馆藏。
② 蒋介石:《"讨逆"胜利后本党之重要关头》,《中央党务月刊》1930 年第 27 期,第
　　132—133 页。

在具有极高的革命理想与奋斗精神之上的。但南京国民政府成立后，在蒋介石的描述中，"先知先觉"堕落为"特殊阶级"，其中的变化及其原因，十分值得人们思考。

蒋介石自然也是思考过这个问题的。1935年他在另一次演讲中告诫党内干部："当前的国势，异常危急，表面上似乎太平无事，事实上我们党和国家的生命，时刻都在危急存亡之中，真是所谓'千钧一发'。"①从当时日本对中国进行步步紧逼式的侵略，中华民族危机加剧的情形来看，他所说的确是事实。因此他提醒道："外国有革命党，我们中国也有革命党；何以外国的革命党就能够建国，能够大成功；我们有革命党，国家现在还是这个样子呢?"究其原因，"就是一般党员办事不负责任，没有精神！不能自动努力来研究改善与创造一切以报效党国！"他疾呼："我们革命党全党党员的生命是整个的，你的生命就是我的生命，我的事业就是你的事业，我的好处就是你的好处，你的不好就是我的不好。推而至于一切得失利害，成败荣辱和生死，都是共同一致整个不可分的！必须有这种精神，才算是革命党，如果没有这种革命党的精神，个人只顾到个人自己，有过不相规，有善不相劝，一盘散沙，没有精诚尤其不成为一个救国的革命党！现在国家如此危急，如果本党不能及此振作，领导全国国民起来共同救国，我敢说党和国家决不能再苟安三四年！"②蒋介石的这番话不可谓不严厉，但是，他所向往的这

---

① 蒋介石：《如何创造党国的新生命》，载秦孝仪主编《"总统"蒋公思想言论总集》第13卷，台北：中国国民党党史会，1984年，第602页。
② 蒋介石：《如何创造党国的新生命》，载秦孝仪主编《"总统"蒋公思想言论总集》第13卷，第604、605页。

种类似共同体意识的政治氛围,要想实现是需要有一定的社会经济基础与制度建设保障的,尤其是党内要有严格的组织纪律与惩处机制。而恰恰是在这方面,国民党政权并未有太多良好表现。

国民党的另一位重要人物胡汉民向来被视为比较擅长于谈论三民主义理论问题。虽然他在政治斗争中经常与蒋介石势同水火,但在观察到国民党与国民政府的不良风气方面,胡汉民的感观却与蒋介石颇为一致。1931 年他在一次演讲中指出:

> 目前我们党的生气,似乎一天一天在那里消沉了,凡注意党务现状的人,都感觉:一,党务工作,好像没有以前的紧张;二,党员行动,好像没有以前的严肃,这两个缺失……兄弟以为党务工作不紧张,党员行动不严肃,最大的原因,是由于训练不够,而所以致此,第一是由于同志们心理上的错误,他们浑忘了总理"革命的精神,固当用于破坏,尤当用之于建设"的遗教,以为现在革命已经成功,革命的目的,也已消失了。当此之时,是革命者享乐之时,于是奔竞营谋,浪漫颓放,再不为革命来努力了……假如一个革命的政党,不能前进,便只有落后,同时所谓革命的意义,也一定会丧失无余!很多人说,国民党从前凶,现在更凶了。何以呢?因为从前国民党包办一切,不许人家来染指,现在则包而不办,形成了一个特殊的阶级,这几句话,很显出了国民党员不能深入民众,并已丧失了革命精神的意义。试问这样的党,其工作将何以推进,其生命

　　将何以维持。还不是告朔饩羊,徒供美饰吗?①

在这里,胡汉民也认为国民党党员在当时的政治结构中成了"特殊的阶级",把革命成功视为自己可以贪图享乐的起始,增添民众对它的反感。曾经作为革命先锋的国民党,在取得政权后整个风气大为变化,革命精神丧失殆尽。在这样的情形下,很难想象国民党内众多党员有多少建设国家、服务大众的意愿。后来国民党政治风气越来越败坏,从它执政之初,就已埋下伏笔。

　　或许是有感于蒋介石与胡汉民所描述的那些现象是普遍存在的,1932 年,时任中央大学法学院院长,后来担任国民政府立法院立法委员、国民党中央党部秘书的杨公达在《时代公论》杂志上连续以"国民党的危机与自救"为题发表了三篇文章。作为亲国民党的知识分子,杨公达毫不客气地指出:"国民党弄到现在,结果是:天怒人怨,成为众矢之的;四面楚歌,大有不能自拔之势! 好像街谈巷议茶余饭后,大家都不以国民党为然。"②他认为国民党内部有许多无所事事混日子的"吃党饭"的人,这导致国民党行政效率低下、工作作风恶劣。他感慨:"如今国民党里面,无业流氓实在太多了!"③而这种现象之所以出现,杨公达认为:"因为国民党滥收党员,甚至仅经某实力同志的介绍,成千上万的可以来者不拒的入党;二则因为把办党务当着职业看,把办党当着有饭吃,可以引诱无业或失业的人入党。结果弄到中国之大,国民党好像到处都有

① 胡汉民:《党的训练问题》,《中央党务月刊》1931 年第 31 期,第 9、10 页。
② 杨公达:《国民党的危机与自救》,《时代公论》1932 年第 4 号,第 7 页。
③ 杨公达:《再论国民党的危机与自救》,《时代公论》1932 年第 7 号,第 14 页。

党员,实际上又好像到处都没党员——忠党的,贞操的。这是国民党内纠纷原因之一,这是国民党的致命伤。"①入党程序如此随意,党员质量如此低劣,致使国民党的形象一落千丈,大失民心。杨公达痛陈:"盖以国民党的各级党部,数年来,因为领导人的不良,在各地方实在是引起人民的反感不少,痛快地说,简直就是深恶痛恨。不必说,有此现象的,当然是政治上不能满足人民的要求,人民所希望的利益一点也没有实现,这是顶大的原因。其次即是各党部的人们,由党员变成党官,党部变成衙门,勾结官绅,压迫人民,一天一天的离开人民,终久便变成人民的对象了。"②

关于解决之道,杨公达说:

> 中国国民党的前身,是同盟会,是中华革命党,何以孙总理把他所领导的革命党的名称改来改去,正因为同盟会和中华革命党在当时的情形,如现在四分五裂的国民党一样,只有孙总理大无畏的精神,把叛党的份子,一齐革除,自己重新再干,才会有今日的国民党,我希望党内有同志,能本总理的精神,重新再干一下……要有精锐的党员,当组织强有力的干部。有了干部,那腐化恶化的份子,自然会淘汰,那软化消极化的份子,就会自动的鼓起勇气来参加工作。③

这番设想自然很好。但要想实现,必须有一个重要前提,就是国民

---

① 杨公达:《再论国民党的危机与自救》,《时代公论》1932年第7号,第14—15页。
② 杨公达:《关于党部组织简单化》,《时代公论》1932年第13号,第45页。
③ 杨公达:《关于党部组织简单化》,《时代公论》1932年第13号,第46页。

党的意识形态,特别是孙中山的三民主义理念在党内还拥有比较多的真诚信奉者,这样才能以此来号召党员,重振士气。否则所谓"孙总理的大无畏精神",说出来没什么人理睬,又怎能将此作为榜样?

对此,其实杨公达在这些文章中也已提及。他指出:"国民党年来的错误,是党的同志尤其是党的领袖,只顾党权的运用,政权的争夺,而忽视党的思想,把一部《三民主义》弄死了,或弄得没有生气,不去发挥他,补充他,研究他。"①"国民党的错误是,宣传用的是'党八股'的方法,办党也是用'党八股'的方法。本来不应老气横秋,一定要老气横秋,到处挂了党部的招牌,像煞有介事的,而却又无介事。"如此忽视宣传,焉能指望党员把孙中山的学说视为立志之物?杨公达的解决方案,其实已经被他自己在对国民党意识形态工作的描述中所否定了。而为何会这样?《时代公论》里的一篇评论或许点明了原因:"国民革命军出发之初,本有打倒帝国主义、军阀、官僚、买办阶级、土豪劣绅、贪官污吏的口号,今则对帝国主义屈服,对军阀官僚联络,对买办阶级拉拢,对土豪劣绅优容放纵。"②"复兴社"的干将刘健群也指出:"我们认定革命之失败不在于反革命势力之强大,而在革命与反革命的界限分不清晰。土豪劣绅自称信徒,贪官污吏恭读遗嘱,谁革命,谁不革命,只有天知道。"他提醒国民党:"假如在党治之下,党员都变成了地主和资本家,假如主张民治,使政权落在地主和资本家的手中,还有谁来奉

---

① 杨公达:《国民党的危机与自救》,《时代公论》1932年第4号,第8页。
② 毅:《惩治贪官污吏办法》,《时代公论》1932年第9号,第2页。

行总理遗教?"①阶级基础变了,政权性质变了,原来的那一套意识形态自然难以让人相信。

总之,在这样的政治风气下,国民党在社会上的形象越来越差。1935年,福建省闽侯县国民党县党部的一份报告描述道:

> 闽省自隶党治之初,民众视党如天之骄子,视党员如神圣之不可侵犯,其所以如是者,盖以水深火热之民众,待援之殷,望治之切,视党军如王师,视主义为圭臬,视标语如信符,党军未至,尝有奚为我后之怼,其信仰之深可知矣。惟时过境迁,办理党务者不能奋发有为,遂流于腐化;益以时会所趋,党权不能提高,于是党治渐移为官治,致贪污充斥,民苦难堪,而负有除暴救民之党部负责同志,在此之时,只以息事宁人为口禅,虚与委蛇,徒事敷衍,此民怨沸腾矣。至党员方面,平素久疏训练,对党观念,本已薄弱,况多不能洁身自爱,行动流于恶化,其作奸犯科,如嫖也,赌也,鸦片也,贪污土劣也,溺者无一不尽其极,职是之故,人民对党之信仰,则每况愈下。此不特过去本县如是,即全省人民对党之态度莫不皆然。②

其实不仅福建如此,全国范围内也大体相似。曾担任南京国民政府许多重要职位的邵元冲1932年年终在日记里感慨:

---

① 刘健群:《复兴中国革命之路》,《中国革命》1934年第3卷第4期,第10、11页。
② 朱宛邻:《福建省党务概况》,转引自王奇生《党员、党权与党争——1924—1949年中国国民党的组织形态(修订增补本)》,第313页。

党内则分子复杂,虽中枢人计,而群盲盈廷,或则别有作用,或则蒙骏无识,成事不足,危乱有余,故设施每多颠倒或拂戾民意,而民生疾苦,自治基础盖漠然焉。①

到了第二年年终,他在日记里依然忧心忡忡:

本党党务,以干部力量之薄弱,内部派别之分歧,过去倾轧分化之结果,精神益见委靡。大部党员除为小组之工具,以换取个人利益外,毫无振作自觉之精神,于智能上稍求进步。其显著者,若西南一部分党员,与中央始终站于极端反对之地位。而中央本身,亦光怪陆离,不可名状,政策不定,精神散漫,声气不通,情感隔阂。②

及至1934年,他在年终的日记里用了更重的语气写道:

党内大猾小丑,朋比为恶,支离割裂,惟恐元气之不尽,此又明季故辙,而今亦步亦趋,惟恐不肖者也。③

从邵氏的言说与当时的政治风气来看,丝毫显示不出南京国民政府有什么“新朝气象”。由此可见,所谓南京国民政府“黄金十年”,至少在政治领域,成绩着实让人不敢恭维。

① 王仰清、许映湖整理:《邵元冲日记》中册,上海:上海人民出版社,2018年,第941页。
② 王仰清、许映湖整理:《邵元冲日记》下册,第1066页。
③ 王仰清、许映湖整理:《邵元冲日记》下册,第1194页。

三 国民党统治后期的政治面貌

1936 年,西安事变和平解决,蒋介石回到南京。此时他的个人威望达到顶峰,不少人都企盼他能一面积极抗日,一面洗刷政治风气。全面抗战爆发后,"抗战建国"的口号让不少人对国民政府寄予希望。但没过多久,国民党政权在正面战场节节败退,军队内部腐败现象层出不穷。与此同时,偏安于西南大后方的国民政府,非但没有卧薪尝胆、励精图治的气象,反而越来越腐败,越来越堕落。加之经济领域的物价飞涨、官僚资本横行,许多人对国民党政权越来越失望。国民党"毁灭的种子"也在此时开始生根发芽。

对这些问题,国民党内的一些人士其实也有比较清醒的认识。长期在蒋介石身边工作,一度担任内政部政务次长的唐纵,1941 年在日记中写道:

> 分期平抑物价办法,孔副院长(孔祥熙)、翁部长(翁文灏)、张部长等均不同意,惟表面上呈复委座时,避重就轻,敷衍塞责,将来定无结果。平价购销处的舞弊,逮捕的人均一一释放,此案亦将无结果。现在还在资本家官僚者把持得势之时,凡是违背他们利益时,任何主张意见,均无法实施。故虽委座苦口婆心,痛哭流涕,终无效力。[1]

---

[1] 公安部档案馆编注:《在蒋介石身边八年——侍从室高级幕僚唐纵日记》,北京:群众出版社,1991 年,第 186 页。

1943 年 9 月 10 日他在日记中的"上星期反省录"中写道：

> 好逸恶劳，人之常情。本党在未取得政权之先，人人言革命，个个皆刻苦，今因居官位，不觉有人腐化堕落……今我政治上贪污之风，畏难苟且之习太深，一时革除不易，此辈干部皆从事革命多年，不有功亦有劳，既不能如曾国藩之坐湘军练淮军，亦不能如汉高祖之去韩信、萧何之所为，则政治上之苟变势不可能。①

到了 1944 年 4 月 28 日，他在日记中对政治问题的语气就不那么"镇静"了：

> 目今党内何以不能在政治上起领导作用？党的上层干部，对于主义政策的认识，并不彻底。由革命到取得政权，思想和观念上已为之大变，现在大家的观念是现实问题。上级干部在追求权位，下级同志在追求生活。主义、政治、革命，都已忘却了，消失了！②

唐纵笔下的国民党干部，要么已经沦落为资本家与官僚集团的代言人，要么因坐拥职位而腐化堕落，要么不再具有革命理想，只为自己追求权位，捞取名利。相似地，1943 年张治中邀请各地"三青团"的负责干部开会检讨时局，与会人员都认为，"由于各级党政人

---

① 公安部档案馆编注：《在蒋介石身边八年——侍从室高级幕僚唐纵日记》，第 379 页。
② 公安部档案馆编注：《在蒋介石身边八年——侍从室高级幕僚唐纵日记》，第 426 页。

员之日益官僚化,少数主官卑鄙贪污,多数公务员之困苦怠弛,以致战时政令无法推动,而县以下之乡镇保甲长,更大多为土豪劣绅所把持,利用征兵、征工、征粮、储蓄及其他机会,横征暴敛,勒诈苛索,草菅人命之事,时有所闻。纲纪废弛,赏罚不明,人民敢怒而不敢言"。① 这样的政治风气,与抗战期间前线将士浴血杀敌,广大民众饱受战乱流离之苦形成鲜明对比。

在此情形下,既然国民政府内部有许多这样的官吏,抗战胜利之后,国民党大员在沦陷区上演一幕幕将"接收"变为"劫收"的闹剧,也就是势所必至之事了。

当看到各种关于"劫收"的报道后,蒋介石在 1946 年 9 月 8 日的日记中痛言:

> 党政军各级干部多幼稚无能,其间且真有贪污自私为中外人大所侧目,尤其是京沪一带,强占民房,擅捕汉奸,借此拷作报复,直至受降年余之今日,关于此种非法行动犹在发展,以致怨声载道,外邦讥刺,诚使此心愧怍无地,所部恶劣,促成共匪枭张,社会混乱之一大原因。悲痛半有甚于此者,非澈底歼除不可。今日军事外交与团务各种恶象劣汇集一身,忙迫痛苦,以此为甚,手拟禁令电稿整通,更觉疲惫矣。②

关于这一问题,抗战胜利后参与广东接收的国民党军事将领张发奎在回忆录中也有一番颇为沉痛的感慨:

---

① 张治中:《张治中回忆录》,北京:华文出版社,2014 年,第 267 页。
② 《蒋中正日记》1946 年 9 月 8 日,美国斯坦福大学胡佛档案馆馆藏。

　　说到国民党的贪污,真的三天三夜也讲不完。在抗战期间由于敌人的出现,情况比较缓和。战后政府机关都在贪污,正如我所说,接收成了"劫"收。党政机构每一层级都贪污。我真的拣不出任何干净的层级……多数接收人员的低能和贪污,更直接造成了接收工作的混乱。接收人员,为个人打算的多,为国家设想的少;藏匿埋没,折扣报销,贵贱调换,敲诈勒索,层出不穷。结果发财是私人,吃亏是国家。①

　　正是目睹国民党的种种弊病,抗战胜利前夕,一批以 CC 派的中央委员为主,结合国民党内黄埔系、复兴社及三民主义青年团的中央委员,开始推行所谓"党政革新运动",希望以此来洗刷政治风气。抗战胜利后,有感于各地层出不穷的"劫收"行为,以及党内其他不良风气日渐滋长,1946 年国民党六届二中全会召开前夕,革新分子公开提出团结党内同志,实行党内民主;打倒官僚资本,实行民生主义;肃清官僚主义,实行民主政治;发扬民族正气,保卫国家主权四种新的"革命精神"。② 在会议上,革新分子慷慨陈词,直指国民党内部的腐败作风。比如黄埔系的革新分子黄宇人就疾呼:

　　　　我们要打破国内外困难,最重要的就是刷新政治,改善民生。如果不刷新政治,改善民生,专门和各党派敷衍,维持贪

---

① 张发奎:《张发奎口述自传》,北京:当代中国出版社,2012 年,第 324 页。
② 周维朋:《战后中国国民党派系关系之研究——以党政革新运动为中心的探讨》,北京:中国大百科全书出版社,2013 年,第 67 页。

官污吏,官僚主义作风,乃是自掘坟墓。今天的党从上到下,看不出有刷新政治的决心,也看不出有改善民生的决心,更看不出有驱逐官僚主义的决心,我们看得出的有些人要和各党派讲联合,谈协商,以巩固贪官污吏的局面,此为协商会议造成的最大原因。因此,自今以后,如果党要免予灭亡,最重要的办法,就是要刷新政治,改善民生。尤其要铲除党内外挟各党各派以自重的,卖党卖国的作风。①

另一位革新分子,同时也是国民党内主要宣传干将的任卓宣更是从与中国共产党的对比中来审视国民党的弊病:

共产党为什么有力量?依我看来,就是他在抗战期内能够动员民众,发展游击得到成功。而本党呢?对抗战完全站在官僚主义观点上,把抗战看做是军队事情,忽略了动员民众,发展游击的工作,即不完全忽略动员民众,发动游击,但至少是以官僚作风来动员民众,发动游击,因此,共产党得到成功,本党没有成功。这样看来,共产党所以有力量,并不是共产党有特别的本领,正是因为本党有缺点而已。今天我们痛定思痛,对于官僚主义必须彻底肃清……只有把官僚主义切

---

① 《中国国民党第六届中央执行委员会第二次全体会议速记·第八次会议》,转引自周维朋《战后中国国民党派系关系之研究——以党政革新运动为中心的探讨》,第100—101页。

实肃清,彻底革新,发扬本党固有的革命民主作风,才有挽救办法。①

　　虽然革新分子的言论切中时弊,并且看起来充满革命理想,但实际上,革新运动到后来也成为派系斗争的工具,不少人开始借此运动来打击异己,培植力量。特别是其中的 CC 派成员,将矛头直指掌握大量政治与经济权力的政学系。这使得本以革新国民党内部痼疾为出发点的政治改革运动,到最后变得和国民党历次政争相似,成为不同派系之间的利益纷争。主义云云,只沦为借机打击对手的工具与说辞。②

　　抗战期间,国共合作,国民党的党员有机会近距离和中国共产党人接触,通过对比而进一步启发他们思考国民党内部存在的问题。1944 年,曾经担任国民政府驻延安联络员的徐复观,向国民政府高层递交了一份关于边区的观察记,在其中不但描绘了延安的最近动态,更着眼于分析国民政府应当如何应对。他向国民党高层痛陈:

　　　　党团为国家民族之大动脉,新血轮。然血液之循环,若仅及半身而止,则必成半身不遂之人。今日现象,中央有党团,

———————————

① 《中国国民党第六届中央执行委员会第二次全体会议速记·第八次会议》,转引自周维朋《战后中国国民党派系关系之研究——以党政革新运动为中心的探讨》,第102—103 页。

② 周维朋:《战后中国国民党派系关系之研究——以党政革新运动为中心的探讨》,第 109—122 页。

至省而实际效能已减,至县则仅有虚名,县以下更渺然无形无影;是党团之组织,乃半身不遂之组织;党团之活动,亦成为半身不遂之活动。故奸伪可以控制社会,会门可以控制社会,土劣可以控制社会,迷信团体可以控制社会,而本党团反不能以独力控制社会。此其故,在本党党员团员之成分,仅以知识分子为对象,于是党团之组织,亦自然仅以上层为对象。历史上,必书生与农民相结合(如谭、戚、曾、左之兵),都市与农村相结合,始能发生真正之力量,造成巩固之基础。社会进步,今日之书生与农民(包括其他劳动者),不仅应以官民、官兵之关系结合;且须以同志之关系相结合。能先以同志之关系相结合,则进而以官民、官兵等关系相结合,乃能胶漆无间,而不至发生反拨作用。且必须能与农民以同志关系相结合之书生,乃为真正有用之书生,否则为百无一用之书生,甚且为敲脂吸血之书生。故本党今后组织之方向,必须为书生与农民之结合,以书生党员领导农民党员。于是党之组织乃能深入农村,党部乃有事可做。①

此外,与近 20 年前身为"改组派"主要理论家的陶希圣的观点相似,徐复观也在强调国民党的社会基础在一点一滴地流失:

今日本党之主义,领袖之旨意,政府之政策与法令,皆已有明确之社会方向。然在实行之际,则辄陷于各式土劣之手,

---

① 徐复观:《中共最近之动态》,载《徐复观杂文补编》第 5 册,台北:"中研院"文哲所,2008 年,第 37 页。

于是一切良法美意，无一能真正实行，无一不变质减量，而归于废纸，此乃因在政治行动时，迷失其社会方向使然也。故今日必承认社会确有各式之土劣存在，而土劣之根源，在于土地制度之不合理。任何政策法令必须以大力摧毁土劣之包围，以直达于平民，并切实推行土地政策，解决土地问题，乃能立政府之威信，增行政之效能，造成社会之真正力量。凡今日欲利用所谓士绅以推行政令法令者，若非对社会之认识不清，即系含有不可告人之隐之人也……抗战以来，社会风气之坏，社会现象之危险，至今日而已极。此安可不明定政治行动之社会方向，用大力以赴之，以为正本清源之计乎？[①]

可见，在徐复观看来，国民党面临的最大危机就是基层组织涣散，党员脱离群众。他认为解决之道关键在于能够与广大农民打成一片，并且与土豪劣绅彻底切割。之所以能有此看法，很有可能是他根据在延安的详尽考察，认识到中国共产党之所以能迅速崛起，是因为坚持"从群众中来，到群众中去"的群众路线，坚决维护大多数农民的利益，不断强调党的阶级基础，这不但应验了"得民心者得天下"的古训，而且有效解决了近代以降中国农村所面临的许多困境。不过，对充斥着权贵气息的国民党而言，这似乎是一件不可能完成的任务。1948 年，徐复观在参加一次党内座谈会时颇为失望地指出："党的失败根本就在土地问题与农民问题之未能合理解决，只要根本解决土地问题，使党成为农民的党，才是党的新生。

---

① 徐复观：《中共最近之动态》，载《徐复观杂文补编》第 5 册，第 39 页。

我曾写了一个方案,然而后来又没有了下文,现在来谈这个问题,不能不使我痛心。"①

徐复观在这里提到了农民问题与土地问题。正如其言,当时中国人口的绝大多数都是农民,能否解决农村当中的土地分配,对任何政权而言都是成败之关键。今天一些所谓的历史研究,刻意抹杀解放前土地问题的紧张程度,甚至认为民国时期的农村没什么剥削,进而否定中国共产党的土改政策。这明显是一种带有特定政治诉求的"反历史"论调。在南京国民政府成立初期,落后的租佃关系与土地分配不平均,导致贫苦农民生计维艰。浙江省的无地农民占全省农村人口的 70% 左右。北方冀、鲁、豫三省,占农村人口一半以上的普通农民仅拥有大约 16% 的土地,而只占农村人口 6% 左右的富户与地主,却拥有全部耕地的 33.13%。② 1928年,国民党在统治基础颇为稳固的浙江省实行"二五减租",但当地地主不断阻挠,并刺杀国民党地方党部干部,一些有势力的地主甚至扬言如不取消"二五减租",就不交纳田赋。最终,浙江省政府迫于压力于 1929 年 4 月取消"二五减租"。③ 1930 年国民政府颁布《土地法》,在实质上肯定了地主阶级对土地的占有权与租佃权。④虽然蒋介石偶尔也在日记中透露计划解决土地分配问题,但直至

---

① 徐复观:《揭开中共土地政策之谜(座谈记录)》,载《学术与政治之间续篇(一)》,北京:九州出版社,2014 年,第 34 页。

② 杨奎松:《中国近代通史·内战与危机(1927—1937)》,南京:江苏人民出版社,2007 年,第 84 页。

③ 林桶法等著:《中华民国专题史·国共内战》,南京:南京大学出版社,2015 年,第291 页。

④ 林桶法等著:《中华民国专题史·国共内战》,第 292 页。

解放战争期间,国民党政权却始终未能采取有效政策。1948 年,张治中向蒋介石提交了一份《对当前国是之检讨与建议》。他指出农村里土豪劣绅把持政权,农民受尽剥削:

> 虽本党之政纲政策悉以三民主义为内容,然一切未付实施,如同废纸。此二十年来,除对抗日为遵循民族主义之行动以外,所谓民权,实际上则为官权绅权与土劣之权。基层农村直接领导人民以至代表民权之分子,悉为土豪劣绅、流氓地痞。君子道消,小人道长,善良侧目,道路嗟怨。人民对本党政权之失望,已达极点。此为职在家乡身历其境所得之印象,绝非过甚其词。至于民生主义,首重平均地权,主要之目的在解决土地问题亦即农民问题,而使耕者有其田。直至今日,不但对此一目标杳不可即,甚至最初步之办法——二五减租,亦碍难实行。而豪强兼并,变本加厉,贫农之痛苦日深,思乱日甚。①

张治中说在当时农村的社会经济结构下,所谓"民权",多为绅权与土劣之权,广大真正意义上的"民",并不能享受这些"权"。时任《中央日报》记者的龚选舞在回忆 1947 年底国民党召开的"制宪国大"时的一个片段,正好印证了张治中的这一观点。这段回忆极具代表性:

---

① 张治中:《张治中回忆录》,第 291 页。

记得早年我念中学之际,在四川崇庆故乡,曾与县城里的首席土豪施德全紧邻而居……想不到多年后,我在采访国大新闻时,竟在一处审查会上碰到了代表青年党出席的施先生……事后我得到家信,说是这位施先生回家之后,还一个劲在县城里为我吹嘘……这位施先生……他出身一个地主家庭,初中毕业后先在家里闲居,继在刘湘部下担任采买处长,赚了些钱,便回老家做起绅乡。青年党这时在四川极为活跃,到处吸收党员,施在地方既饶有家财,复颇具势力,乃为该党吸收,先后出任县清共委员兼捕缉科长,进而升充名列士绅之首的团防局长兼征收主任,在县内擅设关卡,滥收商税路捐。记得我们两家比邻而居之际,便常见他穿着中山装、大摇大摆、神气活现纵横市上,背后总是跟着两三个腰悬盒子炮的保镖,路人为策安全,无不退避三舍。

及政府决定召开制宪国大,邀请中央及各路民主党派补提国大代表,这位在地方上有财有势的施先生在报效、争取之余,更被青年党遴选为新科国代,穿着一身宽宽大大英国毛料裁制的西装进京参与庙堂议事盛会。那天,居然还拿着党部交给他的发言要点,当场战战兢兢照念如仪。

他本来是个彻头彻尾土里土气的土豪劣绅,自从捐班弄了个制宪国代,再打从京城里镀银归来,据说完全变了一个人,往日的长袍马褂早已封存箱底不说,即使是当团防局长时穿着的中山装也被弃置一旁,成天招摇过市之际,穿上的全是上海师傅裁制的时兴合身西装。不过穿着西装并不表示他变得"文明",在县里,他越发的恣意横行,枪杀政敌固然无人敢

置一词,县中招生让他女婿落榜,也居然强迫校长举行复试,
破格录取。大约是在县境里做土皇帝,自我膨胀得弄昏了脑
袋,以为自己掌握一群持枪执械的民团,便足以宰割一方。

一九四八年共军入川,他未能权衡轻重,竟与我县另一世
袭豪绅黄鳌(润泉)、黄润琴兄弟组反共救国军,负隅顽抗。可
是连胡宗南的五十万大军都不中用,他们那批乌合之众又能
起什么的作用? 结果兵败逃亡之后,终于两年后在外地被捕,
再押回老家与黄家兄弟一同在公审之后当场枪决。①

从这位施德全的经历,可以窥见国民党政权的性质,特别是其所宣
扬的"民权"之实际内容,以及它为何无力(或曰"无意愿")解决土
地分配问题。

蒋介石本人的言行,同样可以证明这一点。1946 年国民政府
颁布《收复区土地处理暂行办法》,规定所谓"收复区"内的土地,如
果被"奸匪组织非法处分之"(土改),则一律视为无效,私人产业一
律发回原主。这意味着经过中国共产党领导的土改而获得土地的
农民,他们的土地将被地主重新收回。此外,解放战争中流亡至别
处的地主,以"还乡团"的名义跟着国民党军队返回原籍,向得到土
地的农民追回土地。国民党方面甚至派军队保护这些地主进行索
取。这表明国民党政权与这些地主豪绅合作,代表他们的利益与

---

① 龚选舞:《一九四九国府垮台前夕:龚选舞回忆录》,台北:卫城出版社,2011 年,第
307—309 页。

诉求。① 更有甚者,蒋介石还对自己不能彻底解决土地问题制造出一套说辞。在他看来:

> 譬如"分田",要使耕者有其田。这本是本党的理想,如果照本党的土地政策去做,由政府贷款予佃农,使之向地主分期还本,若干年后,佃农即可领得耕地,而成为自耕农。这个办法,地主与佃农双方都可以接受,本是很好的办法,而共匪偏不采取这个步骤,一定要"揠苗助长",用强迫的办法,不仅强迫没收地主的土地,而且强迫佃农接受土地。对于一个有志气而自食其力的农人,这种不劳而获的收入,无异是一种侮辱!②

在这里,蒋介石所谓的"好办法",南京国民政府成立以来从未得以有效实施,因此很难让人看到它"好"在哪里。而他竟将被剥削的佃农因土改而获取土地称为对其的"一种侮辱",甚至鼓吹"有志气"的佃农不应如此"不劳而获"。对于长期处于贫困与饥饿状态的广大农民来说,这番话堪称典型的胡言乱语。能说出这样的话,国民党政权在大陆败亡,也就不足为怪了。

---

① 汪朝光:《中国近代通史·中国命运的决战(1945—1949)》,南京:江苏人民出版社,2006年,第327页。
② 蒋介石:《剿匪军事之新阶段与新认识》,载秦孝仪主编:《"总统"蒋公思想言论总集》第22卷,第289页。

四　国共之间的本质区别

以上就是从国民党方面人士的各种言说当中,呈现南京国民政府的一些基本的政治症结。而在今天,一些带有"醉翁之意不在酒"色彩的史论强调,与中国共产党一样,国民党也深受苏联影响,将后者的组织模式借用过来,因此在表面上看起来与中共无甚差别。但这样的观点或许忽视了,中国共产党一直强调群众路线,让党员干部与群众相结合,为广大穷人谋幸福。在解放战争时期,前文提到的龚选舞回忆他的一位苏北同学对国共两党对待人民的不同态度的描述:

> 其实,共军最厉害的并不是正规作战,而在其能全力组训民众为其所用。不幸,在苏北,大地主较多,而一些不肖地主对付佃农的手段又失之过分严酷。更不幸的是国军、共军在对待民众上的做法也大不相同。国军下乡打仗,只求作战方便,而不顾民生疾苦,大军一临前线,便拉夫征粮,下门拆屋,无所不为,有时为扫清视界,不惜烧掉城堡外整街整巷。反之,共军进村入居,讲求的却是不入民居,有借必还,而且客客气气一路老大爷老大娘地殷勤喊叫。结果,民众事实上变成了共军的业余谍报员,而国军却在脱离民众之余,变成了战场上的睁眼瞎子。①

---

① 龚选舞:《一九四九国府垮台前夕:龚选舞回忆录》,第293—294页。

　　龚选舞及其同学或许不明白的是,中国共产党人之所以对老百姓如此客气,并非做做收买人心的表面文章,而是与它的政策、路线、宗旨、理想息息相关。作为中国共产党的主要领导人,毛泽东在当时强调:"我们共产党人,无论在什么问题上,一定要能够同群众相结合。"他号召广大党员"应该走到群众中间去,向群众学习,把他们的经验综合起来,成为更好的有条理的道理和办法,然后再告诉群众,并号召群众实行起来,解决群众的问题,使群众得到解放和幸福"。他警告,一旦忘记了这些,就有可能"沾染了国民党的作风,沾染了官僚主义的灰尘"。可见,毛泽东非常在意中国共产党是否能避免在国民党身上体现出了的各种毛病。在他那里,"国民党式"的政治是一个负面的符号,他指出:"如果我们共产党员也是这样,那末,这种党员的作风就是国民党的作风,这种党员的脸上就堆上了一层官僚主义的灰尘,就得用一盆热水好好洗干净。"①

　　新中国成立之后,毛泽东依然十分警惕这种"国民党式"的政治作风在党内出现。1958 年 5 月毛泽东在中共八大二次会议中强调领导干部要以"普通劳动者"的姿态出现。他说:

　　　　我们有些干部是老子天下第一,看不起人,靠资格吃饭,做了官,特别是做了大官,就不愿意以普通劳动者的姿态出现。这是一种很恶劣的现象。靠做大官吃饭,靠资格吃饭,妨

---

① 毛泽东:《组织起来》,载《毛泽东选集》第 3 卷,北京:人民出版社,1991 年,第 933 页。

碍了创造性的发挥。因此，要破除官气，要扫除官气，要在干部当中扫除这种官气。谁有真理就服从谁。如果你的官很大，可是真理不在你手里，也不能服从你。①

而据参加此次会议的时任山西省委第一书记的陶鲁笳回忆，毛泽东会上就指出，"官气是从哪里来的？是从清朝、国民党那里来的"。他还说："共产党员如果官气十足，那就是国民党作风。"②

此外，陶鲁笳回忆，1963 年毛泽东在杭州会议上指出，"干部参加劳动不但没有耽误工作，而且各项工作都搞得更好了"。他强调："干部不参加劳动就可能变成国民党。"同一时间，在批阅一份浙江省关于干部参加劳动的文件时，毛泽东希望通过社会主义教育，"使我们的干部成为既懂政治、又懂业务、又红又专、不是浮在上面、做官当老爷、脱离群众，而是同群众打成一片、受群众拥护的真正好干部"。③总之，毛泽东十分警惕出现新的特权集团，警惕官僚主义在党内蔓延，强调共产党员不要忘记共产党与国民党的基本区别在哪里。

最后，回到民国时期的历史。在全面抗战爆发之初，不少国民党内部的官员就已经感到大概只有中国共产党才能挽救国难。曾担任南京国民政府行政院参事的陈克文 1937 年 12 月在日记中写道：

---

① 毛泽东：《干部要以普通劳动者的姿态出现》，载《毛泽东文集》第 7 卷，北京：人民出版社，1999 年，第 378 页。
② 陶鲁笳：《毛主席教我们当省委书记》，北京：中央文献出版社，1996 年，第 11 页。
③ 陶鲁笳：《毛主席教我们当省委书记》，第 39 页。

战败后，许多人的自信心似乎渐次消失。张伯勉到四明银行接洽公务，便说政府改组，最好请毛泽东做行政院长，朱德做军政部长，他们的办法要多些。彦远、介松在旁边，也附和此说。这分明是自信心已经动摇了。战败不足怕，自信心动摇了，才是真正可怕。①

今天值得思考的是，为什么就连国民党的官僚都承认中国共产党的优秀，相信它能够带领中国摆脱近代以来的危机。这个问题的答案当然有很多，但从毛泽东反复强调的共产党与国民党的基本区别，以及如何防止官僚主义与特权思想在党内滋生的话语里，或许能找到一些主要原因。而在今天，如何继承这些对党的建设的思考，以便于更好地实现国家治理现代化，其重要性恐怕也不需多言了。

---

① 陈方正编辑、校订：《陈克文日记》上册，北京：社会科学文献出版社，2014年，第147页。

第九讲 "学术中国化运动"的历史意义

　　中国共产党自成立以来就十分重视文化与理论的宣传工作,意识形态工作在党内有着十分重要的位置。从五四运动到国民革命,中国的马克思主义者中涌现出不少优秀的理论家与宣传家。他们对马克思主义在中国的传播与普及;向广大民众分析中国政治、社会、经济的基本矛盾,揭露帝国主义国家对中国进行的政治与经济侵略;通过文学与艺术的形式揭露当时社会上的各种问题,唤醒大众的斗争觉悟等方面,做出了许多贡献。

　　大革命失败后,面对革命的低潮期,一些马克思主义者借由探讨中国社会的性质,分析当时社会的主要矛盾,思考未来革命的策略与路线。在这场论战中,不同政治立场的学者对中国古今社会性质与历史分期有不同结论,这背后体现着时人对革命道路的不同理解。中共中央宣传部领导的"新思潮派"与国民党的"新生命派"、代表托派立场的"动力派"之间展开激烈论战。虽然按照今天的标准,当时许多论著在理论运用与史料考订上显得较为粗疏简陋,甚至有生搬硬套中国古代典籍的只言片语来比附马列主义之弊,犯了典型的教条主义的错误。但这场论战在中国马克思主义史学发展史上的意义在于,参与其中者尝试运用历史唯物主义基本原理勾勒中国历史发展的一些基本面貌,形成了一套不同于先前史学风气的历史叙事,特别是强调社会经济在历史变迁中的重要性,很大程度上普及了马克思主义的基本概念,有助于辨析革命的道路问题,改变了不少年轻一代知识分子思考历史的方式,奠定了马克思主义史学的群众基础。

　　1930 年,由鲁迅、沈端先(夏衍)、冯乃超、田汉、潘汉年、阳翰笙、冯雪峰、郁达夫等 50 余人发起的中国左翼作家联盟(简称左联)在上海成立,鲁迅、钱杏邨、沈端先(夏衍)组成主席团。新文化运动以来,随着马克思主义思想与现实主义批判思潮在中国的传播,左翼文学日渐在文学领域占据主导地位。特别是在大革命前后,不少作家在小说中描写知识青年面对革命的激情、向往、参与和彷徨,勾勒出当时中国的社会矛盾,引起许多知识青年的共鸣。但由于从事左翼文学创作的多为年轻作家,在政治成熟方面还有待提高。以"创造社"为主的一批青年知识分子遂将批判的矛头指向了在文坛地位极高的鲁迅,并引起后者十分犀利的回应。在周恩来、潘汉年等中国共产党领导人的协调下,鲁迅与青年作家之间的纷争平息下来,这为左联的成立奠定了基础。左联成立后,鲁迅提携了像萧红、萧军、胡风等一批青年作家与文艺评论家,对左翼文学的进一步扩大影响贡献良多。当然,随着革命形势越发艰巨,人事纷争日趋复杂,左联内部也出现了各种各样的矛盾。但总体而言,左联的成立,使中国的新文学,特别是小说的面貌焕然一新。

左翼文学的支配地位日渐牢固,吸引了大量对政治、社会问题感到不满,对生活感到迷茫的青年学子,引导他们走向革命的道路。国民党策划的所谓民族主义文学、林语堂等人提倡的小品文越来越难以吸引到更多的读者。

　　1930 年代初期,虽然国民党政权拼命围剿左翼文化,并且以王明为典型代表的党内"左"倾教条主义思想严重,致使革命事业遭受不小的损失,但亲历了那段日子的胡绳回忆:"那时上海、左翼文化工作的另一个显著进步,是逐步摆脱了教条主义和党八股的束缚,能够从实际出发,从广大读者的需要和接受能力出发,进行富有说服力的宣传。这里特别要提到一些传播马克思主义理论的刊物。如 1934 年创刊,柳湜、艾思奇主编的《读书生活》,徐步、沙千里主编的《生活知识》(被查禁后改名《新知识》《新学识》,它一直出版到 1938 年在武汉的时候),还有较早一点创刊,由薛暮桥等编的《中国农村》,胡愈之、钱亦石、金仲华等编的《世界知识》等等。这些刊物通过解答群众关心的问题(大至世界形势和国家民族的出路问题,小至个人遭遇问题),向大众传播马克思主义思想。他们的文章都注重实实在在地摆事实讲道理,而不采用那种盛气凌人、空喊革命口号、空洞说教的做法。因此受他们影响的,就不仅限于已有革命要求的读者,而是大大地扩充到许多处于中间思想状态的读者群了。当时从事这项宣传工作的同志们还没有明确地反对教条主义和党八股的认识,也并不能系统地反对教条主义,但他们从长期的斗争经验中,对这种不良的学风文风已经感到厌恶,已经在自己的工作中注意努力克服,这是并不奇怪的。可以说,30年代中期上海左翼文化工作者在理论宣传中克服教条主义和党八股的觉悟和取得的成就,为后来延安整风反对教条主义和党八股提供了最初的历史见证。"①

正是在此背景下,中国的马克思主义理论日渐成熟。在学术研究与大众舆论宣传领域,这一特征的主要体现就是"学术中国化运动"的展开。对今天而言,重温这段历史,十分有助于深入思考理论研究与舆论宣传工作中的一些基本要点。

一 从新启蒙运动说起

1935年,红军长征到达陕北。面对国内外新的形势,特别是日本帝国主义加紧了对中国的侵略,1935年12月,中共中央召开瓦窑堡会议,分析当前的主要矛盾与中国社会各阶级之间关系的变化,提出党的基本策略和任务是建立广泛的抗日民族统一战线。这标志着中国共产党克服了"左"倾关门主义,制定了抗日民族统一战线,在新的历史阶段将至之际掌握了政治上的主动权。

此后,在建立抗日民族统一战线方针之下,时任中共中央北方局书记的刘少奇在1936年4月提出:"党的策略任务,就是要用极广泛的民族统一战线,去团聚各阶阶层、派别及一切抗日反卖国贼的分子和力量,开展神圣的民族革命战争,去战胜日本帝国主义及其在中国的走狗。广泛的民族革命统一战线,成为我党领导中国

---

① 胡绳:《三十年代中期上海左翼文化工作》,载《胡绳全书》第7卷,北京:人民出版社,2003年,第120—121页。

革命走向胜利之路的中心问题和主要关键。"①在此背景下,作为统一战线重要组成部分的文化战线,中国共产党人提出了在知识界、文化界开展一场"新启蒙运动"的号召。时任北方局宣传部部长的陈伯达1936年9月在《新哲学者的自己批判和关于新启蒙运动的建议》一文里指出:"当着目前民族大破灭危机的前面,哲学上的争斗,应该和一般的人民斗争结合起来,我们应该组织哲学上的救亡民主的大联合,应该发动一个大规模的新启蒙运动。新哲学者一方面要努力不倦地根据自己独立的根本立场,站在中国思想界的前头,进行各方面之思想的争斗,从事于中国现实之唯物辩证法的阐释;另一方面则应该打破关门主义的门户,在抗敌反礼教反独断反迷信的争斗中,以自己正确的理论为中心,而与哲学上的一切忠心祖国的分子,一切民主主义者,自由主义者,一切理性主义者,一切唯物主义者的自然科学家,进行大联合。"②而关于"新启蒙运动"的内容,他认为:"就是继续并扩大戊戌辛亥和五四的启蒙运动,反对异民族的奴役,反对礼教,反对独断,反对盲从,破除迷信,唤起广大人民之抗敌和民主的觉醒。"③在另一篇文章中,陈伯达进一步阐明这些观点。他将"新启蒙运动"与现代中国之前的思想运动联系起来,强调:"我们的新启蒙运动,是当前文化上的救亡运动,也即是继续戊戌以来启蒙运动的事业。我们的新启蒙运动是

---

① 刘少奇:《肃清关门主义与冒险主义》,载《刘少奇选集》上卷,北京:人民出版社,1981年,第23—24页。
② 陈伯达:《新哲学者的自己批判和关于新启蒙运动的建议》,载《真理的追求》,上海:新知书店,1937年,第3页。
③ 陈伯达:《新哲学者的自己批判和关于新启蒙运动的建议》,载《真理的追求》,第6页。

五四以来更广阔而又更深入的第二次新文化运动。五四时代的口号,如'打倒孔家店','德赛二先生'的口号,仍为我们的新启蒙运动所接受,而同时需要以新酒装进旧瓶,特别是要多面地具体地和目前的一般救亡运动相联结。"①关于这一"联结"的基础,"新启蒙运动结合的范围,仍是广泛的。对于动的逻辑之承认与否,绝不是这种结合的标志。新启蒙运动结合的标志,乃是保卫祖国,开发民智。我们的救亡阵线,包括着各种复杂的社会层。这些复杂的社会层各有各不同的利益,而且各有各不同的动机,来参加这一救亡运动。所以,新启蒙运动必要尽量把握每一部分人之积极的一面"。②

可见,"新启蒙运动"的主要目标就是在抗日民族统一战线的旗帜下,改变过去"左"倾关门主义的弊病,团结大多数有爱国主义情操、不满民族危机一步步加剧的知识分子,以救亡图存与继承发扬晚清以来的进步思潮为职志,形成新的、符合社会现实与时代主要矛盾的论述。但在这一过程中,中国的马克思主义者必须有主动性,必须掌握运动的领导权。正如刘少奇所说,"无产阶级在目前革命阶段中,应以中国革命唯一领导者的资格,率领农民和小资产阶级,克服资产阶级的动摇与叛变,将民主革命进行到底,并使革命转变到社会主义阶段去。所以无产阶级在目前阶段中,不应充当资产阶级的帮手,而要建立自己的独立领导"。③ 因此,既然"新启蒙运动"是为了进一步推进抗日民族统一战线,那么在论述

① 陈伯达:《论新启蒙运动》,载《真理的追求》,第13页。
② 陈伯达:《论新启蒙运动》,载《真理的追求》,第14页。
③ 刘少奇:《领导权问题是民族统一战线的中心问题》,载《刘少奇选集》上卷,第49页。

上就必须抓住因日本帝国主义者侵略中国而造成的民族矛盾成为当时中国社会主要矛盾这一点,着眼于阐发有助于弘扬民族精神、增强民族自信、团结不同学术观点的爱国人士、将爱国主义思想普及于中国大多数民众之中的思想要素,尤其是重新思考如何对待中国的民族文化(包括大众的与精英的),改变过去简单将其以封建的、落后的糟粕视之。对此,艾思奇在1936年撰文指出:"这一运动(新启蒙运动)是怎样的东西呢? 这是以爱国主义为直接的主要内容的文化运动。这一个运动的发生,是由于民族敌人的猛烈的新的进攻的刺激,是由于亡国的危机的迫切,是由于民族敌人不但要灭我们的国家,而且正在用种种方法想毁灭我们的文化,使我们在文化上也要成为他们的奴隶,敌人要叫我们修改教科书,要叫我们消灭一切爱国的文化运动,敌人仇视我们的一切有关国防的物质科学的设备。敌人所要毁灭的不单只是新的文化,而且也仇视我们旧文化里的有价值的要素,他们设法阻止民间的爱国连环画的流行,旧戏中有爱国意义的《风波亭》《走麦城》之类,他们也要设法不能上演。"在此情形下,"敌人要并吞的是整个中国,即使是封建残余,倘若是想走活路的话,也只有走上爱国主义的一途。所以,现在是要集中一切有爱国意义的文化成果,不管是旧的也好,新的也好,一致地去发挥对付外敌的作用,而不单是在自己内部做反封建的工作了"。①

在此基础上,虽然"新启蒙运动"要继承包括五四运动在内的一切现代中国进步的文化运动之成绩,但也必须在新的历史条件

---

① 艾思奇:《中国目前的文化运动》,载《论中国特殊性及其他》,北京:生活·读书·新知三联书店,2014年,第23—25页。

下改变一些五四运动时期的文化主张。艾思奇认为:"封建毒素在目前仍是最容易被敌人利用的东西,对于封建残遗的毒素,我们仍同样要抱着最大的警戒。但我们不需要'五四'以前那样单纯的反封建。就是封建文化的遗产或封建文化的代表者,倘若他们发挥出一定的美点,或者在爱国运动上有一点一滴的助力时,我们都可以接受它。我们还需要封建文化中有用的精粹,但我们也要毫无顾忌地排斥有毒素的渣滓。"①

关于这一点,作为五四运动亲历者的张申府有着更深入的思考。他认为"新启蒙运动"需要在继承五四运动的基础上,做出一些新的内容与特色。他指出:"如果说'五四运动'引起一个新文化运动,则这个新启蒙运动应该是一个真正的新文化运动。所要造的文化不应该只是毁弃中国传统文化,而接受外来西洋文化;当然更不应该是固守中国文化,而拒斥西洋文化;乃应该是各种现有的文化的一种辩证的或有机的综合。一种真正新的文化的产生,照例是由两种不同文化的综合。一种异文化(或曰文明)的移植,不合本地的土壤,是不会生长的,新思想新知识的普及固然是启蒙运动的一个要点,但为适应今日的需要,这个新启蒙运动的文化运动却应该不只是大众的,还应该带些民族性。处在今日的世界,一种一国的文化运动,似乎也只有如此,才能有力量。"②因此,张申府归纳了"新启蒙运动"的两个主要目标,一是"思想的自由与自发";二

---

① 艾思奇:《中国目前的文化运动》,载《论中国特殊性及其他》,第 25—26 页。
② 张申府:《"五四"纪念与新启蒙运动》,载《什么是新启蒙运动》,北京:生活·读书·新知三联书店,2014 年,第 17—18 页。

是"民族的自觉与自信"。① 在他看来,除了"打倒孔家店",还要"救出孔夫子";除了"科学与民主",还有"第一要自主"。②

不可否认,五四运动中对中国传统的激烈抨击,主要目的也是因为在那时的人们看来,"落后的""愚昧的"传统是鸦片战争以来中国屡遭列强侵略的祸首,为了改变这一惨状,所以需要深刻的"反省"。但在张申府看来,如果不去仔细分疏传统当中哪些是有助于弘扬民族精神与爱国主义的,哪些是真正需要批判检讨的,那么将无助于树立民族自信。因为民族自信很大程度上是对中国的历史与文化抱有基本自信,即相信它具有深厚的生命力,相信它赋予中国人优秀的品质,相信它能够在新的历史条件下"其命维新"。否则,因为对自己历史与文化的极端否定而产生的文化虚无主义与民族虚无主义就会蔓延开来,让人们意识不到为什么要爱国,意识不到民族自信为何物,甚至不能从中国的现实出发思考问题,难以用人民群众喜闻乐见的形式让新思想真正在中国大地上扎根。他通过回忆自己在五四期间的见闻指出:

> "五四运动"最直接的对象本是反对帝国主义的侵略压迫。然而对于帝国主义的侵略压迫是壮烈表示不愿接受了,对于帝国主义国家的东西的迷信却是只有增加,并没减少。知道要开明,知道要开放,知道反对自己的旧观念、旧思想、旧礼教,这是好的。然而却因此,把不必真与旧观念旧思想旧礼

---

① 张申府:《"五四"纪念与新启蒙运动》,载《什么是新启蒙运动》,第 7 页。
② 张申府:《"五四"纪念与新启蒙运动》,载《什么是新启蒙运动》,第 6 页。

教有不可解的关联的也反对起来。中国的旧礼教当然产生于中国,但因此就对自己的民族国家也不相信了。旧礼教好像煞与孔子有关,于是要打倒孔家店便将孔子先打倒。这真像拖盆倒水,把孩子也倒出去了!外国什么都是好的。中国什么都要不得。因此弄得自信心完全断丧,自觉更谈不到。不管自己的历史,不管自己的传统,弄得自己全无基础;自己既不成一个民族,建不起自己的国家,仅仅跟着人家跑;这还谈什么文化? 谈什么思想?①

在这个意义上"新启蒙运动"中的"启蒙",既包含了 18 世纪启蒙运动以来对"启蒙"的定义,即通过自己的独立思考,解除思想中的各种束缚,摆脱某种蒙昧与落后的状态,又包括了在民族危机不断加剧之际中国社会对"启蒙"的新需求,即从过去那种对域外文化与学说的不切实际的"想象"中"启蒙",树立基本的民族自信,立足于中国自身来认识民族文化与域外文化,建立符合中国实际的文化自觉与文化主体性。

既然"新启蒙运动"是位于晚清以来的各种进步运动的延长线上,那么为了让这场运动的历史作用与历史地位更加明确,就需要形成一个充实的历史叙事,让人们能从历史发展脉络中认识到它的意义。在全面抗战爆发之初的 1937 年底,何干之出版《近代中国启蒙运动史》一书,从思想史的角度分析了"新启蒙运动"的历史意义。他从"启蒙"的角度出发,叙述从洋务运动以来,直至中国社

---

① 张申府:《"五四"的回忆》,载《什么是新启蒙运动》,第 23 页。

会史与中国社会性质论战时期的各种新思想与新学术,辨析其观点,扬榷其得失。而对"新启蒙运动",他认为:"从前的文化运动是由反封建思想作起点,今日的文化运动,却是以反异族的奴役作起点。"①在具体内容上,"新启蒙运动是文化思想上的爱国主义运动,自由主义运动,理性运动"。②

关于爱国主义运动,何干之强调:"全民族今日所普遍感受到的是生与死的威胁。在生与死的最后交界线中,我们要考虑民族的自觉。我们倘若不万众一心,团结御侮,抵抗强权,唯有全体灭亡。我们只有走上爱国主义的一途,此外没有第二条路可走了。"③对此,他特别批评了当时的一批充斥着"左"倾教条主义,一心念想着"国家消亡"的"性急青年"。这些人"自命为一个纯正的国际主义者。不过他们的头脑实在太天真了,他们的理论实在太单纯了,他们见了人们提到爱国主义,民族主义,仿佛就以为是什么铁铸成的大错,是什么弥天的罪恶了"。④何干之指出,作为半殖民地半封建社会的中国,现阶段提倡的反抗侵略的爱国主义与民族主义,就是在用另一种形式践行国际主义,因为国际主义的大敌是那些侵略者。他强调:"生在半殖民地国家而那国家又刚在生与死的歧途上,那国家的人们越要爱国,爱国的情绪越高涨,他们就越要反帝,反帝的行动越炽烈。我可以说,他们是爱国主义者,同时又是国际主义者。参加爱国运动就是实现国际主义的阶梯。这两种人格,

---

① 何干之:《近代中国启蒙运动史》,北京:生活·读书·新知三联书店,2012 年,第 209 页。
② 何干之:《近代中国启蒙运动史》,第 210—211 页。
③ 何干之:《近代中国启蒙运动史》,第 234 页。
④ 何干之:《近代中国启蒙运动史》,第 236 页。

在我们中国人中是不可分的。"①

关于"自由主义",虽然"新启蒙运动"意在团结所有赞同抗日民族统一战线的知识分子,但并不代表何干之所说的自由主义与胡适等人提倡的反对革命、反对农民运动、否认帝国主义的亲西方的自由主义一致。何干之指出:"我上文说过的新启蒙运动的终极目的是反对异民族的侵略,争取祖国的独立自由。在这最高的目标之下,与它不两立的思想当然不能让它自由存在,自由发展。这里就划出了思想自由的界限,就是凡是文化思想在终极的效果上有利于民族,能够提高民族力量,对于抗敌救亡有一点一滴的贡献的,都应当许可它自由存在,自由发展。"②

关于"理性主义",何干之主要强调要继承五四运动的成果,对各种迷信的、武断的、落后的文化要素展开批判。虽然"新启蒙运动"倡导弘扬民族文化,但并不代表它对民族文化的任何内容都持正面态度。"理性主义"就是一个价值尺度,把那些具有负面效应的文化要素和那些值得弘扬的民族文化内容区别开来,同时改造带有愚昧和迷信色彩的民间文化,让新思想在广大民众的普及符合民间传统表现形式。以此保证这种对民族文化的弘扬与中国革命的方针、策略和目标是大体一致的、是相互补充的。这也是"新启蒙运动"和当时社会上流行的复古思潮与读经思潮之间的本质区别。

总之,何干之希望通过"新启蒙运动",能够创造现代中国的新

---

① 何干之:《近代中国启蒙运动史》,第238页。
② 何干之:《近代中国启蒙运动史》,第240—241页。

文化。他认为,对知识分子而言,"现在是我们重新估量中国文化,估量西洋文化,深入研究,深入批评的时代了。中国社会运动史上的许多现象,是过去或今日的欧美社会所没有的。对于社会运动性质,对于统一救亡运动,对于思想史,对于历史的研究,不只要应用新方法论才能洞察它的秘密,并且可能更加丰富更加光大方法论的内容。中国历史的重见天日,可以充实历史体系,中国经济理论的完成,可以补足广义经济学的某个空格。凡此种种都是创造现代中国新文化的最可宝贵的要素"。① 总之,通过"新启蒙运动",中国共产党将自己的革命主张与革命路线与中国实际、中国的民族救亡运动更为紧密地结合在一起。同时也让更多社会各阶层中具有相互爱国主义情感的人士认同、支持中国革命,使党的理论宣传工作更"接地气"。

二 "学术中国化运动"的展开

胡绳曾说,抗战期间,"党在这个时候真正成熟了。党有了经验,总结了这些经验,是党真正成熟起来的一个时期"。② 正如其言,"新启蒙运动"的开展,标志着中国共产党能够更为成熟地思考中国的文化问题,能够摆脱盲目照抄苏联经验的教条主义的束缚,从中国的实际出发,分析时代的主要矛盾,提出符合时代要求、能引起大多数具有爱国主义情怀的人们共鸣的文化主张。这其实和

---

① 何干之:《近代中国启蒙运动史》,第258—259页。
② 金冲及:《一本书的历史:胡乔木、胡绳谈〈中国共产党的七十年〉》,北京:中央文献出版社,2014年,第91页。

在遵义会议以来确立了在党中央和红军当中领导地位的毛泽东本人的思考息息相关。在撰于 1936 年的《中国革命战争的战略问题》中,毛泽东指出:"从地域的条件看,各个国家各个民族特别是大国家大民族均有其特点,因而战争规律也各其有特点,同样不能呆板地应用。我们研究在各个不同历史阶段、各个不同性质、不同地域和民族的战争的指导规律,应该着眼其特点和着眼其发展,反对战争问题上的机械论。"①这里虽然说的是战争问题,但在文化问题上,其实道理是一样的,就是要从本国的历史与现实出发,重视民族的、本土的因素,将马克思主义与中国的实际相结合。

关于这一点,1938 年召开的中国共产党六届六中全会上,毛泽东在会上的政治报告中提出:

> 学习我们的历史遗产,用马克思主义的方法给以批判的总结,是我们学习的另一任务。我们这个民族有数千年的历史,有它的特点,有它的许多珍贵品。对于这些,我们还是小学生。今天的中国是历史的中国的一个发展;我们是马克思主义的历史主义者,我们不应当割断历史。从孔夫子到孙中山,我们应当给以总结,承继这一份珍贵的遗产。这对于指导当前的伟大的运动,是有重要的帮助的。共产党员是国际主义的马克思主义者,但是马克思主义必须和我国的具体特点相结合并通过一定的民族形式才能实现。马克思列宁主义的伟大力量,就在于它是和各个国家具体的革命实践相联系的。

---

① 毛泽东:《中国革命战争的战略问题》,载《毛泽东选集》第 1 卷,北京:人民出版社,1991 年,第 173 页。

对于中国共产党说来,就是要学会把马克思列宁主义的理论
应用于中国的具体的环境。成为伟大中华民族的一部分而和
这个民族血肉相联的共产党员,离开中国特点来谈马克思主
义,只是抽象的空洞的马克思主义。因此,使马克思主义在中
国具体化,使之在其每一表现中带着必须有的中国的特性,即
是说,按照中国的特点去应用它,成为全党亟待了解并亟须解
决的问题。洋八股必须废止,空洞抽象的调头必须少唱,教条
主义必须休息,而代之以新鲜活泼的、为中国老百姓所喜闻乐
见的中国作风和中国气派。把国际主义的内容和民族形式分
离起来,是一点也不懂国际主义的人们的做法,我们则要把二
者紧密地结合起来。在这个问题上,我们队伍中存在着的一
些严重的错误,是应该认真地克服的。[①]

在这里,毛泽东指出的"民族形式""在中国具体化""中国的特性"
等概念,以及强调的"不能割裂历史",继承从孔夫子到孙中山的历
史遗产,指明了今后中国马克思主义理论研究与舆论宣传的重点,
把中国革命和中国历史结合了起来,奠定了马克思主义中国化的
基本方针。这不但有助于从马克思主义的基本原理与立场出发,
分析中国的历史与文化,形成具有鲜明特征的学术主张,还有助于
团结更多的具有爱国主义思想、追求进步的知识分子,更有助于利
用一切民族的、大众的、通俗的形式,向广大人民群众,特别是农民
和工人宣传马克思主义和党的基本政策,唤起他们为了自己的翻

---

① 毛泽东:《中国共产党在民族战争中的地位》,载《毛泽东选集》第2卷,第533—
534页。

身解放而斗争。

关于继承历史遗产，研究民族文化，毛泽东身体力行。1939 年
11 月初，周扬把自己写的《对旧形式的利用在文学上的一个看法》
一文送给毛泽东看，毛泽东把原稿中的"老中国"改为"自己的中
国""自己民族自己国家"。① 同年 12 月，他和陈云等党政军主要
负责干部出席中国古代哲学研究会第一次会议。这个研究会的主
要学习内容是孔子、庄子、荀子、墨子等人的哲学思想。② 1940 年，
在《新民主主义论》中，毛泽东指出：

> 所谓"全盘西化"的主张，乃是一种错误的观点。形式主
> 义地吸收外国的东西，在中国过去是吃过大亏的。中国共产
> 主义者对于马克思主义在中国的应用也是这样，必须将马克
> 思主义的普遍真理和中国革命的具体实践完全地恰当地统一
> 起来，就是说，和民族的特点相结合，经过一定的民族形式，才
> 有用处，决不能主观地公式地应用它。公式的马克思主义者，
> 只是对于马克思主义和中国革命开玩笑，在中国革命队伍中
> 是没有他们的位置的。中国文化应有自己的形式，这就是民
> 族形式。民族的形式，新民主主义的内容——这就是我们今
> 天的新文化。③

---

① 陈晋：《毛泽东阅读史》，北京：生活·读书·新知三联书店，2014 年，第 99 页。
② 中共中央文献研究室编：《陈云年谱（修订本）》上卷，北京：人民出版社，2015 年，
  第 271 页。
③ 毛泽东：《新民主主义论》，载《毛泽东选集》第 2 卷，第 707 页。

而关于如何对待中国的传统,毛泽东强调:

> 中国的长期封建社会中,创造了灿烂的古代文化。清理古代文化的发展过程,剔除其封建性的糟粕,吸收其民主性的精华,是发展民族新文化提高民族自信心的必要条件;但是决不能无批判地兼收并蓄。必须将古代封建统治阶级的一切腐朽的东西和古代优秀的人民文化即多少带有民主性和革命性的东西区别开来。中国现时的新政治新经济是从古代的旧政治旧经济发展而来的,中国现时的新文化也是从古代的旧文化发展而来,因此,我们必须尊重自己的历史,决不能割断历史。但是这种尊重,是给历史以一定的科学的地位,是尊重历史的辩证法的发展,而不是颂古非今,不是赞扬任何封建的毒素。①

毛泽东的这两篇文章,为"学术中国化"的提出奠定了基础。②这一话题引起了左翼知识界的热烈讨论。对于六届六中全会上的报告中的"学习"部分,张申府表示:"我们认为这一段话的意思完全是对的。不但是对的,而且值得欢喜赞叹。"③他引申这一部分的意思,指出:"改革中国总要就中国找办法,虽然一般大法不妨资借

---

① 毛泽东:《新民主主义论》,载《毛泽东选集》第 2 卷,第 707—708 页。
② 1939 年 6 月毛泽东在延安高级干部会议上做报告,提出"六中全会以后中央发起的全党干部学习运动,对提高全党干部的理论文化水平,有头等重要的意义"。参见毛泽东《反投降提纲》,载《毛泽东文集》第 2 卷,北京:人民出版社,1999 年,第 224 页。"学术中国化"正是在这场学习运动中展开的。
③ 张申府:《论中国化》,载《什么是新启蒙运动》,第 143—144 页。

他人,借镜他国。因此,许多外来的东西,我们认为,用在中国就应该中国化。而且如其发生效力,也必然地会中国化。"①此外,张申府认为新启蒙运动与毛泽东的主张具有一致性。"新启蒙运动很可以说就是民族主义的科学民主的思想文化运动。对于自己的东西是要扬弃的。所谓扬弃的意思,乃有的部分要扬弃,有的部分则要保存而发扬之,提高到一个更高的阶段。"②最后,在他看来,"要通俗化,大众化,当然必须先中国化,本国化,本土化。同时,反对奴化不但反对作自己古人的奴隶,传统权威的奴隶,实在更要反对作外来的东西的奴隶"。③ 正如其论,对当时的中国革命而言,能否摆脱照抄别国经验的教条主义,能否不迷信外国权威,对革命的成功十分关键。

此外,潘菽在《学术中国化问题的发端》一文里认为,为了让学术符合中国现实的需要,为了使学术容易被人了解而非成为超然于社会之外的东西,必须进行"学术中国化"。在阐述"学术中国化"的目标时,他认为:"我们需要新学术以建设新中国,而同时也需要替新中国建立新学术。但这种学术的来源一方面必是从吸收世界学术而来,另一方面必是从提高旧有学术而来,这两种来源必须融合在一起而不复遗有痕迹,然后中国的新学术可以说是成立。这种新学术对世界讲便是新中国的,其建立的过程可以说便是旧学术新中国化,其实这两件事不过是一件事情。"④

① 张申府:《论中国化》,载《什么是新启蒙运动》,第144页。
② 张申府:《论中国化》,载《什么是新启蒙运动》,第144页。
③ 张申府:《论中国化》,载《什么是新启蒙运动》,第145页。
④ 潘菽:《学术中国化问题的发端》,《文化月刊》1939年第2期,第19页。

方曙在《学术"中国化"的几个原则》一文里强调:"许多骸骨的迷恋者正扭曲着'中国化'的实践,在大谈其孔孟教育,提倡四书五经,做起文章来也非'之乎者也'不可。在另一方面,叛徒们也搬出了王道学说,来麻醉人心以替别人张目,这些都是学术'中国化'的死敌,丝毫没有可以混淆的地方。"另一方面,那些把西洋学说当成教条公式的人,"他们只尽了些搬运夫的作用,而没有负起文化的责任,去推动大众使用这优越的武器。更由于文字的深奥与学院化,能接受这搬过来的西洋文化的,只是几个被称为'进步'的少数学子,但他们也不懂得如何去应用,只是知道几个名词"。① 这两点厘清了"学术中国化"与各种复古思潮之间的本质区别,也指明了"学术中国化"所要针对的主要弊病。

陈垦在《新民主主义的文化与学术中国化》一文里认为"学术中国化"的目标是"不能不是以中华民族的文化形式来表达革命文化的内容","把我们这个伟大民族五千年来文化所积累的许多珍贵品发扬出来,同时把腐朽的残渣清除出去"。在这一过程中,"一味的轻视中国的固有文化是错误的,中国固有的文化中事实上确有着不少弥足珍贵的宝藏而需要我们去发掘、加工,并且所谓新文化也必须在固有的文化废墟上建筑起来。谁能不引用固有的文化遗产而赤手创建新文化? 历史上是没有的,事实上是不可能的"。作者相信,"学术中国化"能为意识形态建设提供助益:"目前,中国已来到历史的飞跃时代,中国已有把握从半封建半殖民地一跃而为近代的进步的国家,合流的文化已有新民主主义为其基础,学术

---

① 方曙:《学术"中国化"的几个原则》,《学习》1940 年第 1 卷第 9 期,第 218 页。

中国化为其到达的手段,因之由于该新的统一文化之内容的无比丰富,它的反作用于中国新国家的建立,必定有无比的力量,这是不用怀疑的。"①

三 "学术中国化"的实践——以嵇文甫为例

"学术中国化"的运动不但进一步深化、发展了"马克思主义中国化"的内容,使后者更具学理性,而且较为全面地重新梳理中国历史传统中的许多面向,其中包括了对儒学传统的重新估定。其中,作为对先秦学术与宋明儒学深有研究,在民国学界具有一定影响力的马克思主义学者,嵇文甫(1895—1963)在那一时期的一系列论著尤其值得关注,可从中分析早期的中国共产党人如何探讨民族文化遗产,深入理解"学术中国化运动"对中国革命的重要意义。

1926 年,嵇文甫加入中国共产党,不久之后,接受组织委派赴苏联留学,进入莫斯科中山大学,系统学习马列主义。在抗战时期"马克思主义中国化"的文化路线下,嵇文甫开始较为系统地思考如何进行"学术中国化"。这一工作首先需要辨明的,是在怎样的政治与文化立场上来"发扬"。因为近代中国许多立场各异的政治与文化团体都曾经表达过对传统的重视。特别是蒋介石政权长期以来把孙中山学说与所谓古圣先贤"道统"结合起来,蒋介石本人更是多次表彰王阳明、曾国藩,不少党国要员与地方军阀也纷纷提

---

① 陈垣:《新民主主义的文化与学术中国化》,《四十年代》1940 年创刊号,第 40、41 页。

倡读经。对中国共产党而言,这就更需要明确揭示自己的文化主张,避免与国民党政权的相关鼓吹相混淆,同时明白地告诉知识界与文化界,较为正确地继承传统的方式应该是怎样。在发表于1940年的《学术中国化问题》一文中,嵇文甫描述道:

> 随着"中国化"口号的提出,一般开倒车迷恋骸骨的先生们又该洋洋得意了。他们不了解或故意歪曲了这口号的正确含义,而一味呐喊其阿 Q 式的胜利。他们会说:"还是我们的对罢,看!你们自己回头了!"

针对此,嵇文甫强调,"学术中国化"并非要回到国粹派或中国文化本位派的旧路,而是要建立一种"中国自己的新文化",它是广义上的中国"现代化"运动的一个环节。只是这种"现代化"必须带有中国自身的特征,而非对域外文化的生吞活剥,被动接受:

> 我们要"现代化",自然免不了要借径于西洋,可是一说要"全盘西化",那就要使中国依附于西洋,什么都是西洋的好,而中国也将不成其为中国了。这正是中国社会半殖民地的反映,而"全盘西化论"之不餍人意,也正在于此。为着克服这种依附性、半殖民地性和机械性;为着使中国现代化运动更加深化、醇化、净化,于是乎有"中国化"运动之发生。这对于"全盘西化论",又是一个"否定",即所谓"否定的否定"。①

---

① 嵇文甫:《漫谈学术中国化问题》,载《嵇文甫文集》中卷,郑州:河南人民出版社,1985年,第45页。

关于这一点,在发表于《中国民族文化的新发扬》一文里有更为详尽的分析。在近代中国,由于西力东侵导致中国国势衰颓,不少人开始构建(或曰"想象")一种带有整体意义的"西学""西方",视其为新的"道"或"体",用以审视中国的历史与现实。[1] 在此思路下出现的大量论著,要么把中国形象渐渐地整体负面化,要么把中国视为相较于他们所想象的西方而言的"反常"或"特殊"之物,很难从中国自身的历史脉络出发思考问题。因此,要想树立坚实的"民族文化",必须在方法论层面反思这样的态度。嵇文甫指出:"各民族自有其历史遭遇,自有其生活经验,因以形成各种不同的民族文化。只有透过这五光十色错综复杂的各民族文化,而后才可以真正认识出来世界文化的统一性。抹杀民族间的具体差异,而徒高谈世界文化,其结果只能造成空洞贫乏之死公式,不会有什么切实的成就。"[2]

具体到中国,嵇文甫认为:

> 我们中国历史的发展,自取一条悠缓浑融的路线。在上古既没有像希腊、罗马那样烂熟发展的奴隶制度,在中古也没有像日耳曼、斯拉夫各族那样严峻的农奴制度,在近代又没有形成像英、美列强那样耀眼的资本制度。她的阶级对立,没有西洋那样尖锐;她的时代转变,没有西洋那样急剧。[3]

[1] 关于这一现象,参见罗志田《从西学为用到中学不能为体:西潮与近代中国思想演变再思》,载《民族主义与中国近代思想》,台北:三民书局,2011年,第98—123页。
[2] 嵇文甫:《中国民族文化的新发扬》,载《嵇文甫文集》中卷,第70页。
[3] 嵇文甫:《中国民族文化的新发扬》,载《嵇文甫文集》中卷,第70页。

为了更好地看出嵇文甫这一观点的特色,可以将其与中国社会史论战期间主要参与者对于中国历史的整体把握做一比较。在影响颇广的《中国古代社会研究》一书里,郭沫若宣称:"只要是一个人体,他的发展,无论是红黄黑白,大抵相同。"因此,"由人所组织成的社会也正是一样"。进而推出结论:"然而中国人不是神,也不是猴子,中国人所组成的社会不应该有什么不同。"①很明显,那时的郭沫若并不承认中国社会有自己独特的发展轨迹,而是强调可以根据马克思主义理论来研究出中国社会如何与世界其他地区社会一模一样。这样的思考方式,很大程度上会流于嵇文甫所批评的"空洞贫乏之死公式",授人口实,无助于马克思主义真正在中国大地上生根发芽。

因此,思考中国传统与中国现代化的关系,必须注意到前者的巨大影响力,注意到中国之所以为中国的基本特征:

> 我们需要现代化,然而怎样能现代化呢? 不管自己的文化传统,而随便把些现代事物乱往身上粘附填塞,行不行呢? 我们的问题,不是要不要现代化,而是怎样使在这现代化和我们自己历史的发展接上榫而不至脱节,和我们民族内的生命融洽为一而不至害着文化失调症。我们虽不是社会有机体的信徒,然而也总不赞成"揠苗助长",不赞成用"外铄"方法改造我们的文化。我们的文化,自有其经纬脉络。只有详审这些经纬脉络,引端抽绪,顺其自然,一一引入现代化的道路,才算得真正现

---

① 郭沫若:《中国古代社会研究》,北京:商务印书馆,2017 年,自序第 3 页。

代化。①

从中国现代思想史的发展过程来看,如此理解中国、理解中国传统与
现代化的关系,不但象征着中国共产党在理论与实践上越发成熟,开
始慢慢改变"对于自己的历史一点不懂,或懂得甚少"的状况;②更是
具体表现了在经历了近代激烈的新旧之争后,中国知识分子在认识
上、立场上更为全面与冷静,在分析问题时开始善于从中国自身
出发。

在此基础上,嵇文甫开始反思晚近流行的一些审视中国传统的
方式。对于五四新文化运动期间钱玄同等人激烈的反传统态度,他
强调:"时代转变了。现在我们知道中国文化不仅有其丑恶黑暗方
面,也还有其美丽光明方面;不仅有小脚、鸦片、姨太太,也还有其哲
学、文艺、美术上的各种丰富遗产。"所以,"把过去一切看出秽恶,虽
说在某一特殊时期自有其作用,而究非平情之论"。③ 其实,随着时
势的变化,这一认识自然不难形成,包括钱玄同本人,晚年其实也开
始重新思考传统的价值。④ 对嵇文甫而言,更为关键的是要系统反
思所谓的"纯客观主义"。他指出:

> 这般学者态度似乎还公允,他们不管什么民族的或非民族

---

① 嵇文甫:《中国民族文化的新发扬》,载《嵇文甫文集》中卷,第70页。
② 毛泽东:《改造我们的学习》,载《毛泽东选集》第3卷,第798页。
③ 嵇文甫:《中国民族文化的新发扬》,载《嵇文甫文集》中卷,第73页。
④ 关于这一点,参见王锐《钱玄同对于章太炎学说之取舍》,载《新旧之辨:章太炎学行
论》,桂林:广西师范大学出版社,2017年,第91—92页。

的,而只把中国传统文化和埃及、巴比伦等古代文化同样看待,完全当作一种过去的史料。他们研究国故,只是抱着学问上的趣味,并不认为在现实生活中还有什么意义。他们所标榜的是实事求是的客观态度。这种态度自然很好。然而其结果产生一种繁琐学风。①

嵇文甫在这里所描绘的现象,很明显是在针对胡适倡导的"整理国故"运动,以及后来傅斯年在中研院史语所提倡的学风。② 特别是"整理国故"运动,众所周知,虽然其将中国传统作为研究对象,但基本态度是批判式与否定式的,因为在彼辈眼里,中国传统只是一堆未经整理、散乱不堪的材料,其内在意义基本被消解。③ 用胡适自己的话来说,他自己研究中国古典小说并非在表彰中国古典文学,只是在训练思想方法。更为重要的是,虽然胡适本人对待中国传统自有其立场,并且在人文研究中严格说起来并无绝对的"客观",研究者"注意点之不同,而各得到自己所需要的材料,是明明受着主观的影响",但"整理国故"式的考证忽视了对于中国传统的整体把握与价值判断,在形式主义的客观之下,极易导致"一般没有思想,或者正确点说,思想浅薄庸俗的人,就只能提出些浅薄庸俗没意思的问题"。④

---

① 嵇文甫:《中国民族文化的新发扬》,载《嵇文甫文集》中卷,第73—74页。
② 在发表于1946年的另一篇文章中,嵇文甫表达了相似的观点,并且直接点名胡适与傅斯年。参见嵇文甫《不讲哲学的哲学与不立史观的史观》,载《嵇文甫文集》中卷,第368—371页。
③ 关于这一点,参见罗志田《从正名到打鬼:新派学人对整理国故的态度转变》,载《国家与学术:清季民初关于"国学"的思想论争》,北京:生活·读书·新知三联书店,2003年,第334—340页。
④ 嵇文甫:《中国民族文化的新发扬》,载《嵇文甫文集》中卷,第74—75页。

如此一来,中国传统的内在价值将受到忽视,对于中国传统的认识,很有可能会出现一种"博物馆"式的心态。如果承认中国传统自有不可磨灭的价值,那么在研究当中就应该杜绝这样的"客观":

> 我们还要主观地能动地选择一番,把精力用到有价值的方面去。我们不能把我们的民族文化和埃及、巴比伦那些早已僵硬了的文化一例看待。我们要在现代的新基础上把我们的民族文化复兴起来。①

本着这样的立场,嵇文甫着眼于阐发儒学的正面价值。

在中国革命的进程当中,教条主义曾经对党造成严重损害。红军到陕北之后,毛泽东系统阅读了不少哲学著作,写下了大量批注,开始思考从哲学层面与党内教条主义作斗争。② 在《实践论》中,他指出:"只有人们的社会实践,才是人们对于外界认识的真理性的标准。"强调:"通过实践而发现真理,又通过实践而证实真理和发展真理。"③因此,重视实践,重视调查研究,也成为"马克思主义中国化"的重要组成部分。

在抗战期间的"学术中国化"运动中,嵇文甫着重挖掘、阐释儒学的实践性格。1943 年他出版一本名为"民族哲学杂话"的小册子。在其中,他以几个中国传统哲学的概念为标题,阐述了"民族哲学"中的一些基本内容。在讨论"诚"的概念时,他指出:

---

① 嵇文甫:《中国民族文化的新发扬》,载《嵇文甫文集》中卷,第 75 页。
② 陈晋:《毛泽东阅读史》,第 74—79 页。
③ 毛泽东:《实践论》,载《毛泽东选集》第 1 卷,第 284—296 页。

　　大概先哲讲学,最重亲切体验,具体认识。会得彻时,纵说横说,无非这些字。什么"性"啦,"天"啦,"中"啦,"仁"啦,"诚"啦,虽然各有取意,各从一方面立说,而精神,脉络,实自贯通。倘若咬文嚼字,泥守训诂家的方法,而不能观其会通,"心知其意",那么到处都将成为断港绝潢。①

这里所谓的"亲切体验,具体认识",其实就是一种极强的实践性格。而要做到"会得彻",达到"观其会通",同样需要在实践中完成。这段话可以看做嵇文甫审视中国古代哲学的方法论。即从实践入手,在实践中体悟儒家典籍当中的重要概念。而非汲汲于文字训诂,流于饾饤之学,与实践断绝关系。

　　相似地,在解释"义"与"命"这两种概念时,嵇文甫认为"义"的本意为"人道所当为,是人之本分,人之天职",体现"义"的方式,归根结底还是在于实践,通过行动来完成自己的本分与天职。"如果还没有自尽其道,自尽其'义',便不能算是'莫之致',因之也不能算是'正命'"。因此,他强调儒家"从'义'上讲命,从'人'上讲天"。② 换言之,儒家主张重视责任,重视义务,君子应本此而行,有所作为。在行动的过程中,义理层面的"义"与"命"遂显现出来。

　　在《民族哲学杂话》中,嵇文甫还以重视实践作为标准,去审视历代儒者的言说。他认为朱熹论"太极图",要在"中正仁义"上分出"阴阳体用",实为"越讲越支离":

---

① 嵇文甫:《民族哲学杂话·诚》,载《嵇文甫文集》中卷,第93页。
② 嵇文甫:《民族哲学杂话·诚》,载《嵇文甫文集》中卷,第100、101、102页。

　　若以太极为体,则阴静时也是它,阳动时也是它;犹喜怒、哀乐、作止、语默,总是这个人也。然而人总是在那里或语或默,或作或止的;并没有一个既不语又不默,既不作又不止的人。同样,太极总是在那里一阴一阳,一动一静的;并没有一个既不阴又不阳,既不动又不静的太极。假如真有那么个东西,超然独立于阴阳动静以外,那么它也将与阴阳并立而为三,就不成其为太极了。由此可知"用"虽由体而生,但离"用"实亦无从别求所谓"体"。①

这里所谓的"用",指的就是一种行动,一种实践。"太极"正是于这样的状态之中方能显现,实践的重要性也随之凸显出来。当然,嵇文甫如此评价朱熹,对于持不同立场的人来说,自然会有不同的看法。但重点在于,他评判先哲的标准,就在于是否认识到实践的重要性,是否强调"太极""体"这类具有总摄性原理的概念是从实践中产生的。

　　此外,在《新民主主义论》中,毛泽东指出:"新民主主义的文化是大众的,因而即是民主的。它应为全民族中百分之九十以上的工农劳苦民众服务,并逐渐成为他们的文化。"②虽然中国共产党人在抗战期间强调要重视中国历史,重视从孔夫子到孙中山的中国传统遗产,但这并不表明党的文化政策中忽视了对于封建的、落后的内容进行批判。特别是在党的政治路线里面,反封建是重要的组成部分。

---

① 嵇文甫:《民族哲学杂话·一多》,载《嵇文甫文集》中卷,第109页。
② 毛泽东:《新民主主义论》,载《毛泽东选集》第2卷,第708页。

而对于近代中国而言,所谓"封建的"因素,主要就是指士绅地主对于广大农民的剥削与压迫。而在讨论儒学传统时,不能不承认的是,在中国历史的演变过程中,儒学长期作为士绅阶层的主流意识形态,很大程度上承担为士绅支配的合法性进行辩护的任务。五四新文化运动期间对于"礼教"的批判也直指维系这种"礼教"的社会等级结构。到了中国社会性质论战与中国社会史论战期间,不少参与者运用马克思主义理论更为详尽地揭示了中国传统社会结构的生成机制与运作逻辑,突出了地主士绅长期以来对农民的剥削,由此彰显出中国革命必须面对的基本社会矛盾。因此,在阐扬儒学传统时,如何处理儒学与士绅支配的关系,是否能从儒学传统中提炼出区别于士绅支配的"人民性",就成为"学术中国化"运动亟须解决的问题。

作为马克思主义者,嵇文甫自然明晰儒家传统的这一特征。晚清以降,随着民主思潮在中国的传播,一些有心回护中国传统的人士时常将儒家的"民本"思想比附民主思想。如梁启超在《先秦政治思想史》一书中声称:"孟子言政,其所予政府权限并不大。消极的保护人民生计之安全,积极的引导人民道德之向上,曷尝于民政有所障耶?"①针对这样的论调,嵇文甫屡次强调中国传统民本思想与现代政治中的民主理念并非一物。例如对于梁启超所表彰的孟子,他指出:"他(孟子)不相信民众有参与政权的能力,他以为民众只配在生产上下点气力,政治是'君子'们的专门事业,'野人'是不配过问的。这不是和《左传》上说的,'君子勤礼,小人尽力'一样的口调么?世界上哪有这样的民权政治?孟子的理想社会,仍是天子,诸侯,大夫,

---

① 梁启超:《先秦政治思想史》,北京:中华书局,2015 年,第 135 页。

士,庶人,宝塔式的封建组织。"①

因此,如果要从"大众的"角度去审视儒家传统,那么恐怕很难直接阐发后者思想当中如何体现"人民性",如何在立场上直接"为工农劳苦民众服务"的内容,只会流于穿凿比附。所谓"大众的"视角,就是要挖掘儒家传统当中按照思想逻辑推理,有机会形成朴素的、初步的"人民性"可能性的要素,或者说在漫长的历史进程中,偶尔露出的一些具有类似于"人民性"的思想萌芽。

在这一点上,嵇文甫着重表彰明代思想史中的"左派王学"。在他看来,属于"左派王学"中人,"他们诚不免于'狂',但'狂'正是王学的特色。王学中最惊动人,最富于刺激性的地方,只有他们最能发挥。讲王学而不讲龙溪、心斋领导下的"左"倾一派,王学的精神至少失掉一半"。② 与"左派王学"相对的,是所谓"右派王学",主要以江右地区的士人为主。他们多主张"收摄凝聚",强调"必须从静中培养多年,到枯槁寂寞,一切放下之后,然后良知的真面目迥然呈露"。他们声称"若果然圣愚同视,专凭当下直觉信手做去,不下一种收摄凝聚的功夫,实实'致'他一番,终将流入狂禅一路"。③ 换言之,彼辈反对"左派王学"泯除士庶差异的作风,反对后者流露出来的"狂"的习气。引申而出的,就是要保持王学的士大夫性格。

从"右派王学"所反对处出发,便可看出"左派王学"的基本特征。嵇文甫指出,"左派王学"的"狂",除了在修养功夫上显露个性,立身行事独具一格,更为关键的是,他们的讲学风格与学术主旨体现

---

① 嵇文甫:《吊民伐罪与民权思想》,载《嵇文甫文集》上卷,第134页。
② 嵇文甫:《左派王学》,载《嵇文甫文集》上卷,第405页。
③ 嵇文甫:《晚明思想史论》,第48页。

了"人民性"的萌芽。他们把王阳明的遗教发扬光大,强调匹夫匹妇皆可成德,经常与贩夫走卒坐而论道,其追随者也多有出身寒素、不在士籍者。而后者的加入,更使得"左派王学"沾染了更为强烈的平民性格。"我觉得左派王学颇带有些下层社会的气氛。随着当时革新和解放的潮流,王学日益左倾,即日与下层社会相接近。却也非有下层社会之推动,王学也不会左倾得那样厉害。"①

在嵇文甫看来,"左派王学"的出现,从中国思想史的流变来看,主要的意义在于动摇了儒学与士绅支配相结合的思想生成机制,局部反映出下层社会的声音:

> 中国学术思想向来是由士大夫包办的。只有在社会生活转变,社会秩序动摇的时候,士大夫内部起了分化,下层社会才有机会反映出一些特殊色彩来。当明朝中叶,因商业资本之扩大而深入,社会表面上的繁荣富庶,与社会内心里的冲突纷乱,在在给人以紧张跃动的刺激。于是代表旧地主阶级思想的正统派道学,渐为一部分士大夫所不满。及白沙、阳明出来,对于正统派道学举起叛旗,一扫当时思想界肤廓迂拘的积习,而另注入一种新血液,遂形成道学的左翼。这种道学的左倾运动,给当时思想界以很大的刺激,使蔚然成个新局面。②

虽然"左派王学"的讲学内容由于与士绅阶级所诵读者具有高度的同构性,因此未必真能代表下层民众的主要心声,同时也未必真能把下

---

① 嵇文甫:《左派王学》,载《嵇文甫文集》上卷,第 457 页。
② 嵇文甫:《左派王学》,载《嵇文甫文集》上卷,第 462 页。

层民众从"自在状态"变为"自为状态",进而对士绅支配格局进行政治上与经济上的冲击。但是它的意义恰恰在于体现了儒学传统内部的某种张力,即随着社会结构出现变化,会形成一些新的思想侧重点,会吸引一些新的群体参与儒学活动。但是这种思想因子并未转化为实际的政治与社会力量,从社会结构中改变士绅支配的格局,使之具有更为鲜明的"人民性"。① 这一局面的真正实现,还得依靠嵇文甫所参与的"学术中国化"背后的真正领导力量。而这也是儒学在近代中国得以实现真正转型的最根本动力。

站在今天的角度,或许有人会说,嵇文甫并非对儒学进行"实证"的研究,而是有许多自己的"前见"代入其中。其实按照诠释学的观点,一切认知都是受到"前见"——历史与传统的影响,人不能完全无视并摆脱传统。此外,在承认传统对后世具有影响力的基础上,必须认识到,长期以来形成的权威,并非自然而然的存在,而是依赖于承认,并且这种承认本身即一种理性的活动。同时所谓传统,也需要不断的肯定、培养与掌握,在此基础上,传统并非一成不变,而是在不断的阐释过程中被赋予了新的内涵。② 在这个意义上,嵇文甫基于对时势的观察,秉持自己的立场,对儒学传统进行新的阐释,正是努力使后者重新焕发生命力,成为中国文化真正的源头活水。

此外,或许还有人会说,嵇文甫对待儒学与马克思主义,其实是

---

① 按照沟口雄三的研究,"地主阶层、乡绅阶层或商人阶层等所谓地方精英的经济势力、社会势力不仅没有削弱或后退,反而在整个清代切切实实地得到了扩展"。[日]沟口雄三:《中国的公与私·公私》,郑静译,北京:生活·读书·新知三联书店,2011年,第 166 页。

② [德]伽达默尔:《真理与方法——哲学诠释学的基本特征》,洪汉鼎译,北京:商务印书馆,2007 年,第 362—394 页。

把后者置于更为优先的位置,儒学只是被放在第二位。因此,他对于儒学的阐扬,从出发点上已属"异端"。诚然,嵇文甫,包括与他处于同一战线的其他学者,都有着十分坚定的马克思主义信仰。但正是因为他们相信马克思主义能够使近代中国摆脱危机,觉醒的人民能够通过自己的奋斗实现翻身解放,所以才有极强的思想动力去认识中国的历史与现实,才会坚信中国的力量在于中国深厚的文化基础,以及继承这些基础的人民群众。他们之于儒学,虽然强调祛除其中的"落后性"与"封建性",但较之近代秉持文明等级论与殖民主义话语下论述儒学的言说,他们无疑更具有主体性与能动性。较之借助儒学来文饰自己剥削与压迫行为的政经特权集团,他们真正代表了大多数人的利益,更能体现儒家"天下为公"的优良传统。就此而言,嵇文甫的儒学论述,对于在当前新的实践条件下重新思考中国传统的意义,特别是反思我们究竟需要的是哪一种儒学?是具有"人民性"的儒学,还是国民党式、士绅式或东方学式的儒学,无疑提供了极具价值的参考。

第十讲　现代中国的儒学传统新诠

　　自从汉武帝罢黜百家,独尊儒术以来,儒学长期作为中国历史上的支配性学说而存在。它对中国的政治制度、社会风俗、个人伦理产生了巨大的影响。因此,现代中国思想史的主题之一,就是探索如何继承数千年之久的儒学遗产。这不仅关系到在民族国家林立之世能否树立起自洽的、有普遍性的政治与文化认同,还关系到如何处理与儒学相伴而生的中国社会和经济结构,例如士绅支配与农民生计等亟待解决的问题,更与建设现代性与民族性特征兼具的文化息息相关。进一步而言,有心弘扬以儒学为代表的中国传统之正面价值者,必须直面现代性思潮对传统学术体系及其义理的重估。在此情形下,如何恰当地重新阐释各种传统学术遗产,如何在世变之下合理地安置其地位,如何祛除传统学术义理中与现代性诉求背离之处,成为近代学者不断阐释与论争的话题。

一　西学东渐与古学复兴

要想深入理解现代中国的儒学新诠,必须对晚清以降对待中国传统学术的基本态度有所认识。

陈寅恪说:"自道光之季,迄于今日,社会经济之制度,以外族之侵迫,致剧疾之变迁,纲纪之说,无所依凭。"①当时就有人如是感观:

> 我国论世之儒,以国势之危,有如累卵,人民无识,邈若要荒,虽明知厉阶于政体,要必先蔽罪于古圣贤之立教。孔子之名大矣,虽跅弛之子,或有所畏避而不敢讥。自兹以降,无不遭后人指摘者,而于宋代诸儒为尤甚,一述及之,怒发裂眥,不辨其人其书之美恶然否,鹰击毛鸷,体无完肤,若必欲摧烧其书,磨灭其名,而后快者。②

在这样的局面之下,中国传统学术,面临着巨大的挑战,需要重新被诠释、被研究,以便能在新的时代里占据一席之地,所谓"国学"一词,遂因之出现,成为中国各种传统学术的总称。

"国学"一词,古已有之,但其所指,乃是一种古代官方所设立的教育机构,其入学对象主要是皇族贵胄与官员子弟。而近代意义上

---

① 陈寅恪:《王观堂先生挽词并序》,载《陈寅恪集·诗集》,北京:生活·读书·新知三联书店,2001 年,第 12 页。
② 谷生:《利用中国之政教论》,载张枬、王忍之编《辛亥革命前十年间时论选集》第 2 卷上册,北京:生活·读书·新知三联书店,1960 年,第 39—40 页。

的"国学",其意涵与古时大为不同。所以钱穆指出:"'国学'一名,前既无承,将来亦恐不立。特为一时代的名词。"①在这里,所谓"时代的名词",显示出"国学"这一概念,乃是根植于近代中国古今东西之争纠缠不清的特殊时代背景之中。

近代中国人所理解的"国学",主要受到当时日本学界的影响。日本学者运用"国学"这一概念,来区别于西洋学术与中国学术,近代日本厉行"脱亚入欧"的同时,一批知识分子力倡"国粹主义",希望在西化的浪潮之下,能够保持日本自己的独特文化与学术。而这一思潮,遂被近代东游日本的中国知识分子所借鉴,用来诠释中国传统学术。

1902年,当时在言论界影响力极大的梁启超打算创办《国学报》,特意致函黄遵宪征求意见。后者指出:"中国旧习,病在尊大,病在固蔽,非病在不能保守也。今且大开门户,容纳新学。俟新学盛行,以中国固有之学,互相比较,互相竞争,而旧学之真精神乃愈出,真道理乃益明。"基于此他劝告梁启超:"吾有所恃,恃四千年之历史,恃四百兆人之语言风俗,恃一圣人及十数明达之学识也。公之所志,略迟数年再为之,未为不可。"②言下之意,黄遵宪认为中国传统学术有其弊病,若此时提倡,则会阻碍西学在中国的传播。但他自信满满,认为中西学术交汇之后,中国传统学术自有其优点,且国人信之甚笃,因此届时仍能立足于世间。

但是随着西学及消化西学的东学大量涌入中国,不少人已无黄

---

① 钱穆:《国学概论》,北京:商务印书馆,1997年,弁言,第1页。
② 黄遵宪:《致梁启超书(节选)》,载桑兵等编《国学的历史》,北京:国家图书馆出版社,2010年,第1页。

遵宪这样的乐观。黄节痛陈："海波沸腾,宇内士夫,痛时事之日亟,以为中国之变,古未有其变,中国之学,诚不足以救中国。于是醉心欧化,举一事革一弊,至于风俗习惯之各部相侔者,靡不惟东西之学说是依。"[1]流风所及,不少中国人"尊西人若帝天,视西籍如神圣",对于西学崇拜有加,反之因近代中国国势衰微而"迁怒"于中国传统学术,对之弃若粪土。黄节、邓实、马叙伦等人正是有感于这种情形,遂于1905年创办《国粹学报》,希望借此鼓吹"国学",从而振衰起微,表彰旧学,同时激励民气,鼓吹民族主义。

　　但是晚清国粹派对于中国传统学术的诠释,虽然目的乃是弘扬后者,但是其诠释方式却是较之古昔,大为不同。他们重新梳理中国学术史,强调"国学"与"君学"的区别,认为"君学者,经历代帝王之尊崇,本其学说,颁为功令,而奉为治国之大经,经世之良谟者也"。而国学乃是"一二在野君子,闭户著书,忧时讲学,本其爱国之忧,而为经生之业,抱残守缺,以俟后世而已。其学为帝王所不喜"。[2]如此一来,按照邓实等人的标准,先秦诸子以降,汉代的经学,唐代的义疏之学,明代的程朱理学,皆属"官学"之列。而真正称得上"国学"的,唯有明末清初顾炎武、黄宗羲、王夫之、颜元等坚持气节,不仕清廷的遗民之学说。当然,他们的这种诠释方式,与其排满革命、反对专制的政治立场息息相关。不过照此标准,中国历史上的学术思想,可供表彰者,已然寥寥无几。而"弘扬"的背后,恰恰暴露出中国传统学术易于被专制君主利用这一惨痛"史实",反而更容易引起人们对于旧学的鄙夷,同时也割裂了中国学术发展流变的整体脉络,与历史

---

① 黄节:《〈国粹学报〉叙》,载桑兵等编《国学的历史》,第18页。
② 邓实:《国学无用辨》,载桑兵等编《国学的历史》,第94页。

本相差距甚远。

此外,近代以来,随着正统学术的衰落,长期遭忽视的先秦诸子重新被发掘出来,当时不少惊异于西学奇异无比的中国士人,开始发现诸子遗言当中,有不少地方在表面看来与远西学说极其相似,遂对之大力提倡,以此证明东海西海,心同理同,许多西方新学,中国古已有之。晚清国粹派通过对西方文艺复兴历史的理解,认为近代西方的强盛,乃是因为有过一段"古学复兴",即文艺复兴时期对古希腊古罗马思想学说的大力表彰,于是效法其道,鼓吹当代中国的"古学复兴"。他们认为战国时期,诸子蜂起,百家争鸣,学界形成了后代少有的繁荣景象。这与古代希腊诸家哲学流行于世的场景极其相似,而诸子各派,其学说内容也能与希腊哲学的诸流派一一对应。不特此也,诸子学说,在邓实等人看来,其内容和西方近代形成的各学科也有许多相似之处。所以刘师培在《周末学术史序》中,将先秦旧籍参照当时的西方学术分类,以进行重新整理。分为理学史、伦理学史、论理学史、社会学史、宗教学史、政法学史、计学史、兵学史、教育学史、理科学史、哲理学史、术数学史、文字学史、工艺学史、法律学史、文章学史等类别,来达到与近代西方学术接轨的目的。这样一来,晚清国粹派所力倡的"古学复兴",其背后依然是西学以另一种方式在中国传播,中国传统学术,其价值必须在符合于某一种西学的前提下才能彰显,究其实际,依然是中国学术得依附于西学方可自立。当然,前人苦心,不容一味抹杀,邓实、黄节等人所希冀的,是近代中国能够在充分现代化的情形下,达到民族独立,国民具备爱国之心。

二　有待整理的"国故"

1910 年代后期新文化运动以来,胡适等人暴得大名,他们的言论主张被青年人奉若典范,他们成为新的学界领袖。新文化运动的一大主题便是批判中国传统文化,从鲁迅高呼"礼教吃人",到周作人力言"思想革命",陈独秀坚持孔子学说与现代生活不相符合,包括钱玄同对于传统文化嬉笑怒骂,大肆抨击,其目的皆不外乎此。而在胡适看来,除此之外,还应该对于传统学术有一番新的认识。他在《新思潮的意义》一文中指出:"我们对于旧有的学术思想,积极的只有一个主张——就是'整理国故'。整理就是从乱七八糟里面寻出一个条理脉络来;从无头无脑里面寻出一个前因后果来;从胡说谬解里面寻出一个真意义来;从武断迷信里面寻出一个真价值来。"①在胡适看来,中国传统学术只是一堆有待于整理的"材料",并不具有内在的脉络与意义,其价值在今日看来更是少足观者,而有待今人依据新的"科学方法"对其一一"整理",使之能够符合现代学术的相关标准。而在学术方法上,胡适在那一时期发表的《清代学者的治学方法》中对于清代朴学的治学路数有所表彰,认为当时的学者在研究学问上与近代西方的"科学方法"颇有相似之处,值得在今日引为借鉴,而他们的"缺点",在于他们只是钻研古书,未曾涉及自然万象。

由于胡适等人的大力提倡,"整理国故"运动在 1920 年代盛极一时。当时北京大学成立了"国学门",聚集一批颇有名望的学者与青

---

① 胡适:《新思潮的意义》,载《胡适全集》第 1 卷,合肥:安徽教育出版社,2003 年,第 698 页。

年学子,在"整理国故"的大旗之下对传统学术进行研究。值得注意的是,胡适等人认为"国故"这一概念源自章太炎刊于晚清的学术代表作《国故论衡》,即章氏在那本书中已经对中国传统学术展开批评,所以名之曰"国故",而胡适及当时北京大学文科中为数不少的章门弟子,他们正是接续章太炎的思路,进一步对传统学术进行研究。不过章太炎在《国故论衡》当中,虽然对儒家学说有所批评,但是同时他对于道家之学(《原道》)与魏晋文章(《论式》)的推崇可以说还是颇为明显,这与胡适等人对于"国故"的认识,实话说来,相异处着实不小。

在《国学季刊》的发刊词中,胡适明确指出,"整理国故"运动的方向就是"用历史的眼光来扩大国学研究的范围""用系统的整理来部勒国学研究的资料""用比较的研究来帮助国学的材料的整理与理解"。因此在研究领域上,北大国学门除了关注中国传统的经史之学,还致力于对民歌、方言、古代小说的整理与研究,胡适、顾颉刚、周作人等人就对此颇为关注。而所谓系统整理国学资料,在胡适看来,就是"索引式的整理""结账式的整理""专史式的整理",其目的是做成一部众人皆能读懂的"中国文化史"。胡适身体力行,对中国古代思想、中国古典小说皆有研究,特别是他的《中国哲学史大纲(卷上)》,截断众流,撇去《尚书》《春秋》等典籍,直接从春秋末期的老子、孔子讲起,并且用白话文来叙述,评价古人思想时经常带有所谓"批判精神",一时间深受青年学子青睐,虽然一二老辈对之摇头不满,认为是书根底不足,其却依然成为当时国学研究的代表之作。

"整理国故"运动下的另一项影响极大的学术活动,便是顾颉刚等人所进行的古史辨伪工作。在顾颉刚看来,中国的古史系统,堪称一笔谬说众多的糊涂账,许多地方都需要重新认识。依他之见,通过进行古史辨伪工作,可以说明时代愈往后,传说的古史期就愈长;时代愈往后,传说中的中心人物愈被放大;今人虽然很难在现存的古史系统中确知某一件事的真实状况,但是可以接着古代典籍知晓某一件事在传说中的最早之状况。在 1926 年出版的《古史辨》第一册中,顾颉刚写了一篇数万言的长序,在其中坦言自己生活与思想的变迁轨迹。他自言青年时代治学方法屡变,直到在北京大学学习时,受到胡适、钱玄同等人的启发与鼓励,开始对于古书与古史进行考辨,同时康有为、崔东壁的著作也给了他很大的启示。

顾颉刚进行古史辨伪,其潜台词即认为中国的传世古籍多不可信,宁可疑而过,不可盲目信而过,所以他在当时敢于提出"大禹是条虫"这样颇为惊世骇俗的观点。虽然他声称自己是为学术而学术,并不带有其他目的,但其背后依然是一种颇为明显的反传统思想。所以在《古史辨》第四册的自序中,他强调:"我们要使古人只成为古人而不成为现代的领导者;要使古史只成为古史而不成为现代的伦理教条;要使古书只成为古书而不成为现代的煌煌法典。这固是一个大破坏,但非有此破坏,我们的民族不能得到一条生路。"总之,"我们的工作只是博物院中的分类陈列的工作而已"。[①] 虽然后来胡适也批评顾颉刚在具体问题上宁可怀疑司马迁的论述,而不愿反思崔东壁的观点,然从胡适的整理国故到顾颉刚的古史辨伪,其间的思想传承甚为明显。

由于胡适等人在当时名气极大,晚年渐渐淡出政坛的梁启超也

---

① 顾颉刚:《序言》,载罗根泽编《古史辨第四册》,海口:海南出版社,2003 年,第 8 页。

开始争做"老少年",加入研究国学的队伍当中(虽然胡适始终视梁启超为异路人),以及顾颉刚等青年一代的极力宣传,从 1920 年代开始,许多青年学子也开始致力于研究中国传统学术。胡适与梁启超分别向青年人开列"国学必读书目",关于如何研究国学的讨论在当时也甚嚣尘上。许多高等院校与学术机构创办国学刊物,组织国学讲演,一时间大量与国学有关的出版品纷纷面世,包括一些对新文化运动持批评态度的学人也参与其中,希望能表达不同的意见,凡此种种,显示出一派颇为热闹的景象。但是在一些学有根底的人看来,对于中国传统学术的了解,绝非旦夕之间便可做到,而是需要很长一段时间的积累,但是在当时群众运动式的国学研究风气下,许多年轻人却出于各种各样的目的,率尔操觚,发表见解,这一现象实不足取。庞俊痛陈:"尝见学子抵掌与人论诸子流别,及阅其所读之书,则在在点破句,操笔作简,则近鄙别字,相望于寸幅。又或专己不学,而武断事理,驳难既穷,则并其平日服膺之新派名士,而皆以为偶像,则一切推倒之,父兄师保之诫,愈不能动其胫之一毛矣。是故《六经》之文,不必知其句度;三史所载,不必识其姓字。若夫王仲任之《论衡》、刘子玄之《史通》,《问孔》《刺孟》之谈,疑古惑经之说,则无不口角流沫。举其篇目,而又非能周览其书,则自以谓能定古人之真价值,嚣然以整理国故自命矣。"[1]这种学术研究当中急功近利的心态,近代以来也绝非只在整理国故运动中才有所体现。

---

[1] 庞俊:《与吴雨僧书》,载《养晴室遗集》上册,成都:巴蜀书社,2013 年,第 277—278 页。

三　晚清的程朱理学：以夏震武为例

现代中国的儒学新诠，主要指一些服膺儒学的人尝试摆脱"古学复兴"式的与"整理国故"式的对待中国传统之态度，根据自己对于世变的理解，重新挖掘、阐释儒家学说当中有价值的地方，使之成为思考中国问题时的重要理论参考，同时能为现代中国建立良好的政治与文化认同提供思想资源。

在这个意义上，除了康有为、章太炎、梁启超等思想界的"明星"，晚清一位饱受新派知识分子批判的儒者夏震武的思想就很值得重视。①

夏震武尊奉长期被作为官学的程朱理学。程朱理学将《大学》作为"四书"之一，强调修齐治平一以贯之，为政之法的背后，实有一套道德准则作为支撑。夏震武说："学术不过义理、经济两端，义理为本为体，经济为末为用，兼全则美，偏胜则弊。"②在撰写于清末，刊刻于1920年的《〈大学衍义〉讲授》一书中，③他强调："《大学》之教，尊道

---

① 夏震武于光绪六年（1880）授工部营缮司主事。崇厚使俄，签订《里瓦基亚条约》，丧权辱国。夏震武倍感激愤，上书弹劾恭亲王奕䜣等亲贵大臣，竭力主战。戊戌变法期间，强烈反对康有为、梁启超等人的言行，力主诛杀二人，以正视听。庚子事变前夕辞职回乡。1909年，复被推举为浙江教育总会会长兼浙江两级师范学堂监督。在任上与许寿裳、鲁迅等人发生激烈冲突，致使学生罢课支持后者，最终夏震武辞职离校，转任北京京师大学堂教席。辛亥革命之后，避居乡里，授徒讲学。
② 夏震武：《请改定科举新章折》，载王波编《中国近代思想家文库·夏震武卷》，第259页。
③ 关于此书的刊刻时间，承蒙上海人民出版社董洪波兄相告，特表谢忱！

德,黜诈力,孔门为万世立平天下之准则。"①为君者须秉持此教,"使天下皆有以保全其固有之性,而后克尽君责,则劳来匡直辅翼,不可一日不以师保万民为己任"。②

夏震武此论,在中国古代政治文化里其实并无疑义,实为汉代以降大多数讲求治国平天下的士人之共识。但近代中国由于国势衰微、新说涌入,儒家政治伦理面临极大的危机,日渐被视为无助于让中国振衰起微,因此其内部结构很难再继续维系。当然,时人仍相信立国于世,不能忽视道德与心性问题。所以梁启超强调:"苟有新民,何患无新制度,无新政府,无新国家?"③但他认为中国古代的道德准则多偏于个人之"私德",而缺乏以利群利国为旨归的"公德",所以急需"发明一种新道德"。④ 在这一论述框架下,中国古代的修身之道就难以承担作为国家道德的重担,"不忍人之心"不再必然能推出"不忍人之政"。对此,夏震武认为这一"新学者流"的观点,忽视了修身对于为政的重要性,没有传统心性修养的熏陶,怎么能够真正不辞辛苦地为民服务?他强调:"舍格致诚正而讲公德,吾见其为悖德逆德,未见其为公德也。"⑤一切的政治作为,归根结底,必须要有心性修养作为根基,否则义利之别,一念之差,会对天下苍生造成极为严重的后果。

总之,夏震武坚信:"天生民而立之君,以为民也。居其位者任其

---

① 夏震武:《〈大学衍义〉讲授》,载王波编《中国近代思想家文库·夏震武卷》,北京:中国人民大学出版社,2015年,第27页。

② 夏震武:《〈大学衍义〉讲授》,载王波编《中国近代思想家文库·夏震武卷》,第33页。

③ 梁启超:《新民说》,台北:文景书局,2011年,第2页。

④ 梁启超:《新民说》,台北:文景书局,2011年,第15—21页。

⑤ 夏震武:《〈大学衍义〉讲授》,载王波编《中国近代思想家文库·夏震武卷》,第48页。

责,君无责任,君为虚位,名实背矣。天工人代,国之治乱安危,君实职之。君必先明乎责任之所在,而后兢兢业业,一日在位,不敢不尽一日之责。"①而这种"责任感"的养成,离不开反复讲求内圣之学,提高自身的道德修养。本着这种强烈的道德感,目睹晚清以降农村凋敝,农民生计艰难,夏震武在许多论著里强调恢复井田对于解决民生问题的重要性,他甚至认为:"孔、孟瘏口焦舌之所讲者,均与平。"②

夏震武关于井田的论述,主要集中在《孟子讲义》一书中。夏氏门人周钟岳在为乃师撰写墓志铭,提及清末刘廷琛主政京师大学堂时,聘请夏震武担任教习,后者以《孟子讲义》《〈大学衍义〉讲授》等书教授诸生。查刘氏于1908—1911年间任京师大学堂总监督,由此可知夏震武此书撰写于这段时间。

清季最后十年,中国被进一步卷入由西方列强所主导的资本主义体系之中,广大的内地农村处于破产的边缘,不少农民失去土地,涌入城市,成为社会身份低下的工人;此外,清廷为了自救,进行一系列新政,需要大量税款,这进一步加重了民间的负担;最后,城市的资本主义工业,也面临与19世纪西方一样的情形,工人薪水微薄、生活条件极差。凡此种种,使得民生问题在辛亥革命前夕显得日趋严峻。或许是有感于此,夏震武在《孟子讲义》中强调:

> 天下之乱生于争,争生于贫富不均。富者田连阡陌,贫者家无立锥。贫相轧,富相耀,贫富相欺相妒。兼并成风,弱肉强食。

---

① 夏震武:《〈大学衍义〉讲授》,载王波编《中国近代思想家文库·夏震武卷》,第27页。
② 夏震武:《孟子讲义·井田篇》,载王波编《中国近代思想家文库·夏震武卷》,第156页。

怨毒之积,郁久必发,而大乱生。胜、广、黄巢、张、李,一呼而响应,四起而蜂聚,则皆激于贫富不均而起。社会党之学说,蔓延于西洋,流布于中国,将有贫富革命之祸。故先王之井田不复,则乱不止。①

正是因为"贫富不均"会造成极为严重的后果,一旦统治者忽视这一问题,置恢复井田于不顾,那么按照夏震武所强调的政治伦理,此乃有悖为君之责:

> 上不能制产授田,而赋民自置之田以为养。衣食租税,事出无名,暴征横敛,百计朘削。费用无计,仓库无蓄,兴作无常,山泽无禁,树蓄无制,荒札无备。移民移粟,使民弃其室家,迁徙靡定,老弱沟壑,少壮流离。疠疫兵燹,更起迭作,生者一,死者十。养生丧死无资,则皆由井田之废。井田废。井田废,则杀民之身。②

近代以来,随着资本主义体制下的"自由贸易"理念在中国流行,有心之士希望从中国古籍当中寻找可与之接榫的历史或学说。司马迁在《史记·货殖列传》中写道:"善者因之,其次利道之,其次整齐之,最下者与之争。"③在戊戌变法期间,梁启超根据这段话,借用他所了解的经济学知识,认为:"与之争者,不知藏富于民之义,徒欲朘民之脂

---

① 夏震武:《孟子讲义》,载王波编《中国近代思想家文库·夏震武卷》,第 145 页。
② 夏震武:《孟子讲义》,载王波编《中国近代思想家文库·夏震武卷》,第 145 页。
③ 司马迁:《史记·货殖列传》,北京:中华书局,第 10 册,第 3921 页。

膏以自肥。挽近言利之臣,日日策划筹度者,皆与之争也。"①相较之下,夏震武自然不赞成为政者横征暴敛,大肆盘剥,但他认为要改变这些苛政,也并非"善者因之"那样的放任就可解决,而是必须"制产授田",从土地制度上根本解决民生的困境。如果说梁启超式的阐释是一种深受19世纪资本主义发展之影响的结果,那么夏震武从儒家学说中汲取的政治资源,使他对"富者田连阡陌,贫者家无立锥"的状况具有极强的敏感度:

> 议者曰:贫富之不齐,势也,何必均? 则应之曰:家有百亩之田而生十子,其三子者据而有之,其七子者冻饿垂毙焉。为父母者坐视其死与? 抑将起而均之与? 议者曰:田少人多,人日增,田不给,均之何益? 则应之曰:一家数口而得米数升,为家长者听其强食弱饿与? 抑均而食之与? 均食而死,死于天;强食弱饿而死,死于人。②

可以说,正是因为夏震武有"不忍人之心",所以非常不同意"贫富之不齐,势也"这样的论调,坚持恢复井田的正当性。按照他的思考方式,能不能做到均贫富是一回事,有没有这份心思又是另一回事,这与其说是一个技术性问题,不如说是一个立场与价值观的问题,即"井田者帝德王道之本,周、孔生于今日,舍井田必无平天下之术"。③

---

① 梁启超:《〈史记·货殖列传〉今义》,载吴松等点校《饮冰室文集点校》,昆明:云南教育出版社,2001年,第1集,第5页。
② 夏震武:《孟子讲义》,载王波编《中国近代思想家文库·夏震武卷》,第151页。
③ 夏震武:《孟子讲义》,载王波编《中国近代思想家文库·夏震武卷》,第157页。

犹有进者,夏震武认为在人们眼里,恢复井田可能属于不顾现实的多此一举,因为如欲惠及民生,可以有很多政策与制度上的局部调整,无须如此这般大动干戈。对此他指出:

> 议者曰:在上者有志乎民,则省刑薄敛皆可为;在下者有志乎民,则社仓农学皆可讲。何为发大难,创高论,以行井田?则应之曰:在上者不行井田,而言省刑薄敛,则省刑薄敛可以救一时,不可以均天下平天下;在下者不讲井田,而言社仓农学,则社仓农学可以救一乡,不可以均天下平天下。孔、孟瘏口焦舌之所讲者,均与平。后人必力持兼并之说以反之,是孔、孟所讲皆无用之学,四书五经可废矣。[1]

在这里,夏震武用一种十分肯定的语气强调,如果想践行儒者的为万世开太平之道,那么具体而局部的制度修补是远远不够的,必须于大根大本处进行全盘的变革。井田制所针对的并非"一乡一时",而是"均天下平天下"。他甚至将此上升到中国之所以为中国的高度,即"闭关自守之世,行井田足以弭乱;中外通商之世,行井田可以救亡",这是因为"立国各有其本",若忽略这一点,则"国无独立之性,国必亡"。[2]

这就带来另一个问题。作为一项由国家政权将土地收为国有,然后再平均分配的制度,在可耕作的土地面积没有太大变化的情形下,必然会涉及抽多补少,将一部分兼并而得的土地分给无地平民的

---

① 夏震武:《孟子讲义》,载王波编《中国近代思想家文库·夏震武卷》,第156页。
② 夏震武:《孟子讲义》,载王波编《中国近代思想家文库·夏震武卷》,第157页。

问题。夏震武已经意识到,这在政治与经济伦理上,或许会带来非议:

> 议者曰:井田废,兼并行,始于春秋,不始于商鞅。孟子去古近,复之易。今去古远,夺富民之田以养平民,不仁已甚。处数千年后,持不可复之法以必其行,秦皇、汉武不能。则应之曰:法非虽近不当复,法是虽远亦当复。如其说,复井田者夺富民之田,以养贫民,不仁已甚;则孟子策齐、策梁、策滕,必复井田,毋乃首为不仁之甚者耶……议者不知哀多益寡,抑强扶弱,为王者平天下之大道,而遽以不仁斥之,率天下弱肉强食,而后谓之仁耶?①

很明显,夏震武这里揭示出两种"仁政"。一种认为从富人的立场出发,维持现有的贫富不均局面,而不去做违背长期奉行的政策之变革,这便是"仁政"。另一种就是夏震武所坚持的,漠视贫富不均,为肉食者辩护,把替平民谋利益的"哀多益寡,抑强扶弱"行为污名化,这才是不仁之至。真正的仁政,是站在大多数贫穷无告的人的立场上,思考如何彻底消除这些惨状。用曾经流行的话说,关于何谓"仁政"的认识,其实与人们站在哪个阶级的立场上思考问题息息相关。当然,古典意义上的"百姓""民",按照实证史学的观点,可能指的只是与统治者有亲缘关系或从属关系的贵族,但这些名词一旦成为儒学话语中的一部分,在"行不忍人之政"主张的潜移默化下,已经逐渐

---

① 夏震武:《孟子讲义》,载王波编《中国近代思想家文库·夏震武卷》,第 157 页。

变成泛指所有受儒家教化影响的天下苍生,这种知识感觉,恐怕并不
完全可借"实证"来证明之。夏震武正是在这个意义上坚持恢复井田
的必要性,因为这才是体现儒家"民为本"的核心要义。就此而言,夏
氏虽服膺程朱,但在思想风格上,极不同于在晚清饱受批判的那种作
为官学的理学。他是从一种倾向于平民的立场出发,分析当时中国
社会中切实存在的社会矛盾。在这里,看似"守旧"的程朱理学也能
产生一种颇为"激进"的社会改造方案。

四 现代儒者的经世理念:以蒙文通为例

治国平天下是历代大多数儒者的思虑所在。陈寅恪言:

> 儒者在古代本为典章学术所寄托之专家。李斯受荀卿之
> 学,佐成秦治。秦之法制实儒家一派学说之所附系。《中庸》之
> "车同轨,书同文,行同伦"为儒家之理想制度,而于秦始皇之身,
> 而得以实现之也。汉承秦业,其官制法律亦袭用前朝。遗传至
> 晋以后,法律与礼经并称,儒家《周官》之学说悉采入法典。夫政
> 治社会一切公私行动,莫不与法典相关,而法典为儒家学说具体
> 之实现。故二千年来华夏民族所受儒家学说之影响,最深最钜
> 者,实在制度法律公私生活之方面。[1]

因此,对于在现代中国认同儒家理念的学者而言,能否根据新的历史

---

① 陈寅恪:《冯友兰中国哲学史下册审查报告》,载《金明馆丛稿二编》,第283页。

形势,重新阐释儒家经世之道,就成为一项十分重要的课题。在这个方面,近代蜀学的代表人物蒙文通的思考很值得重视。

近代巴蜀地区,自张之洞在清季创办尊经书院之后,士子向学之风日盛,学风独树一帜,学界名家辈出,在近代学界上具有不小的影响力。清末以来,蜀地名家辈出。在经学方面,由于王闿运曾任教尊经书院,流风所及,遂有廖平、蒙文通一脉的宗今文经之学人,其经学观点独树一帜,随着今古文之争日炽,复广为人知,引起众多关注。①此外,盛极一时的"少年中国学会"中也有不少川籍学子,后来他们与社会主义者分道扬镳,成立"中国青年党",曾琦、王光祈等人成为党中主要魁首。而在四川当地,赵熙、宋育仁、林山腴、庞俊、吴之英等"五老七贤"声名广播,成为当地文教兴盛、学风彬彬的象征。生逢其时的刘咸炘更是曾颇为自豪地说:"吾蜀地介南北之间,民性得文质之中,虽经元、明两灾,而文风已渐有兴象,又自东西大通以后,中国南北之大势将变为东西,东如门阈,西如室内,蜀后负须弥而前距海远,山环原野,水如罗纹,亦殊燕、豫、晋、秦之荒漠,后此或将为华化退据之地乎?"②

1944年,蒙文通将自己讨论儒学流变的文章编为《儒学五论》一书,他极为重视此书,视为自己一个阶段的学术工作的总结。关于自己分析儒学流变的思路,他指出:

---

① 关于近代蜀学的流变及在当时学术脉络中的位置,参见张凯《清季民初"蜀学"之流变》,《近代史研究》2012年第5期,第107—127页。
② 刘咸炘:《史学述林》,载黄曙辉编校《刘咸炘学术论集(史学编)》下册,桂林:广西师范大学出版社,2007年,第597页。

倘曰仲尼祖述尧舜、宪章文武,盖以推本历史经验,撰为应物之良规。《诗》《书》《礼》《乐》者,先代之成宪也,删而订之,以诵以说,于后言之,史固也资乎儒,以先言之,而儒也亦资乎史,世益降史益变而儒益变,儒史相资而不穷,为变而不可极,所至亦富也。①

可见,他是把儒家思想置于历史进程之中来考察,同时又将儒家思想作为一种标准,来衡量历代史事的得失,历史性与道义性相结合,使"道"不离"事",因"事"而见"道"。这样既能避免脱离事实的迂远之论,也能防止摒除道义的冷峻之言。

在《儒学五论》中,蒙文通继承其师廖平的经学主张,认为理解汉代儒者的学说,必须从制度入手,即分疏当时的儒者是如何叙述古代制度的。只是在廖平那里,分辨制度是为了认识经学内部的今古文之别,而蒙文通则强调汉儒叙述古制,如井田、辟雍、封禅、巡狩、明堂,并非只是为了复原后者的面貌,而是借由重新阐述,将自己的政治理想寄托于其中,"皆所以救时政之弊,而冀以跻一世于隆平之域,此固'以《春秋》当新王',而'王鲁''新周'说之所由起"。所谓"通经致用"即指此。因此,"有周之旧典焉,所谓史学者也;有秦以来儒者之理想焉,所谓经学者,实哲学也"。②

依蒙文通之见,汉儒言井田,主要是寄托均贫富、抑兼并的理想;言辟雍,主要是申说出于公心的平民之政,言封禅,主要是表彰"选天

① 蒙文通:《〈儒学五论〉自序(第二稿)》,载蒙默编《蒙文通全集》第6册,第124页。
② 蒙文通:《儒学五论·儒家政治思想之发展》,载蒙默编《蒙文通全集》第1册,第75页。

子"的思想；言巡狩，主要是出于打击地方豪强，"黜陟诸侯"；言明堂，则是寄托广开言路，让人们畅所欲言的愿景。这些主张，由于在帝制时期必然会遭到君主嫉恨，因此只好用如此隐晦的方式来表达。但是由于儒者自身的"软弱性"，很多主张在实践过程中都打了折扣，甚至成为绝响。

很明显，蒙文通之所以如此诠释汉代儒学，是因为他受到他所生活的时代，特别是抗战时期各种政治思潮的影响。当时在大后方，民主政治的呼声甚嚣尘上，并且由于社会主义学说的广泛传播，以及苏联建设的成绩被反复介绍，人们多认为所谓"民主"，不能仅仅局限于政治领域，更要在经济领域体现出来，即改变当时中国地主阶级、买办阶级，以及官僚资本主义对广大民众，特别是农民的剥削，要建立一个防止贫富差距不断扩大的经济制度。被视为现代新儒家开山人物之一的熊十力就宣称："不均平，则弱者鱼肉，而强者垄断，横肆侵削。资本家与帝国主义者，皆天下穷凶极恶也。最下，则一国之内，官纪败坏，以亿兆脂膏，供贪污中饱，不平之祸，极于国破家亡而后已。前世衰亡，靡不如此。"①在此背景下，蒙文通认为汉代的经济政策深受儒家思想影响，强调"均富"与"重农"，防止兼并，保障民生。他认为："自汉至清，亘二千年，社会经济无大变化，岂非以均富思想之故欤！于是节制资本，亦遂为中国长期传统之政策。"②他特别表彰董仲舒的经济主张，认为此乃中国在历史上能避免出现像西方那样激烈的阶级斗争的重要原因：

---

① 熊十力：《读经示要》，载《熊十力全集》第 3 卷，武汉：湖北教育出版社，2001 年，第 582—583 页。

② 蒙文通：《儒学五论·汉代之经济政策》，载蒙默编《蒙文通全集》第 1 册，第 134 页。

儒家忌乎大富大贫，曰"节制资本"，是去大富；曰"平均地权"，是去大贫。我固有之文化，足以定今日之国是，其义独高于欧美，顾不信欤！故仲舒之论，不曰井田，而曰限民名田以赡不足、塞兼并。汉室因之，刺史奉六条诏书问事，其首曰："强宗豪右，田宅逾制"。国史自汉以下，社会经济无剧烈之变动者，非独经师所论、国家所施者，已奠定一自由而平等之基欤……凡欧洲史中封建贵族与工商资本之争、资本与劳动之争，为患稽天者，于中国史悉无之。一若中国民族独不解阶级斗争之事，而孰知即晁错、董子之消息于无形耶？欧美今日所不能解决者，中国于二千年前已处之有其方。安得以我自然科学之后于人，而谓我历史亦后于人耶？[1]

此外，他在《儒学五论》中还极力表彰宋代儒者关于社会救济与乡里互助的学说，认为：

观于宋明以来儒者乡闾教养之意，而后知今之言新村组织者，真罪恶之渊薮也。而所谓平民教育者，亦不过为奢侈之传播耳。皆未足遍及于全部平民。至敦仁厚俗之意，益邈不相涉也。于是一切教养政教之说，皆违于社会之需要，乖于昔贤之旨义。夫养以厚民生，教以养民德，故曰"跻苍生于仁寿之域"。非教养有方，何以能仁寿？非仁寿兼隆，何以为治平？苟非然者，其亦

---

① 蒙文通：《儒学五论·汉代之经济政策》，载蒙默编《蒙文通全集》第 1 册，第 135—136 页。

率兽食于人之世界而已，民亦乌以此生为也。①

以此为标准，蒙文通认为以个人财产权为论述出发点的近代西方政治学说实有不及儒学之处：

其遂于事也，固曰孰为我利，孰为我权，未可让。即于家人父子之间，财利之分明曾不稍假。兄弟之不均，犹视为固然，又况于路之人哉？此亦资产之所由集中，而其义则非我先哲之所知也……今者或鉴于民治而资本之为弊，则谋普通选举、比例选举以易之。然其惟己私之护，未适于是非之公，则未始有异，是得知拔本塞源之义乎？噫！此欧洲文化，直商业民族之产物，而贱丈夫之所为。②

从今天的角度来看，其实不必过分纠缠于蒙文通对于现代政治思潮的了解是否透彻，以及他的这种阐释方式是否有超出史事本身之嫌。而是要注意到他为什么格外注重从社会平等、全民受益、节制资本的角度出发来审视儒家传统，在这里面是否体现出儒家政治德性的光辉之处，是否启示着人们在今天弘扬中华优秀传统文化已成为全社会大多数人的共识之际，我们到底应该从怎样的角度来弘扬传统。

① 蒙文通：《儒学五论·宋明之社会设计》，载蒙默编《蒙文通全集》第1册，第150页。
② 蒙文通：《儒学五论·自序》，载蒙默编《蒙文通全集》第1册，第155页。

五 现代儒者的制度论述:以钱穆为例

鸦片战争以来,中国传统政治制度在世变面前显得千疮百孔、漏洞频出。在此背景下,近代启蒙运动中孟德斯鸠等人将中国的制度视为"专制"的论述,通过明治时代日本学者的传播,深刻影响了晚清知识分子的历史观与政治观。梁启超、孙中山等人都视中国秦以后的制度为"专制政体",通过报刊,对之展开声色俱厉的声讨。如梁氏的《中国专制政治进化史论》依据西方政治学中的一些概念,并通过与西方的历史进行比较,进而认为中国在当时依然处于"近世专制政体"[1]影响所及,无论是立宪派还是革命派,都将驱除专制作为自己的主要政治主张。[2] 中国历史,特别是政治制度的沿革,就更不足以被时人用积极客观的眼光来看待。

在热爱中国传统,一生都在大力弘扬中国传统正面价值的钱穆看来,这正是现代中国人难以对中国古代政治产生清晰认识,进而从中国历史与现实出发进行政治实践的主要障碍。据他自己回忆,1930 年代在北大任教时曾想在历史系开设"中国政治制度史"一课,但被实际把持系务的傅斯年强烈拒绝,最终只能移席法学院讲授。[3] 及至 1952 年,钱穆在台湾演讲"中国历代政治得失",把之前一系列

---

[1] 梁启超:《中国专制政治进化史论》,载吴松等点校《饮冰室文集点校》第 3 集,昆明:云南教育出版社,2001 年,第 1648 页。

[2] 关于"专制"这一话语在近代中国的传播状况,参见侯旭东《中国古代专制的知识考古》,《近观中古史——侯旭东自选集》,上海:中西书局,2015 年,第 310—343 页。

[3] 钱穆:《八十忆双亲·师友杂忆》,北京:生活·读书·新知三联书店,2005 年,第 162 页

关于中国古今政治问题的思考贯穿其中,最终以讲稿为基础整理出版,成为他的讨论中国古代政治制度的代表作。

在《中国历代政治得失》一书中,钱穆主要着眼于"政府的组织""考试和选举""政府的赋税制度""国防与兵役制度",认为这四个方面基本涵盖了中国古代政治的主要面向,许多政治活动都在此范围之内进行。① 钱穆的这个叙述框架,基本上是在中国社会内部的整体变革之中来思考制度问题,涉及政府机构的设立、人才铨选的社会基础、经济与政治的关系、军事与政治的关系等关乎国计民生的重大议题。就此而言,钱穆是希望通过叙述中国历代制度流变,将其变迁史迹给"原理化",形成一种审视中国政治的视角或标准。

钱穆认为中国历代制度有其内在的变化特征,要审视得失,必须寻其源流,探其影响,尤其需要认识到"任何一制度之创立,必然有其外在的需要,必然有其内在的用意,则是断无可疑。纵然事过境迁,后代人都不了解了,即其在当时,也不能尽人了解得,但到底这不是一秘密"。②

要做到这一点,就必须区分评判历代制度的"历史意见"与"时代意见"。前者指"在那制度实施时代的人们所切身感受而发出的意见。这些意见,比较真实而客观"。后者则是"该项制度早已消失不存在,而后人单凭后人自己所处的环境和需要来批评历史上已往的各项制度"。③ 历史叙述不能完全与研究者本人的意识形态基础相

---

① 钱穆:《中国历代政治得失》,北京:生活·读书·新知三联书店,2018年,前言,第5页。
② 钱穆:《中国历代政治得失》,前言,第2页。
③ 钱穆:《中国历代政治得失》,前言,第3页。

脱离,所以"时代意见"并非不重要,但钱穆所强调的是"我们不该单凭时代意见来抹杀已往的历史意见"。① "时代意见"必须以"历史意见"为基础,这样才能较为全面地审视历代政治得失。

因此,在《中国历代政治得失》一书中,钱穆基本上就是把"历史意见"与"时代意见"相结合,对中国传统政治实践进行考察。在笔者看来,最能体现钱穆将"历史意见"与"时代意见"相结合来考察中国古代制度的例子就是对宋代制度的论述。按照一般印象,宋代"重文轻武",士人地位颇高。但在钱穆看来,如果从皇权和相权关系的角度来看,"宋代的最高政令之最后决定权在皇帝,而不在宰相,至少皇帝就不仅有同意权,而有参加意见之权了。宰相不过是奉命行事,所以君权就重,相权就轻了"。② 在此情形下,表面上看起来宋代实行右文之政,但士人地位的高涨不能表明其对皇权有了更多的制约。皇帝为笼络士人,提高谏官的政治地位,使之脱离门下省,不再隶属宰相,"于是谏官遂转成并不为纠绳天子,反来纠绳宰相"。在皇权的操纵之下,有声望有影响的士人以担任谏官为荣,以不附和宰相为自我标榜之举,"这一来,却替政府设立了一个只发空论不负实责的反对机关。他们尽爱发表反对政府的言论,而且漫无统纪,只要是谏官,人人可以单独发表意见。政府却不能老不理他们的意见"。③ 这一现象如果仅凭"时代意见"而论,自然类似某种"公共舆论"之雏形,但以"历史意见"观之,它反而破坏了汉唐时期制度分工的精髓,打破了某种政治平衡,造成一定程度上的政治紊乱。由此可见,钱穆

---

① 钱穆:《中国历代政治得失》,前言,第3页。
② 钱穆:《中国历代政治得失》,第80页。
③ 钱穆:《中国历代政治得失》,第84—85页。

虽然极力表彰士人在中国传统政治结构中的重要意义,但他并非把后者表面上地位的高涨视为良政的象征,而是深入制度的渊源流变之中去具体分析不同政治群体的实际地位与作用。

此外,早在抗战前于北大讲授秦汉史时,钱穆就指出"富民豪族之兼并,贫富之不均,社会经济所形成之阶级"乃"西汉二百年最大待解决之问题",而西汉王朝却未能克服此弊,致使"社会贫富之不均,豪家富民之侵夺兼并,乃至习若固然"。①　很明显,虽然钱穆对马克思主义史学持保留意见,但他在思考历史问题时却同样带有很强的社会经济视角,着眼于分析历代社会等级与经济分配状况。或许也正因为这样,对于历代经济制度的梳理占据《中国历代政治得失》一书中不小的篇幅,其评价标准也和《秦汉史》中所论一脉相承。比如他认为汉代制度的首要缺点就是"土地问题没有解决,形成兼并,富者连阡陌,贫者无立锥之地,使政府的减轻租税政策,全失功效"。②但汉代至少在国家政策方面还在努力减轻土地兼并。及至唐代中叶以后,为了保证国家税收,开始施行两税法。在钱穆看来,此举固然能维系唐王朝的日常开支,但"政府为着财政收支以及征收手续之方便起见,而牺牲了历史上传统相沿的一项经济理想,即土地平均分配的理想"。其后果,"自然会引起土地兼并,贫富不均等,耕者不能有其田,而奖励了地主的剥削"。③　可见,钱穆在叙述中国历代制度流变时,并非仅着眼于政府机关的沿革、人事安排的变动,而是很在意某一制度所造成的社会经济后果,而他衡量此后果的标准便是能否

---

① 钱穆:《秦汉史》,北京:生活·读书·新知三联书店,2018 年,第 318 页。
② 钱穆:《中国历代政治得失》,第 28 页。
③ 钱穆:《中国历代政治得失》,第 66 页。

有助于"均贫富",实现社会平等。联系钱穆撰述此书的时间,不得不承认他对历史与时代的思考深具洞察。这也是今人阅读钱穆论史论政作品时必须注意的一点。也只有认识到了这一点,或许才更能理解钱穆在 1980 年代这一全球社会主义运动出现低潮的岁月里,却依然称赞大陆倡导建设"中国特色社会主义"乃"甚有思路",并强调:"中国之社会经济,终必归于通财共产,以大群一体为主。"①

尤有进者,钱穆扬榷中国历代制度流变之得失,自然不是为了一味彰显中国传统政治的华美,而是希望能从历史实践出发,看到由于历史流衍而不断堆积的基本问题,让政治实践者能够探本寻源,对症下药。在《国史大纲》中他就呼吁:"一民族政治制度之真革新,在能就其自有问题得新处决,辟新路径。不管自身问题,强效他人创制,冒昧推行,此乃一种'假革命',以与自己历史文化生命无关,终不可久。"②而《中国历代政治得失》的要义之一便是通过叙述历史来彰显现代中国所必须面对的真实存在的基本政治问题。

比如在钱穆的叙述里,汉武帝以降中国政治的主要参与者便是士人,"士人政府"乃中国区别于同时期各国的主要特征,中国文化之所以能绵延不断,也与此息息相关。但钱穆同时指出,正因为士人群趋而入仕途,导致官场之路异常拥挤,结党营私、门阀世家等弊病也随之而生。特别是在唐代实行科举制后,"全国知识分子,终于求官者多,得官者少,政府无法安插,只有扩大政府的组织范围。唐代前后三百年,因政权之开放,参加考试者愈来愈多,于是政府中遂设有

---

① 钱穆:《略论中国社会主义》,《国史新论》,北京:生活·读书·新知三联书店,2018年,第64、78页。
② 钱穆:《国史大纲》下册,台北:台湾商务印书馆,1995年,第911页。

员外官,有候补官,所谓士十于官,求官者十于士,士无官,官乏禄,而吏扰人,这是政权开放中的大流弊。此项流弊,直到今日仍然存在"。① 在这样的政治文化里,固然可以让天下英才汇集于朝廷,但另一方面,也导致国家机器越发臃肿繁复,行政效率难以得到保证。此乃中国政治的痼疾之一。

此外,在钱穆看来,中国政治更为严重的问题是近代以来政治重心的缺失。在《中国历代政治得失》的结尾处,钱穆指出:

> 一个国家的政治,到底还脱离不了权。而政治权之稳固,一定要依赖于一种为社会大众所共同遵守、共同信仰的精神上的权。那个权推翻了,别个权一时树立不起来,一切政治也就不能再建设……这不是制度本身的力量,也不是政治上其他力量所压迫,而是社会上有一种共尊共信的心理力量在支持。当知一切政治,一切制度都如此。②

对于现代中国而言,政治建设中的深层次问题就是如何重建一套主导性意识形态,否则即便制度设计颇为精良,但作为政治实践者的人如果缺少对这套制度及其背后的立国精神有自发的认同与信仰,甚至对这些要素阳奉阴违,那么很可能难以真正做到根基牢固与长治久安。钱穆坦言:"中央威信如何能建立,这就成为辛亥以来政治上一个大问题。我们若拿不出一个为全国人民共尊共信的东西来,这

---

① 钱穆:《中国历代政治得失》,第 58 页。
② 钱穆:《中国历代政治得失》,第 171—172 页。

工作自会感觉到困难。"①对于这个问题,自然可从历史研究中寻找解决的思路。但正所谓知难,行亦不易,这更需要具有政治与文化担当意识的政治实践者时常予以注意,不断探寻如何树立稳固的文化领导权。

　　总之,钱穆认为中国有着十分悠久的国家治理经验,虽然面临过各种各样的大小问题,但作为政治与文化共同体的中国却依然能延续至今,这本身就彰显出中国古代的政治智慧不容小觑。而今日的当务之急与其说是以某种域外理论为标准对中国古代政治进行教条式的抨击,不如尝试拨开近代新旧思潮纠缠不清所造成的迷雾,从中国自身的历史演进过程中去探寻中国历代政治的得与失。特别是"失",必须置诸历史的背景之下来看待,明晰各种痼疾绝非一朝一夕所形成,而是积年累月渐渐凸显出来,其复杂性需要仔细考量。其实钱穆并不反对革命,他认为当一个力量在阻碍历史的进程时,"非把此力量打倒不可。这个非打倒不可的情势,就逼成了革命"。② 但是革命之后的建设却不应忽视中国历代政治实践中所显现出来的良法美制,要把握其创立与运作的内在逻辑,重视其具有原理性的内涵,让新的政治架构能够与之接榫,进而夯实根基。在这个意义上,包括《中国历代政治得失》在内的钱穆史学论著,就已经不再局限于历史学的范畴了,而是蕴含着深刻的政治教育意义。

---

① 钱穆:《中国历代政治得失》,第 178 页。
② 钱穆:《中国历代政治得失》,第 170 页。

附录：中国现代学术史大事记（1911—1949）

　　案:这篇文章是为一本即将出版的中国现代学术编年所撰写的按语,附于每一年的相关材料之后,合而观之,或可呈现一些中国现代学术发展历程中关键的组成部分。当然,所谓"关键""大事",自然带有极强的主观色彩,因此,这里所提及的也只是笔者眼里影响着中国现代学术进程的重要史事。选取标准,除了着眼于学术本身,更关注学术、政治、世运之间的复杂关系,避免脱离具体的时代背景而空谈学术。毕竟,修己安人,圣人所言,学以济世,古之明训,如果真有所谓"学术社会",那也是内在于"中国社会"之中的,后者的状况无时无刻不在影响前者,而前者能否对后者有所贡献,能否解决后者的基本矛盾与基本问题,大概也是判断某一类学术之高下的重要标准吧。

1911 年

这一年,武昌起义爆发,随后各省响应,清帝宣布退位。这在中国历史上具有十分重要的意义,堪称一个历史新纪元。数千年之久的帝制被推翻,中国建立了共和政体。如果把时间拉长一点,这场革命的酝酿,从戊戌变法之后就已开始。先是孙中山等人在广东组织革命团体,宣扬革命思想。庚子事变之后,大量留日学生接受革命宣传,成为革命的最主要参与者。而武昌起义之后,许多原清廷的地方大员,在很短的时间内就宣布响应,这一点也大出人们的意料。凡此种种,不但影响着辛亥年之后的中国政治走向,而且在很大程度上形塑了民国时期的思想与学术的基本格局。首先,章太炎、康有为、严复、梁启超等在辛亥前十年舆论界影响深远的士人,他们的基本学术观点在民国时期引起了非常多的回响,即便是对他们观点的反思与批判,也是建立在他们所树立的学术路径之上的。其次,辛亥革命所宣扬的基本政治理念,如民主、共和等,成为民国时期学术发展背后的基本政治意识,一旦对此有所非议,将很难在主流学术界中占有位置。换言之,辛亥革命是民国时期不同学术流派都默认的一个思考中国问题的政治前提。最后,辛亥革命的最主要鼓吹者,要么是国内的士绅阶层,要么是与他们有千丝万缕联系的留学海外,特别是留学日本的学生。这些人的阶级出身、成长经历、知识结构、政治立场,在很大程度上影响着民国时期的学术风格。当新一代知识分子登上历史舞台时,在很大程度上也是在对他们的"扬弃"中形成自己的学术意识的。总之,不能充分理解辛亥革命的历史意义,将很难深入探讨中国现代学术的基本特征。

1912 年

　　这一年,在政治上、学术上,人们最主要的关注点莫过于思考如何建设共和政府。从过程来看,辛亥革命并不算十分曲折,也没有大规模的流血与杀戮,但关于中国未来的诸多重要问题,许多参与其中者却没有一个十分清晰的答案。清末的政治与学术思潮,除了继承中国传统学术,特别是清代学术的许多内容,在很大程度上是受到被日本学者重新阐释过的西学之影响。这就导致大多数时人对世界形势的认知,虽然接受了不少内容,但深度、广度与准确度都极为有限。这一点在民国政府建立之后体现得尤为明显。虽然当时的中国号称亚洲第一个共和国,但何谓共和? 何谓民主? 约法内容与宗旨为何? 政治组织应该怎样? 元首任命有何程序? 这些关乎新政权能否稳定的基本要素,在当时成为不同政治团体与知识分子之间争论的焦点。虽然他们当中没多少人意识到,当时占中国绝大多数人口的农民在这场革命中并未获得什么利益,他们依然是政治上的"失语者"。不过,从学术发展的角度而言,这有助于人们进一步了解近代西方国家的政治、经济与社会面貌,有助于向国人普及现代政治学知识,但总体来看,这些论辩依在深度上依然有着比较明显的局限性。在许多关键问题上,也不是从中国社会的基本现实出发,而是向各种域外学说讨求答案,许多人对中国问题的分歧,除了现实的利益诉求不同,在很大程度上是由于各自汲取了不同的西学资源。这种思想风气也深深影响着民国学术的面貌。

1913 年

"无量金钱无量血,可怜换来假共和。"这句诗或许是本年不少关心中国命运的人的共同感觉。国民党的健将宋教仁在上海遇刺,凶手背后的操盘之人直指时任民国大总统的袁世凯的手下健将赵秉钧。这让曾经对选举政治颇为热衷的国民党人十分愤怒。李烈钧、柏文蔚等国民党地方要员起兵反袁,由于兵力悬殊,不久便溃败。当然,与后来国民党的自我宣传不同,当时国内不少群体对他们的军事行动并未表示过多支持。反而是一直有侵略中国野心的日本,希望利用国民党来搅乱中国政局,以便从中受益。而袁世凯于是进一步展开自己的政治布局,特别是加强大总统的权力。值得注意的是,之前其实有不少人对他寄予厚望,觉得以他的政治经验与政治能力,能够"巩固国权",为新政权奠定稳固根基。章太炎、梁启超、严复等学术领袖都如此认为。章太炎不但积极参与议政,在本年还担任东三省筹边使,希望在边疆治理方面大显身手,可是最终却难有作为。与此同时,借着袁世凯对孔子与儒学表现出较为支持的态度,康有为、陈焕章等人主导的孔教会开始逐渐地扩大影响,它表面上是学术团体,实际上却带着鲜明的政治诉求。必须承认,孔教会的成员及其支持者在儒学阐释上有着不少的洞见,许多人对中国传统的热爱也是发自内心的。但是由于他们与袁世凯集团的关系较为暧昧,因此他们的许多言说,也就成为后来新文化运动打倒孔家店的直接对象。

1914 年

本年,袁世凯开始进一步独揽大权。他的公开祭孔,是当时政治与学术界的一件大事。袁世凯的主要政治伙伴徐世昌担任新成立的"孔社"社长,陈焕章等人的孔教会上书政府,请求立孔教为国教,这彰显出袁世凯政权的基本文化立场。而其他的政治力量,进步党被进一步地边缘化,之前以熊希龄为首的"一流内阁"最终遭遇的却是大好抱负付诸东流。国民党的主要人物流亡日本,希望获得日本方面的某种帮助。不过,本年却有三个关系到民国学术走向的新内容出现。首先,章士钊在日本创办《甲寅》杂志,由于章士钊曾留学英国,深谙英国的政治理论,而且较为精通逻辑学,因此这份杂志在内容上与风格上都居于上流。它向国人介绍了不少近代西方政治思想,而且内容上比较稳健,同时形成了一种逻辑性与典雅性兼具的文风。更有为重要的是,后来新文化运动中的一些主将,如李大钊、高一涵等,都和章士钊及这份杂志有着千丝万缕的关系。此外,章太炎高足黄侃开始任教于北京大学文科,开始慢慢改变后者由桐城派占据的局面。随着黄侃的加入,一批章门弟子开始在北大站稳脚跟,后来的白话文运动、反传统思潮,无论是赞成还是反对,都有章门弟子的参与。最后,胡适从美国康奈尔大学毕业,入哥伦比亚大学研究生部,师从杜威研究哲学。虽然今天不少研究都可以证明胡适很可能并未对杜威的学术有很全面的了解,但胡适后来在国内长期以杜威高徒自居,介绍他所理解的"实验主义",对民国学界,特别是不少年轻人颇有影响,胡适的研究成为他们认识哲学,甚至认识美国的基本知识来源。

1915 年

本年,袁世凯在其子袁克定,以及杨度等"筹安会六君子"的鼓动下,选择放弃共和,帝制自为。他原以为这一行为在古德诺这样的美国政治学家的支持下,在袁克定所制造的虚假民意(袁世凯后来才意识到这一点)下,会较为顺利地进行。没想到却遭到各方的反对。梁启超的《异哉所谓国体问题者》一文影响极广,使得那些支持帝制的论调黯然失色。其弟子蔡锷,联合西南地区的其他军事领袖,组建讨袁军。而在北洋系内部,支持袁世凯称帝的人也不多。因此,袁世凯此举反而加剧了北洋系内部的分裂。今人常说袁世凯的失败是由于民主共和观念深入人心,但其实更与袁世凯的政治整合能力有限,时人认为袁世凯"德不配位"颇有关系。因此,袁世凯称帝的行为对民国思想界、学术界造成极大的冲击,启发人们开始思考为何共和政体已经成立数载,帝制思想却依然存在。后来一波又一波的反传统思考与此也不无关系,袁世凯也成为中国近代史上的著名负面形象。此外,本年《青年》(后改名为《新青年》)杂志在上海创刊,主编是自清末起就参与政治运动的前革命党人陈独秀。这份刊物的出现极为深远地影响着民国时期的思想与学术。值得注意的是,早期《青年》杂志的撰稿人,多为陈独秀的安徽同乡,并且与《甲寅》杂志联系紧密,不少人在清末也积极参加革命活动。因此,虽然这份杂志名曰"青年",但从主编到主要撰稿人,实为经历了不少政局变动的中年人。正是因为对之前政坛的失望,才使得他们将言说对象寄托在青年身上。在这个意义上,《青年》杂志在论说风格与预期读者上,与梁启超在清末撰写《少年中国说》颇有一脉相承之处。

1916 年

　　本年,袁世凯匆匆忙忙上演的称帝活动最终在一片讨伐声中失败,作为一代枭雄的他不久之后也与世长辞。其实从清末开始,一直有不少新派士人对袁世凯寄予厚望,觉得他政治能力突出,具有一定的变法思想,希望他能带领中国走出颓境。而袁世凯的政治生涯却以这样的方式落幕,遂让很多以他为样本而量身定制的各种政治方案彻底落空。章太炎、梁启超、严复等曾经寄希望于袁世凯的人,也必须重新思考未来中国的道路应该如何走。由来只有新人笑,谁人听得旧人哭。在比他们小一辈的人看来,这些清末的思想先驱已经逐渐"落伍"了,他们不再是过去的思想学术弄潮儿,而是必须予以反思甚至批判的对象。只有把他们的"局限性"曝光于世,新一代知识分子才能更为自信地登上历史舞台。本年在学术界发生了三件意义重大的事情,它们对于之后的中国学术发展影响深远。首先,正在美国留学的胡适致书友人梅光迪,讨论文学改良问题。后来新文化运动中轰轰烈烈的白话文运动实肇始于此。这不但是文体上的变革,更是思想领域的巨大转变。胡适后来关于白话文学的许多观点,从他写给梅光迪的信中都能找到端倪。其次,湖南人易白沙于本年2月在《新青年》杂志上发表《孔子评议》一文,开新文化运动批孔之先声,后来许多批判孔子、批判礼教的论述,与易白沙此文一脉相承。而之后陈独秀发表《宪法与孔教》一文,将尊孔与民初的政局联系起来,进一步凸显了新文化运动反传统思潮的政治动因。最后,老革命党人蔡元培被任命为北京大学校长。此后北大就成了新思潮的中心,由那里产生的许多学说与思想,深深影响着民国时期的学术进程。

1917 年

本年,借着袁世凯政权覆亡之后的政治乱局,在辛亥革命之后一直以清室忠臣自居的张勋,在康有为等遗老的支持下,让已经退位数年的儿皇帝溥仪重新"即位"。当时的政治氛围,虽然人们十分不满意民初的政治乱局,但对清廷复辟更是反对。因此这出复辟闹剧没能上演多久就作鸟兽散。而目睹这一切的陈独秀等人,便更加警惕中国传统所可能出现的弊端,于是发起了对孔子、儒学、礼教更为猛烈的抨击。在民国学界,与这一立场比较接近的论述,时常会举袁世凯与张勋的例子作为孔学必须要予以彻底清算的理由。此外,胡适在《新青年》杂志发表了《文学改良刍议》一文,把他在美国关于白话文的思考通过国内的舆论传播开来。不久之后陈独秀发表了一篇言辞更为激烈的《文学革命论》,将白话文与文言文之间的关系提升到革命与被革命的高度,这样从传播的角度而言,固然有助于宣扬他们的文学主张,但是如此评价中国古文,对整个文教体系的损伤将会十分深远,难以愈合。殊不知近代许多仁人志士之所以义无反顾地投身于救亡运动,多半也是读着古圣先贤的文章而成长的,他们热爱的是作为政治与文化共同体的中国。一旦切断了人们与历史文化之间的联系,那么各种政治与文化虚无主义将会慢慢流行开来。这一点,恰恰是陈独秀等人未曾料及的,也是仰慕美国文明的胡适所不愿意花太多精力去思考的。此外,本年十月革命爆发,中国的报刊迅速报道了相关消息。其实,自从 1914 年第一次世界大战以来,在《东方杂志》等刊物上,不少知识分子通过观察欧洲的战局,思考未来世界局势的变化与中国的前途。他们意识到阶级、文明、帝国主义等因素对现实政治的影响,同时注意到欧洲资本主义文明在这次大战中显现出来的各种弊病。这些言说其实已经为十月革命很快引起中国知识分子的瞩目打下铺垫。

1918 年

本年,《新青年》杂志的影响越来越广,胡适、陈独秀、钱玄同等人继续撰文,提倡白话文、抨击孔子与儒家。此外,与钱玄同同为清末章太炎弟子的鲁迅,在《新青年》杂志上发表小说《狂人日记》,这不单是中国现代小说史上的里程碑事件,更极大推动了反传统主义的流行。这篇小说用了不少修辞与隐喻,把中国传统的大量弊病暴露无遗。由此以后,“吃人”成为人们对旧礼教、旧道德的主要印象。“救救孩子”成为一代又一代知识分子投身反思传统运动中的主要精神动力。民国学界长期以来反传统之风盛行,在一定程度上与鲁迅这篇小说,以及他撰写于同时期的大量杂文息息相关。与此同时,另一位章太炎的高足,也是新文化运动的支持者朱希祖于本年担任北京大学历史系系主任。北大历史系是现代中国大学里的第一个历史系。从清末开始,梁启超等人就呼吁改造中国的“旧史学”,如果联系到历史之学在中华文明中举足轻重的地位,那么从梁启超到朱希祖,许多"新史学"的构想开始从报纸杂志的呼吁变成教育制度与学科建设的实践。在民国学界,史学是少数几个有不少优秀成果的学科,而要想理解民国时期史学的基本特征,大学里历史学科的发展演变史实为不容忽视的内容。就此而言,朱希祖对北大历史系教学与研究的规划,是考察民国学术基本特征之时必须重视的问题。而随着十月革命的信息在中国的传播,新文化运动中的另一位健将李大钊于本年发表了《庶民的胜利》一文,公开称赞十月革命的历史意义。"十月革命一声炮响,给我们送来了马克思列宁主义。"李大钊无疑是这一过程中的先驱。与其同时,在湖南长沙,一个新的学术团体成立了,名字叫"新民学会",创办人有毛泽东、蔡和森等人。这个团体一方面继承了近代湖湘之学的经世致用传统,一方面深受梁启超等清末思想界领袖的启发("新民"二字即借用自梁启超主编的《新民丛报》)。它刚成立时并未能引起太多人的注意,但它的主要成员,却深深影响了中国与世界的历史进程。

1919 年

本年最重要的历史事件莫过于五四运动。巴黎和会上中国受到东西列强极不公正待遇,丝毫没有体现出所谓一战战胜国的尊严,美国总统威尔逊的政治许诺最终流于空言,让大多数中国知识分子对近代资本主义文明产生一种极强的批判意识,他们开始寻找新的救国之路,马克思列宁主义受到越来越多人的关注。李大钊在《新青年》杂志发表《我的马克思主义观》一文,介绍马克思主义唯物史观、政治经济学及科学社会主义原理。不少知识分子在流连于各种流行的主义与学说之后,开始坚信只有马克思主义才能真正救中国。这对民国学术的影响是不言而喻的。此外,面对影响越来越大的新思潮,许多坚持中国传统之价值的老辈学者自然不忍坐视。在清末以翻译大量近代西方小说而闻名的林纾,就在报纸上公开致信蔡元培,批评他放任新思潮的流行。只是林纾虽然名气颇大,但旧学功底绝非一流,因此由他发声很难让人信服。更有甚者,林纾的这封信非但没能改变许多趋新之人的立场,反而给予后者一个进一步批判传统的由头。蔡元培的回信,与其说是自我辩护,不如说是借机进一步宣扬了新文化运动的许多基本理念。林蔡之间的这番往来,昭示着老辈学者的话语权越来越少,学术影响也在日益减弱。同样值得注意的是《少年中国》杂志创刊,少年中国学会的成员开始逐渐走上政治、思想与学术的舞台。其中既有著名的马克思主义者,也有宣扬国家主义的中国青年党党魁。而在此时,他们彼此之间巨大的政治与学术分歧还未显现出来。这份刊物,加上上一年另一份青年同仁刊物《新潮》的声名鹊起,在某种程度上也可视为新一代青年知识分子开始主导中国未来政治、思想与学术的走向。

1920 年

本年,社会主义思潮继续在中国广泛传播。值得注意的是,时人所理解的社会主义,绝非只限于马克思列宁主义,而是包括了无政府主义、基尔特社会主义,以及第二国际的社会主义。在梁启超及其追随者创办的《改造》杂志中,张东荪等人就介绍了基尔特社会主义。此举至少证明,由李大钊等人宣扬的社会主义理念,已经成为各派学者必须正视的问题，否则就很难在主流的舆论场中发出自己的声音。当然，梁启超等人开始讨论思想热点问题，也和他们的"策略"转变有关。民初梁启超醉心于参加政府，并担任了一些重要职位。一战结束后，他借旁观巴黎和会的机会游历欧洲，发现一战之后的欧洲满目疮痍、民不聊生，于是相信中国文化是解救西方资本主义文明弊病的良药，加上政坛上的失意，使他决定今后的行动方针将以学术活动为主。本年发表在《时事新报》上的《欧游心影录》，在某种程度上可视为晚年梁启超重回学术界的宣言。此后，他和与自己志同道合的知识分子，如张东荪、蒋百里、张君劢、林宰平等人，开始商议讲学、著书、译书、介入大学管理权等事项，成为当时学术界一支重要的力量。这里面有一个插曲。舒新城在给梁启超汇报当时的学术动态时，特别提及毛泽东在主持的湖南自修大学，并对后者不能加入自己的阵营表示遗憾。梁启超等人之所以致力于此，自然是因为有感于新思潮的迅猛传播。本年，《新青年》杂志从第8卷第1号起，改为中国共产主义者在上海发展组织的机关刊物。作为社会主义运动"圣经"的《共产党宣言》，中文全译本也由陈望道翻译出版。这对于马克思主义的进一步传播，意义是不言而喻的。而在上一年出版《中国哲学史大纲（卷上）》之后，胡适在学术界声名日隆，不再仅以白话文与新思潮的提倡者而闻名。这本书号称以新方法整理旧国故，虽然里面大部分内容都是以西方哲学，尤其是胡适所理解的杜威学说来解读先秦古籍，而且对于不少关键问题的论证在很大程度上是在袭用章太炎的观点，加之一些议论在今天看来颇为有趣，比如称孟子思想为"妈妈政策"，孔子思想为"爸爸政策"，但胡适顶着美国博士的光环（尽管其是否真正拿到了博士文凭长期以来是学术界争讼不休的问题),在书中大谈西洋义理,这对于当时的学者,尤其是青年学子而言,是十分具有吸引力的。顾颉刚、傅斯年、罗家伦等一批北京大学的青年翘楚,都被胡适的学说所吸引。

1921 年

本年最重要的事件莫过于中国共产党的成立。从初生、探索、挫折、壮大,到最后走向胜利,中国共产党的发展史不但改变了中国的历史进程,而且深刻影响着世界的历史进程,在这一过程中牺牲的广大党员,他们是近代中华民族优秀儿女的代表。此外,本年还有以下几个值得注意的学术事件。首先,梁启超的《清代学术概论》一书出版。近代中国学术论争的重点之一就是如何继承与阐释清代的学术传统。胡适虽然在知识结构上也许并无多少旧学痕迹,但他为了能让自己的主张站住脚,遂将清代学术解释为具有"科学精神",把自己的学术思想置于清学的延长线上。而梁启超此书则提出了自己的清学演进史观。从学术脉络上看,他与胡适分庭抗礼之意颇为明显。尤其是关于晚清公羊学的兴起,他用一种亲历者现身说法的姿态,把今文经学与近代的思想解放潮流联系起来。这套论述影响了许多人。其次,南京高师柳诒徵等人创办《史地学报》,撰稿人除了柳氏自己,还包括缪凤林、陈训慈等南京高师史地研究会的学生。他们的史学主张颇不同于北方服膺新思潮诸人,认为中国传统史学,包括中国传统文化都有自己的价值,不应轻易推翻。他们还强调史学研究不应忽视地理学,因此南京高师培养出了像胡焕庸这样的著名地理学家。总之,南京高师的学术风格同样影响着民国史学的发展。甚至从今天的角度而言,属于这一脉络的学者,对于现代中国史学的发展可能贡献更大。最后,梁漱溟于本年出版了《东西文化及其哲学》一书。这本书在内容上虽然显得较为粗陋,但它提出了一个困扰几代中国人的问题,即东西文化之特征何在,优劣关系如何?在这个意义上,这本书具有极为广袤的学术气象。之后,梁漱溟或是通过思考,或是借由实践,去不断探索这本书中所提出的基本问题。他是近代中国少数具有极强行动能力的思想家。

1922 年

本年,著名的《学衡》杂志创刊。这份刊物旨在对抗以《新青年》为代表的宣扬新思潮的力量。主要创办人吴宓也是留学生,并且师从哈佛大学的"新人文主义"领袖白璧德。如此一来,《学衡》虽然反对胡适等人,却不能说它的支持者都是恪守旧章、不谙世事之辈。不过也正因为如此,吴宓、梅光迪等人对胡适、陈独秀思想的批判,与其说是从中国传统的立场出发,不如说是与后者相较,继承的西学资源大不相同。因为吴宓等人对中国传统的认知,在很大程度上是借助白璧德的思想资源。而吴宓本人除了旧体诗写得不错,在对中国传统学术的研究方面其实并无太多成果,不少学术观点很可能来自他的哈佛大学同学陈寅恪。因此,吴宓对于中国传统时常流于"提倡有功,践行无力"。所幸《学衡》的作者群还包括了东南大学的师生,特别是柳诒徵及其门生,他们更为熟悉中国的历史与现实问题,许多文章很"接地气",极具学术与现实价值。因此,考察《学衡》的历史,不能只注意到吴宓、梅光迪、胡先骕等直接批评新思潮、白话文的学者,还应关注这份刊物上发表的其他深入研究中国历史与文化的文章。当《学衡》竖起一面反对《新青年》的大旗时,胡适、丁文江等人创办了《努力周报》,在上面发表了许多关于政治问题的见解。在刚刚结束留学生涯返回国内时,胡适曾经许愿在一段时间内不谈政治,而是致力于为中国的新文化建设奠定根基。但随着时局的变化,特别是马克思列宁主义在中国的迅速传播,胡适先是与李大钊就"问题与主义"展开论战,其背后显现出他们对于中国未来政治发展的不同立场。而《努力周报》的创刊,标志着胡适开始联合与自己志同道合之人,不断地发表政治论说,成为一只颇具政治影响力的派别。这象征着现代中国自由主义者较有组织地介入政治。最后,章太炎于本年在上海举行了几次国学讲演,刚开始时吸引了许多人前来听讲,但后来人数越来越少。其演讲内容由曹聚仁记录,并以白话文的形式结集出版。在新文化运动当中,章太炎既是一个思想的先驱,又是一个不断被新一代知识分子想要"打倒"的对象。但至少从这次上海国学讲演的内容来看,章太炎对中国传统学术的思考,无论是广度还是深度,已是鼓吹"整理国故"的胡适及其簇拥所难以企及的。甚至后者所用的"国故"一词,其意涵也是来自章太炎出版于辛亥革命前夕的学术代表作《国故论衡》。

1923 年

本年,胡适等人依托北京大学国学门,创办了《国学季刊》。在这份刊物的发刊词中,胡适高举"整理国故"的大旗,希望聚集志同道合之人重新整理、叙述中国的历史与文化。值得注意的是,除了胡适,这份刊物的主要参与者多为章太炎的门生,如朱希祖、钱玄同、周作人等。从中国现代学术的发展过程来看,章门的地位与影响不容小觑。尤其是新文化运动中许多批判中国传统的论说,它们在学术研究中的展开,在很大程度上都与亲近新思潮的章门弟子有关。这当然与章太炎本人一方面对中国传统有着近乎全盘性的新解,一方面在清末广泛汲取西学与佛学的资源有关。而晚年章太炎目睹世变,感到在中国的政治与文化问题上不能简单套用西学。因此与他的那批比较"趋新"的弟子渐行渐远,而和弟子中坚守中国传统之价值的走得越来越近。其表现之一就是于本年参与创办了《华国月刊》,主要撰稿人包括了汪东、但焘、黄侃等章门弟子。这份刊物的矛头直接指向胡适等人提倡的"整理国故"思潮,强调研究中国传统必须先树立后者的主体性,不能用一种简单批判的态度来进行研究。这份刊物创办不久,钱玄同就致信胡适,批判自己的老师的守旧。章门内部的新旧之争,在同于本年创刊的这两份刊物中体现得尤为明显。此外,黎锦熙、钱玄同、赵元任、黎锦晖、周辨明、林语堂、汪怡、叶谷虚、易作霖、朱文熊、张远荫于本年组成国语罗马字拼音研究委员会,研制国语罗马字。从晚清开始,不少人认为中国的衰颓是因为文化,而要想更新文化,必须彻底废除汉字,在表达方式上步武西方。后来一批无政府主义者提倡"世界语",殊不知这种"语言"也是以西方的字母和文法作为基础,与其说是"世界",不如说是象征着近代资本主义文明的全球扩张。新文化运动期间,废除汉字的声音一直颇有市场。从今天的角度来看,这一主张无论是在学理上还是可操作性层面,都没有任何道理可言,完全是近代中国知识分子对西方文化的一种扭曲的想象。

1924 年

本年,孙中山在广东高等师范学院礼堂作"三民主义"系列演讲,首讲为"民族主义"。后来这些演讲被整理成书,成为孙中山思想体系的代表性著作。他的"联俄、联共、扶助农工"政策,使国民党这一老牌革命政党获得了较为广泛的阶级基础,具备了极强的组织与动员能力,为后来北伐成功奠定基础。在民国学界,有许多与国民党政权走得很近的学者,他们虽然分属不同的学科,但其学术活动在很大程度上都是在解释、阐发孙中山的三民主义。有一定民族主义情结的,多把三民主义中的民族主义视为近代中国救国之道的代表,而对社会民生问题较为关注者,则时常奉三民主义中的民生主义为圭臬。从学理层面来看,孙中山的学说颇为杂驳,既汲取了近代资本主义社会经济理论的一些观点,又与社会主义有一定相似性,还重新解释了中国传统政治思想中的相关概念。但是在国民党统治时期,随着党化教育的普及,孙中山的学说广为人知,也成为民国时期学者进行相关领域研究时必须面对的对象。此外,左舜生、曾琦、李璜、余家菊等中国青年党的干将于本年在上海创办《醒狮》周报,宣传国家主义。中国青年党的成员多为知识分子,不少人在学术上有着一定的能力,如李璜对于近代社会学的研究、陈启天对于法家学说的研究、常燕生对于中国思想史的研究。值得一提的是,这些知识分子里的不少人曾在法国与中国的马克思主义者进行激烈论战,甚至大打出手。他们的国家主义虽然强调国家利益至上,但带有极强的反共色彩,甚至连主张国共合作的国民党也一并反对。因此,他们提倡的国家主义在近代中国很大程度上是一种没有清晰阶级基础的国家主义，或者只把当时中上流社会里有钱有势的人视为自己同志。因为不少材料显示，各地信奉"醒狮派"国家主义的，多为家室优渥之人，表面上它主张联合所有爱国者，实际上却不为任何一个阶级或团体所真正接受，后来也只能致力于联络地方军人或往政府中输送党员，行为方式较之当时的各种小政治团体并无太多区别。最后，随着"整理国故"运动的深入，清代学术史成为当时学界的一个热门话题。梁启超、胡适、钱玄同、朱希祖等学界名流于本年在北京安徽会馆举行戴震生日二百年纪念讲演会，梁启超做讲演。会后，将文章结集为《戴东原二百年生日纪念论文集》出版，梁启超的《戴东原生日二百年纪念会缘起》作为该书"引子"。如果说如何评价清代学术是民国学界争论的一个焦点，那么作为清学代表人物的戴震则是焦点中的焦点。他的学说既有极扎实的考据，又有对于儒家义理的新诠，因此成为近代不同学术立场的人们借以表述自己学术主张的重要载体。胡适、梁启超虽然在这一活动中共聚一堂，其实都在借戴震来各抒己意。而他们需要共同面对的对象，则是虽然缺席这次活动，但在近代的戴震诠释史中举足轻重的章太炎。

1925 年

新文化运动中反传统思潮的盛行，引来了一些反对之士。本年，章士钊担任北京政府司法总长兼署教育总长，在北京复刊《甲寅》杂志，改月刊为周刊，提倡复古，反对白话文，甲寅派因而得名。在当时，章士钊遭到许多新派知识分子的冷嘲热讽、批评抨击，其中包括了之前《甲寅》月刊时期与他一起共事或往来密切的昔日好友。但是,近代中国知识分子虽然喜谈西学,但真有较为深入研究者数量很有限,很多言说与其说是在分析学理,不如说是在表达立场与情绪。就对近代西方政治思想的了解程度而言,严复翻译的著作重要性自不待言,萧公权、吴恩裕等留学海外,以研究西方政治思想史为业的学者也属于凤毛麟角的专家。在这两代人之间,就属章士钊的水平比较高了。更有甚者,章士钊之所以反对新文化运动,力倡传统的价值,在很大程度上也是受到近代保守主义的影响,这恰恰说明他充分意识到了近代西学内部的复杂性,体现出一定的深刻性。当然,虽然当时的思想界、学术界浮嚣之风渐长,不少著名知识分子纷纷卷入大学内因校园政治而引起的风潮之中(比如本年十分引人注目的女师大风潮),但仍有不少好学深思之士开始扩大影响。本年清华大学国学研究院成立,姑且不论成立前后的各种学术派系纷争,就从国学院成立之后的整体学风与学生质量而言,它堪称民国学界为数不多的具有较高学术品质的研究机构。梁启超、陈寅恪、王国维、赵元任担任国学院导师,他们的学术思想与治学路径,十分深刻地影响着之后中国人文学术的走向。尤其是王国维与陈寅恪,对于中国古代史研究领域的贡献有目共睹。虽然他们的政治立场与立身行事的方式带有十分明显的阶级特征,如王国维忠于清室,陈寅恪士绅习气十足,但不能因此而抹杀他们的学术成就。另一方面而言,今天需要继承与发扬的是他们学术上的相关见解,而非买椟还珠,不去看或者看不懂他们的论学之作,而去仿效他们的政治立场或生活方式。

1926 年

本年,顾颉刚编著的《古史辨》第一册由朴社出版,顾氏作长篇自序,说明自己研究古史的方法和有这种主张的原因。以顾颉刚、钱玄同为代表的古史辨伪思潮,对现代中国史学研究影响深远,甚至形塑了不少人的历史观。顾颉刚表面上是在强调对上古文献的考订与辨证,实际上却是通过此举,来达到反传统的目的。因为在他的思考逻辑里,许多古籍本身就是混乱的、伪造的、夸大的。从今天的角度看,顾颉刚的史学方法论带来的一个比较不好的后果,就是让后世的史学研究者很难从价值观与情感上接近那些古籍,而只是把它们视为一堆有待用所谓科学方法整理的史料。今人经常强调顾颉刚的学术渊源离不开章太炎、康有为所代表的近代今古文经学论争,但在康章那里,虽然他们各自服膺儒学的某一流派,但从未否定包括儒学在内的中国传统之整体价值。顾颉刚虽然在这篇长篇自序里面大谈自己对康章学术的继承与扬弃,但他的学术思想主要还是更多地受胡适的影响。后来鲁迅在《故事新编》的《理水》中嘲讽顾颉刚,主要也是批判他那种对待中国传统高高在上的姿态,不知尊重、挖掘中国历史中的真精神。此外,本年国民革命军开始北伐,蒋介石逐渐登上中国政治舞台的中央。北伐军一路势如破竹,主要由于国共合作,国民党内的共产党员与左派分子在组织、动员广大农民、工人、青年学生方面贡献良多,使得北伐军具有深厚的群众基础。北伐也影响着中国的文化与学术格局。值得注意的是,今人好谈论国共两党如何共同"效法"苏联的"党军",但南京国民政府成立之后的国民党军队,由于坚决执行蒋介石的反共路线,思想政治工作有名无实,组织动员能力极为低下,根本不能和中国共产党长期坚持"党指挥枪",强调军民鱼水一家相提并论。这一点必须辨明。

1927 年

本年,蒋介石发动"四一二"反革命政变,不久之后,汪精卫也在武汉决定"分共"。至此,第一次国共合作彻底破裂,国民党走上了坚决反共的道路。在大革命时期,由于国共合作,不但北伐军一路势如破竹,而且带有左翼色彩的革命思想也迅速传播。小说、诗歌、杂文等本来就具有很强进步色彩的领域自然如此,而且马克思主义的政治学、经济学、社会学也以各种各样的渠道被宣扬着。当时人们所认知的"社会科学",在很大程度上就是指马克思主义学说。帝国主义、殖民地、封建主义、阶级等马克思主义术语成为当时不少知识分子用来分析中国与世界形势的重要参考概念,这在很大程度上形塑了之后学术界的基本特征。不但北大等向来与社会运动联系紧密的大学受此影响,就连显得比较不问世事,专心"稽古"的清华大学国学院,也有陈守实这样对马克思主义学说甚为青睐的学子。即便是后来持坚定反共立场的胡适,在当时也表扬苏联的经济建设,认为此乃一个"伟大的实验"。但在国民党彻底反共之后,左翼文化开始受到打压,不少左翼文化人要么转变立场,要么转入地下,用一种更为"迂回"的方式来宣扬自己的主张。而伴随着政治上的反共的,是国民党尽力在意识形态上清除其左翼色彩,这也为国民党意识形态日渐失去人心埋下伏笔。不过,正当国民党开始反共之时,身处北京,以清遗民自居的王国维却于本年投湖自杀。关于王国维到底为何自杀，向来众说纷纭，而且其间牵涉言说者自己的政治与文化立场。但可以肯定的是，王国维对源自广东的革命文化很不认同，觉得此乃使中国数千年伦常毁灭之祸首。但若追溯近代以来对于中国传统伦理道德的瓦解，早年王国维的贡献恐怕不在北伐时期的革命文化之下。他提倡叔本华与尼采的学说，并借之解读《红楼梦》这样的古典名著，其"石破惊天"之功，早已毋庸多言。虽然他晚年绝口不提早年的文学与美学见解，但其对新文化运动以来的文艺研究有着不小的影响。至于辛亥革命以后他所致力的古史研究，真正的传人与其说是与他政治立场相似的旧派士人，或者是那些流于饾饤之学的胡适门生，不如说是像郭沫若、侯外庐这样能够熟练掌握古史材料，并且精通社会科学的革命知识分子。因此，评价王国维时，必须把他的政治立场与学术影响区别来看，或许才能形成比较全面的认识。

1928 年

本年，中央研究院历史语言研究所成立，五四新文化运动中的健将、与胡适关系紧密的傅斯年担任所长。傅斯年留学德国，颇青睐于当时流行彼邦的历史语言学，希望将其运用到中国的历史研究当中。今人常言傅斯年的史学风格受到 19 世纪的德国史学界泰斗兰克的影响，虽然兰克中强调运用档案来进行实证研究，但他具有极强的政治敏锐性，通过研究欧洲近世的大国争逐，为当时正在崛起的德国寻找政治智慧。换言之，兰克史学具有很强的经世致用性格。而傅斯年在史语所集刊的"发刊词"中，却强调自己要提倡不以现实为目的的史学研究,主张考证具体问题,不做历史叙事层面的"综合"。如此这般,到底是受到兰克的影响,还是胡适的"整理国故"学说的升级版?此外,傅斯年在这篇著名的"发刊词"中,将批评的矛头直指章太炎及其门生。如果联想到章太炎在学界的巨大影响,以及五四新文化运动中章门弟子不可替代的作用,傅斯年用如此猛烈的笔调批评他们,很明显是在告知世人,自己要别树一帜,代表了中国史学未来的发展方向,而与章太炎这样的"老朽"坚决划清界限。不过不能忽视的是,傅斯年在北京大学读书期间,曾一度与黄侃颇为亲近,今人还在海外图书馆发现了学生时代的傅斯年仔细阅读章太炎的《国故论衡》,并作了大量笔记的遗物。如此说来,傅斯年这篇"发刊词"背后的复杂因缘,绝非其表面文章那样泾渭分明。除了傅斯年,另一位五四新文化运动的风云人物蔡元培本年在南京大学院召集谈话会,吴敬恒、李石曾、褚民谊、杨铨、朱家骅5人出席。会议第一次讨论创办大学院的工作,同时本年2月大学院通令全国废止春秋祀孔。由于五四运动与北京大学在近代中国具有众所周知的特殊地位,当时担任北大校长的蔡元培也获得了无比高尚的形象。蔡元培在言论当中固然经常强调"包容""民主"等词汇。但在实践层面,蔡元培是1927年蒋介石决定发动反革命事变、屠杀共产党人与左翼青年时的主要参与谋划的对象。而他主持大学院之后,利用手中权力停止全国祭孔。这在宣传上固然可以说成是进步之举,甚至是为了思想的解放,但其手段并非经由思想辩论等现当代知识分子所向往的方式来进行,这一点是值得注意的。

1929 年

本年,梁启超去世。自从戊戌变法期间参与公共舆论活动,梁启超对晚清民初的政治、思想、学术产生了巨大的影响。五四新文化运动以来,他目睹《新青年》作者群体的迅速崛起,联合一批同志,展开各种学术活动。他本人也在清代学术史、儒家哲学、历史理论等方面出版了相应的著作。相比这一时期的平均水准,他的《中国历史研究法》与《中国历史研究法补编》对于史学研究意义重大,提出了关于何谓历史的自己的见解,同时根据中国历史流变与历代史籍的特色,罗列分析了若干种值得着手研究的领域,这对之后的历史学发展影响深远。此外,他在这两本著作中系统回应了历史研究到底是不是"科学"这一 19 世纪以降在国际史学界引起热议的问题,相比于同时期不少热衷于"整理国故"与古史辨伪的学者汲汲于把史学等同于科学,对西方近代思想演变有较为清晰认知的梁启超强调历史学的非科学属性,就显得尤具独识。总之,梁启超在清末提倡"新史学",晚年出版两本历史研究法。虽然他一生涉足许多学术领域,但真正改变了 20 世纪中国学术基本面貌的,还是他的史学论著。说起现代史学,本年另一件颇有影响的事件是燕京大学历史学会创办的《史学年报》正式出版。它是民国学界较有代表性的专业史学刊物。燕京大学历史系在洪业、邓之诚等人的领导下,培养了一批极具水准的史学家,如周一良、齐思和、王钟翰、聂崇岐、冯家昇等。他们不像顾颉刚、傅斯年那样极具公共性,喜欢发表一些大谈方法论与价值观的文章,并且体现出鲜明的派系特征,也不像一些食清代朴学余唾的老辈学者那样沉迷饾饤之学,而是具有极为扎实的现代史学训练,形成专业性与时代性兼具的问题意识,将社会科学分析方法运用于实证研究当中。这批学者的学术论著,对今天而言依然具有不小的启示性与典范性。如果从学术遗产的角度而言,燕京大学历史系十分值得后人重视。

1930 年

本年,由鲁迅、沈端先(夏衍)、冯乃超、田汉、潘汉年、阳翰笙、冯雪峰、郁达夫等 50 余人发起的中国左翼作家联盟(简称左联)在上海成立,鲁迅、钱杏邨、沈端先(夏衍)为主席团。新文化运动以来,随着马克思主义思想与现实主义批判思潮在中国的传播,左翼文学日渐在文学领域占据主导地位。特别是在大革命前后,不少作家在小说中描写知识青年面对革命的激情、向往、参与和彷徨,勾勒出当时中国的社会矛盾,引起许多知识青年的共鸣。但由于从事左翼文学创作的多为年轻作家,在政治成熟方面还有待提高。以"创造社"为主的一批青年知识分子遂将批判的矛头指向了在文坛地位极高的鲁迅,并引起后者十分犀利的回应。在周恩来、潘汉年等中国共产党领导人的协调下,鲁迅与青年作家之间的纷争平息下来。这为左联的成立奠定了基础。而左联成立后,鲁迅利用自己在文坛的地位提携了像萧红、萧军、胡风等一批青年作家与文艺评论家,对左翼文学的进一步扩大影响贡献良多。当然,随着革命形势越发艰巨,人事纷争日趋复杂,左联内部也出现了各种各样的矛盾。但总体而言,左联的成立,使中国的新文学,特别是小说的面貌焕然一新。左翼文学的支配地位日渐牢固,国民党策划的民族主义文学、林语堂等人提倡的小品文难以吸引到广大读者。相似地,著名的中国社会性质论战与中国社会史论战在本年也烽烟正酣。在这场论战中,不同政治立场的学者对中国古今社会性质与历史分期有不同结论,这背后体现着时人对革命道路的不同理解。中共中央宣传部领导的"新思潮派"与国民党的"新生命派"、代表托派立场的"动力派"之间展开激烈论战。虽然按照今天的标准,当时许多论著在理论运用与史料考订上显得较为粗疏简陋,甚至有生搬硬套中国古代典籍的只言片语来比附马列主义之嫌,犯了典型的教条主义的错误。但这场论战在中国马克思主义史学发展史上的意义在于,参与其中者尝试运用历史唯物主义基本原理勾勒中国历史发展的一些基本面貌,形成了一套不同于之前史学风气的历史叙事,特别是强调社会经济在历史变迁中的重要性,很大程度上普及了马克思主义的基本概念,有助于辨析革命的道路问题,改变了不少年轻一代知识分子思考历史的方式,奠定了马克思主义史学的群众基础。

1931 年

随着左翼文学与马克思主义著作在中国的流行,吸引了大量对政治、社会问题感到不满,对生活感到迷茫的青年学子,革命思想通过各种途径不断传播,这对国民党而言是一个极大的威胁。因此,本年国民政府颁布《危害国民紧急治罪法》,加紧法西斯统治。上海寰球图书公司、北新书局、乐群书店、华通书店等遭到国民党特务搜查,被劫走进步图书多种。可是这样的行为非但不能禁止这些著作的流行,反而让国民党政权在知识青年群体中进一步失去认同。不过,国民政府的政治危机远不仅此。本年"九一八"事变爆发,东北三省在蒋介石的不抵抗命令下沦陷,在国内相较而言武器装备属于上乘的东北军在短时间内就败于日本,这让全国大多数关心中国前途与命运的人大为震惊。在强烈的救亡思潮冲击下,中国学术界的民族主义倾向越发强烈,这影响着之后中国学术论著的基本面貌。不过另一方面,中国学术界的各项专业研究也在比较有序地展开。比如中央研究院历史语言研究所主持的河南殷墟考古已经有了不小的进展,董作宾、李济等人发表了较有质量的相关论文。此外,中央大学这一具有极强国民党官方色彩的大学也渐渐步入正轨,形成了与北平学术界比较不一样的学风。在学者方面值得注意的是,顾颉刚于本年给北京大学文学院院长胡适去信,极力推荐钱穆代替自己,到北大任教,胡适遂聘钱穆到北京大学历史系任教,但两人在学术上有分歧。钱穆同时还在清华大学、燕京大学和北平师范大学兼课,同时与孟森、钱玄同、傅斯年相交。而钱穆从本年起至1937年,在清华大学历史学系兼课,讲授"中国近三百年学术史""秦汉史"等课程。钱穆对于中国现代史学影响极大,但他没有对当代学术研究者至关重要的大学文凭,他基本上靠自学成才,早期的著作也多源自在中国授课的讲义。由于"出身"如此一般,以至于他一开始并不为世人所重视。他的《国学概论》一书曾求序于颇有声名的同乡学者钱基博,但后来给他动笔写的却是其子钱锺书,然而此序却署钱基博的名字。早年钱穆之地位,由此可见一斑。而另一方面,当时已经名满天下的顾颉刚,能够通过钱穆的一篇极有见地,但与自己观点颇不一致的论文而力荐钱穆至学者如云的北平教书,其风范与为人也属出类拔萃,令人叹服。

1932 年

本年,随着国难日深,以及南京国民政府内部出现一系列的政治斗争,以胡适、丁文江为首的一批北平持自由主义立场的知识分子创办了《独立评论》杂志。这份杂志在当时的中产阶级与知识分子群体当中颇有影响,这表明现代知识分子群体在中国已经具有了一定的力量。由于《独立评论》体现出较为鲜明的带有极强中国特色的自由主义立场,也成为当代民国史研究中的重点。不过需要进一步思考的是,无论是胡适等创办这份杂志的著名知识分子,还是这份杂志的主要读者群,他们在当时的中国总人口当中仅是比较小的一部分,毕竟当时中国绝大多数人口皆为农民,全国的识字率、受教育程度都不甚理想。胡适等人的立场、感觉、利益诉求,与广大生活于饥寒交迫之中的农民,以及由农民衍生的工人之间,共鸣其实是很少的。这就导致他们的言说很难切中当时中国真实的社会矛盾,他们对于中国社会,特别是中国农村的认识也是比较隔膜的。更为关键的是,他们虽然秉持自由主义立场,却以"辅佐"南京国民政府为己任,将其视为能使中国实现现代化的唯一力量,蒋介石对中央苏区的几次围剿,国民党政权对全国共产党人与左翼分子的捕杀,他们要么轻轻放过,要么视而不见,这其实也透露出他们所谓的"自由",其实是带有鲜明的政治立场与政治前提的。在他们的视域里,既忽视了广大的中国贫苦之人,也几乎未曾正面评价过中国共产党人。进一步而言,正因为他们以"南京国民政府"的"诤臣"自居,当这一政权需要巩固其在全国的统治时,丁文江、蒋廷黻就很自然地鼓吹"新式独裁"论,认为当时的中国需要进一步的独裁,这样才能树立"政治权威",才能引领中国走向"现代化"。而在外交领域,他们虽然反对日本侵占东北三省,却将维护中国主权与领土完整的希望寄托于国联所派来的"李顿调查团"身上,希望在由西方列强所操控的世界体系中,为中国赢得一席地位,而未能意识到在这样的世界体系里,中国只能是作为不断被牺牲的对象,列强根本不会允许中国真正实现富强。正是由于有着如此这般的绥靖心态,所以胡适才一直强调不能和日本开战,甚至在全面抗战爆发之初,他还参加所谓的"低调俱乐部"。

1933 年

本年,晏阳初、梁漱溟、杨开道、黄炎培等发起成立中国乡村建设讨论会(中国乡村建设学会),以"研究乡村建设学术,促进乡村建设运动"为宗旨。7 月在山东邹平举行第一次会议,梁漱溟主持开幕式并作报告。梁漱溟将山东邹平县和菏泽县划为试验区,以乡村学校为实施乡村建设工作的中心,以乡学代替区公所,以村学代乡公所,施行政教合一、全民教育的实验。自从出版《东西文化及其哲学》之后,梁漱溟不断思考中国未来的社会与文化建设问题。他发现在大学里教书难以真正深入了解中国社会,难以通过实践改造中国社会,因此决定离开大学体制,踏入社会,特别是到农村当中去探索中国问题。在当时的中国,农民占人口的绝大多数,不少在各大学任教的"主流"知识分子却很少真正关注这一群体。就此而言,梁漱溟的举动无疑令人感动。梁漱溟是想通过自己的探索来解决当时中国农村面临的贫穷、落后、愚昧等问题的,他的解决方案,主要是借由像他那样具有热情的知识分子来领导,通过在农村中恢复儒家的礼教与秩序,让农村成为一个礼制共同体,渐渐地恢复生产,提高农民的生活水平与文化水平。而梁漱溟为了实践其理想,必须要和实际控制山东省的军阀韩复榘合作,这就使得他的地位与话语权极不牢靠。此外,他未能充分认识到农村之所以贫穷、落后,主要是因为地主对农民的剥削,以及中国农业卷入了全球资本主义体系之中。在此情形下,没有反帝反封的运动,农民其实很难真正被动员起来改变自己的命运。这一点也是梁漱溟与同样对中国农村有着深刻认识的毛泽东之间最大的区别。此外,国民党内的一些有识之士也在关注中国农村问题。以萧铮为理事长的中国地政学会本年在南京成立,以"研究土地问题,促成土地改革"为宗旨。编辑发行《地政月刊》及《人与地》半月刊。萧铮等人希望通过探索解决农村问题的办法,一方面巩固国民党的统治,一方面能从根本上对抗中国共产党。但是关键在于,南京国民政府力行反共政策,在地方上多与地主豪绅建立政治同盟关系,后者不但成为地方党部的座上宾,而且还有担任政府职务者。因此,在土地问题上国民党政权经常向后者妥协。比如所谓的"三七五减租"就很难在地方上贯彻下去。如此这般,焉能有效解决农村的各种问题?

1934 年

本年,《大公报》开辟"星期论文",1 月 1 日《本报特别启事》称,聘请丁文江、胡适、翁文灏、陈振先、梁漱溟、傅斯年、杨振声、蒋廷黻 8

名学者为"星期论文"撰稿人,后又有其他各学科的知名学者为其撰稿。《大公报》此举堪称中国近代公共舆论史上的重要事件,即用"星期论文"的方式联络知识界,为社会提供对热点事件的较为专业分析,这在当时城市的中产阶级及政府公职人员群体中颇有影响,有助于让他们形成相似的政治感觉与政治共识。不过必须看到,为其撰稿者,不是与国民政府关系很近的"自由主义者",就是国民党内的知识分子,总之,并没有对国民党政权持鲜明反对立场的人。这样一来,"星期论文"规划者自己的政治立场也就很明显了。在这个意义上,今人称其为现代中国"自由论政"之先河,未免有些言过其实。此外,本年最值得注意的学术事件莫过于张荫麟结束留学生涯回国,应清华大学之聘,任历史、哲学两系专任讲师,并兼北大历史、哲学课程。张荫麟少年成名,是中国现代学术史上难得的通才,在史学、哲学、美学等领域均有重要的建树。特别是在民国史学讲求考证、轻视理论思维的环境里,张荫麟注重史事的综合分析,强调历史哲学在历史研究中的重要性,具有出色的跨学科意识,并试图形成完整的中国通史编撰体系,这些都显得独树一帜。早在1920年代顾颉刚的古史辨伪主张风行一时之际,他就从方法论上质疑这种学术研究路数,认为顾颉刚所谓的"层累制造古史"说,是由于不明晰古代典籍的记史与叙事逻辑而导致的误解。而他在回国任教后,在史学领域尝试撰写一部通俗性与学术性兼具的中国通史,在哲学领域与冯友兰就中西哲学命题展开论战,同时还撰写了不少具有学术功底的文史专题研究论文,其学术功力可见一斑。不过正因为张荫麟强调贯通,遂不受占据当时学术话语权的傅斯年的待见。更为不幸的是,张荫麟虽然堪称学术奇才,但由于家庭矛盾与身体原因英年早逝。计划中的中国通史只写到了汉代,此外宋史研究也只留下几篇提纲挈领的论文,未能具体展开论述。这是中国现代学术史上的巨大损失。

1935 年

本年,章太炎在江苏苏州创办国学讲习会,以研究固有文化,造就国学人才为宗旨,讲习会日常教学由章氏门人朱希祖、汪东、孙世扬等十余人任讲师主持,同时创办《制言》半月刊,并任主编。南京国民政府成立后,章太炎被蒋介石集团以"反革命"的名义通缉,于是渐渐疏离政治。"九一八"事变之后,他目睹民族危机进一步加剧,同时对新式大学体制是否能培养出爱国家、爱民族、有担当的青年学子感到悲观,因此开始在各种场合反复宣扬国学,希望恢复中国古代的书院讲学传统。他晚年定居苏州,与当地文化时流名彦多有往来。他们先是一起组织了国学团体,但由于人事纠纷与理念差异,章太炎决定独自创办一个讲国学的机构,章氏国学讲习会于是创办。除了他自己不顾年高体弱担任主讲,他早年的几位著名弟子也参与其中。章太炎晚年讲国学,特别注重宣扬读历史的重要性,他所谓的历史,主要指中国历代典章制度与疆域地理的沿革,他希望借此培养能够经世致用的学问。同时,他也主张读经,但是与南京国民政府为巩固统治而大力提倡读经不同,章太炎强调的是通过读经来培养坚韧笃行,君子有所不为的人格,能够在浊世中保持道德品质。也正由于这样,章氏国学讲习会在当时倡导传统学术的群体中显得独树一帜。而南京国民政府则在陈立夫的背后操纵下,聚集一群学者,包括陈高佣、何炳松(暨南大学教授)、樊仲云(暨南大学教授)、陶希圣(北京大学教授)、萨孟武(南京中央政治学校教授)、黄文山(南京中央大学教授)、孙寒冰、章益(上海复旦大学教授)、武堉干(上海商学院教授)、王新命(上海政法学院教授),于本年在上海《文化建设》第1卷第4期上联名发表《中国本位的文化建设宣言》。批判新文化运动以来的崇洋之风,提倡中国文化。从学理上来说,此宣言所谈的内容其实颇有道理,因为在国难之际凝聚人心,中国的历史与文化是一个很好的着力点。但问题在于,此宣言背后的政治意图是为了替蒋介石政权建立统治合法性,同时打击包括中国共产党在内的在他们眼里危害了此统治合法性的政治力量,加之当时主张在中国践行法西斯主义的国民党内少壮组织"复兴社"也在提倡中国传统,因此,这份宣言在文化界并未引起太多的正面评价。与胡适等人关系紧密的陈序经更是撰文提倡要"全盘西化"。当然,如果说"十教授宣言"是内容有道理而意图值得批判的话,那么陈序经的"全盘西化"论则在内容上值得深入检讨。因为"全盘西化"在当代中国曾引起怎样的文化波澜,造成了哪些不良后果,这几乎是众所周知之事。

1936 年

本年学术文化界影响最大的事件当属鲁迅去世。鲁迅在清末追随章太炎,于《文化偏至论》《破恶声论》等文章中形成了自己对于中西文化、中国社会症结、如何认识世界等问题的初步认识,虽然后来观点不断在变化,但在大方向上终其一生可以说有着比较固定的特征。鲁迅去世之前,与徐懋庸就"左联"解散与"国防文学"问题展开通信式的论辩,彰显"左联"内部的重大分歧,背后还牵扯到周扬、夏衍与胡风、冯雪峰之间的个人恩怨。这一纠葛不但引起鲁迅亲自撰文申说己意,而且在新中国成立之后的文坛政治运动中也有所体现。晚年鲁迅开始逐渐接近马克思主义,其风格与新文化运动期间有了些许差别。他写下了许多抨击时政,如匕首一般的杂文。他的杂文成为不少后进青年作家的模仿对象,使杂文这一文体成为中国当代史上十分重要的大众表达方式,直至今日依然颇为兴盛。此外,本年政治上的变动对于之后的学术发展也有极大影响。在上一年,中央红军爬雪山,过草地,突破蒋介石的层层封锁,最终胜利到达陕北。不久之后,在日益加剧的民族危机面前,中国共产党号召全国各进步力量团结起来一致对外,并开始做"九一八"事变之后被迫背井离乡、远赴西北参加"剿共"的东北军的工作。这为本年"西安事变"的爆发埋下伏笔。"西安事变"之后,中国共产党通过对国内外形势进行冷静的分析,并参考了苏联的意见,决定与蒋介石进行和谈。而张学良出于民族大义,主动送蒋介石回南京,这也进一步促使国内和平局面的出现。对蒋介石本人而言,"西安事变"的和平解决使他的个人政治威望一度十分高涨,这也让他不得不顾忌舆论影响,进一步走向与中共和谈,商讨共同抗日的道路上来。这一系列的政治变动,让学术界的民族主义与救亡情绪进一步升温,无论具体立场为何,大多数学者都开始从国难、御侮、团结、进步的角度展开学术研究与学术讨论。对左翼思想界而言,这也是一个使自身理论更"中国化"的契机。以张申府、吴承仕、何干之等人为代表人物的"新启蒙运动"便在此背景之下展开。它进一步反省当时左翼思想与文学中的教条主义与主观主义,强调要"中国化""大众化",在史学、哲学等领域,开始从中国自身的状况出发研究中国的历史与思想。这深刻影响着中国的马克思主义的整体面貌。开启了"马克思主义中国化"的进程,为马克思主义真正在中国大地扎根打下坚实基础。

1937 年

本年,卢沟桥事变之后,全面抗战爆发,中华民族面临着新的严峻考验。抗战对于学术界产生了巨大的影响。首先:在研究领域方面,大多数有良知的中国学者或是着眼于阐发有助于救亡图存、弘扬民族精神的事件、人物、思想;或是以"抗战建国"为基本问题意识,思考未来中国的军事、政治与社会建设;或是加强对于世界各国的政治军事状况的研究,为中国的抗战提供参考与借鉴。其次,在学术空间上,随着北方几个重要的大城市陷于敌手,许多大学开始南迁或西迁,使中国的学术中心向西南、西北方向转移。这些地区过去在文教领域长期欠发达,而诸多大学迁于此地,为当地的教育发展与学术研究的开展提供了很大的帮助。与之相关的,就是原来以固定的大学和固定的科系为基础而自然形成的学术派系、学术网络,在教育中心转移的过程中也形成了某种程度的重组。一些教师由于各种各样的原因留在北方,他们当中,有人与日本人日渐亲近,有损民族大节,有些人则坚持不屈服、不投降,用自己的方式阐扬民族精神。复次,随着全面抗战以来第二次国共合作局面的出现,中国的马克思主义学术赢来了一个比较宽松的空间,许多左翼学者与文学家得以较为自由地发表自己的论著,这进一步扩大了左翼文化的传播,影响了许多因爱国热情而投身于抗日斗争中的青年知识分子,他们当中的不少人都奔赴延安,成为中国共产党的干部后备力量。最后,从五四新文化运动以来就争论不休的传统与西化问题,在国难当头之际出现了某种"和解"的契机,即面对已经基本完成工业化的日本,为了实现抗日建国的目标,中国必须展开现代化的教育与现代化的建设,这是毋庸置疑的。另一方面,在战争当中,必须要大力提倡爱国主义,宣扬民族自信心,那么中国传统就不应该只是作为一个负面的形象而存在,而是应该尽可能地宣传其正面的形象,激发广大中国人热爱国家、反抗侵略的决心。

1938 年

本年,中华全国文艺界抗敌协会在武汉成立,郭沫若、邵力子、冯玉祥、陈铭枢、田寿昌、张道藩、老舍、胡风等人组成主席团,周恩来、蔡元培、罗曼·罗兰、史沫特莱等人为名誉主席团,邵力子任总主席。会议发表《中华全国文艺界抗敌协会简章》和《中华全国文艺界抗敌协会宣言》,周恩来在成立大会上发表重要讲话,郭沫若、茅盾、老舍、丁玲、叶圣陶、郑振铎、郁达夫、曹禺、巴金、张道藩、田寿昌、王平陵、胡风、朱自清、夏衍、吴组缃、沈从文、朱光潜、曹聚仁、许地山等 45 人被选为理事。出版《抗战文艺》周刊。这标志着全国文艺工作者共同团结在抗日的旗帜下,摒除过去的一些派系与个人恩怨,从民族大义出发,用文艺创作的形式表现中国人民顽强不屈、保家卫国的事迹与热情。同时,这一组织也有利于中国共产党领导的文艺战线能更好地扩大自己的同盟,宣传自己的理念,结交更多同情中国革命的知识分子。在周恩来等人的积极领导下,为巩固和发展文化界的统一战线奠定了坚实的基础,扩大了党在知识分子当中的影响力。此外,本年毛泽东代表中共中央政治局在党的六届六中全会作政治报告,提出"马克思主义中国化"的命题。这标志着党在路线问题上的成熟。从苏区时代开始,"左"倾教条主义一直在党内存在,一些曾经留学苏联的党的领导人简单地把苏联的革命经验与革命理论视为教条,不顾中国实际,不从中国的具体国情出发思考问题,对党和红军造成了极其严重的损失。1935 年遵义会议之后,以毛泽东为核心的党中央开始不断地与教条主义作斗争。"马克思主义中国化"命题的提出,就是中国共产党人独立思考中国革命的方针、路线、策略问题的体现。在文化与学术领域,这也标志着中国共产党人开始重视中国的历史与传统,运用马克思主义的立场与方法对之进行研究;重视中国大多数人民喜闻乐见的文化表现形式,开始探索运用民间文艺的形式宣传革命思想与抗战理念。

1939 年

本年,抗日战争进入较为艰苦的阶段,国共之间出现摩擦。国民党开始执行消极抗日,积极反共的政策。与此同时,中国共产党进一步扩大抗日民族统一战线,在文化战线上积极宣传抗日思想,介绍延安的情况,使左翼文化在全国青年当中的影响力越来越大,中国共产党的抗日主张与政治纲领被越来越多的人所了解、接受。自从全面抗战爆发以来,许多旧派学者也开始用自己的方式为抗战贡献力量。值得注意的是,本年,大儒马一浮应弟子寿景伟、刘百闵等建议,在四川乐山创办"复性书院",任院长兼主讲。9 月 15 日书院正式开学,马一浮作开讲词。马一浮服膺宋代理学,强调理学在儒学体系中的重要性,这在文化与学术立场上和当时占据主流话语权的胡适、傅斯年、顾颉刚等人差异极大。他采取书院这一中国古代的讲学场所,意在通过聚众论学,恢复古人修身与治学合一的传统,通过这样的方式来"养士",培养知识分子高尚的人格。然后再让这些现代社会里的"士"去影响广大民众。马一浮的理想固然很值得尊敬,但是必须要看到,在现代中国的社会结构里,地主士绅的经济基础已经越来越小,知识分子也只是社会分工中的一员而已,并且大部分人是依靠国家财政来养活自己。如此一来,即便现代知识分子在精神层次上可以继承古代士大夫式的理想与情怀,但在实践当中则很难继续身为"四民之首",处于一种高于大多数人,可以教化大多数人的地位。就此而言,传统书院的教学模式和育人目标,在现代社会里其实很难有真正实现的机会。包括理学在内的带有思辨性的学术,越来越只能成为大学里少数专业学者的研究对象。而马一浮对此似乎没有足够的认识。所以,他的复性书院能够维持,在很大程度上靠的是国民党官方的支持,如此一来,其批判性与独立性就大为减弱。马一浮本人也被国民党统治集团利用,借以彰显自己继承了中国古代的"道统",为蒋介石的独裁统治增添"合法性"。

1940 年

本年,毛泽东发表《新民主主义论》,系统地阐述了新民主主义的纲领,关于学术方面,毛泽东认为:"所谓'全盘西化'的主张,乃是一种错误的观点。形式主义地吸收外国的东西,在中国过去是吃过大亏的。中国共产主义者对于马克思主义在中国的应用也是这样,必须将马克思主义的普遍真理和中国革命的具体实践完全地恰当地统一起来,就是说,和民族的特点相结合,经过一定的民族形式,才有用处,决不能主观地公式地应用它。公式的马克思主义者,只是对于马克思主义和中国革命开玩笑,在中国革命队伍中是没有他们的位置的。中国文化应有自己的形式,这就是民族形式。民族的形式,新民主主义的内容——这就是我们今天的新文化。"又说:"中国的长期封建社会中,创造了灿烂的古代文化。清理古代文化的发展过程,剔除其封建性的糟粕,吸收其民主性的精华,是发展民族新文化提高民族自信心的必要条件;但是决不能无批判地兼收并蓄。必须将古代封建统治阶级的一切腐朽的东西和古代优秀的人民文化即多少带有民主性和革命性的东西区别开来。中国现时的新政治新经济是从古代的旧政治旧经济发展而来的,中国现时的新文化也是从古代的旧文化发展而来,因此,我们必须尊重自己的历史,决不能割断历史。但是这种尊重,是给历史以一定的科学的地位,是尊重历史的辩证法的发展,而不是颂古非今,不是赞扬任何封建的毒素。"这两段文字,既批判了食洋不化的教条主义,又主张要从今天的角度继承中国文化的优秀遗产,十分扼要地点明了未来中国学术发展的方向和重点。此外,陈铨、雷海宗、贺麟等西南联大教授和云南大学教授林同济等人于本年4月在昆明创办《战国策》半月刊,到1941年4月停刊,先后出版17期,形成战国策派,在大后方知识界中具有一定的影响力。战国策派认为当前的世界进入了"大政治"时代,权力和军事成为各国之间角逐的核心要素,民主主义在这个时代已经显得落伍了,必须加强国家实力,集中政治权力,重视外交上的纵横捭阖,确保国家利益。战国策派的主要成员具有比较丰富的国际视野,并且深受斯宾格勒式的"文化形态史观"影响，认为西洋文化与中国文化都已步入危机，未来应产生一种以权力为核心的新文化。这一观点，无疑深深地契合了蒋介石的盘算。因此战国策派与国民党走得很近。不过也正由于战国策派强调政治权力的重要性，因此他们对妨碍政治权力有效实施的因素大力批判，比如官僚主义，而这一点又直指国民党政权的主要弊病，因此比较不受后者的待见。就此而言，战国策派堪称现代政治中的"孤臣"，正如战国时期的韩非一样。最后，本年钱穆出版了著名的《国史大纲》，这本书全面论述了中国历史，强调要对中国文化有基本的温情与敬意，强调要从中国历史自身的特征出发来评价历代兴亡得失，这不但有助于在抗战期间激发人们的爱国热情，而且是对民国学界盛行的媚外之风的有力批判。在出版这本书之后，钱穆的主要治学中心皆在阐释、纵论中国历史上的重要事件、制度、思潮、人物，与之前为了在学界站稳脚跟而不得不致力于各类考据之学大为不同。今天评价钱穆的学术，除了要重视他对中国历史与文化的洞见，更要意识到他是在对近代以来战支配地位的资本主义政治、经济与文化的批判和反思之上来回视传统的。

1941 年

本年，因受战争影响，许多原来在北平等地教书的学者纷纷聚集至西南一代，特别是云南昆明，西南联合大学设址于此。众多较为知名的学者汇聚一堂，使原本教育水平较为落后的云南地区顿时间具有了极高的学术光环，促进了当地教育的发展，培养了许多服务于教育界的青年人才。从学术精神上看，西南联大虽然物质生活条件十分艰苦,办学硬件也十分有限,但大部分师生秉持学术救国的理念,辛勤工作,刻苦学习,为民族文化增添了厚重的光彩。就人文学科而言,如钱穆的《国史大纲》、冯友兰的《贞元六书》等在后来影响极大、具有一定学术典范意义的著作皆诞生于此。加之由于云南军阀龙云有心与蒋介石保持距离,使得西南联大的民主空气十分浓厚,中国共产党领导的学生组织与文化团体得以蓬勃发展,促进了爱国主义与新民主主义在知识界和教育界的传播。这与国民党的陪都、官僚气息十足的重庆形成了鲜明的对比。此外,在延安,由张闻天为院长,范文澜为副院长的延安中央研究院于本年12月成立,这是中共中央培养党的理论干部的高级研究机关。范文澜任中央研究院副院长兼历史研究室主任。这个研究院的成立,标志着中国共产党开始较为系统化、组织化地研究相关理论问题,特别是与中国的历史和现实紧密结合的革命问题,许多后来成为党的重要理论工作者的人,都曾在这个研究院里任教或学习。尤其值得注意的是,副院长范文澜师从章太炎的大弟子黄侃,以治经学和《文心雕龙》起家,旧学功底扎实,在学界有一定的影响力。“九一八”事变之后,他基于强烈的民族主义,开始阅读马克思主义著作,渐渐地成为一名坚定的马克思主义者。全面抗战爆发后,他来到延安,由于对中国历史十分熟悉,因此和同样强调从中国实际出发思考问题的毛泽东颇为相契。毛泽东让他主持编撰一部适合党员干部阅读的中国通史。范文澜着手此事,与青年同志合作,编撰了《中国通史简编》这一经典的通史著作,也是中国马克思主义史学的代表作。从范文澜的身上,可以具体地看到由于民族危机与社会矛盾的刺激,一位传统的经生是如何转变为马克思主义者的。

1942 年

本年,中共中央在延安召开文艺工作者座谈会,毛泽东发表《在延安文艺座谈会上的讲话》。在这篇讲话中,毛泽东着重分析了文艺创作当中的立场与情感问题,强调文艺要为广大工农兵服务,作家要培养无产阶级情感,要克服自己身上的小资产阶级习气。全面抗战爆发后,有不少知识青年为了追求光明来到延安。他们的爱国热情是真诚的,但是由于出身与成长教育环境的原因,他们不少人身上带有比较强烈的小资产阶级习气,未能真正和人民群众打成一片。观察问题的角度与立场,也多半是个人主义式的。如此一来,他们在创作上虽然以工农兵为创作对象,但使用的语言,体现出来的立场却有着比较明显的小资产阶级特征,这无助于党的文化实践的开展。因此,毛泽东的这篇讲话对当时的左翼文化界具有重要的指导与教育意义。此外,卢沟桥事变之后,虽然全国知识界爱国热情高涨,但仍有一部分人自外于这样的思潮。比如在新文化运动期间就名扬天下的周作人就选择留在北平。没过多久,他又开始与日本侵略者合作。以本年为例,3 月 20 日他主持召开华北教育会议。4 月 14 日就任北京图书馆馆长职务。6 月参加华北教育家笔谈。笔谈文章由北京《晨报》连续发表。9 月 13 日出席在北京饭店举行的伪华北作家协会成立大会及全体会员第一次大会。出席会议的共 300 多人。会上通过伪"华北作家协会组织规程",选举伪华北作家协会评议会,周作人当选为评议会主席。10 月 22 日上午出席伪新民会 1943 年第二次中央委员会会议,到会的还有伪新民会中央委员王揖唐、殷同、朱深、苏体仁、赵琪、江朝宗、马良、潘毓桂、吴赞周、温世珍等。12 月 8 日参加伪中华民国新民会青少年团中央统监部成立大会。王揖唐任总监，周作人任副总监。周作人致开会辞，题为《齐一意志，发挥力量》。今天一些论者喜欢找出各种理由为包括周作人在内的"附逆文人"开脱，或是认为他只是与日本人虚与委蛇，并未热衷附逆；或是强调他性格中的一些特征，以此作为他个人抉择的原因，强调要能"理解"；或是声称这种追究他与侵略者合作的思路本身就有问题，是一种忽视个人命运的"国族叙事"。但无论今天的观点如何绚丽华美，当时千百万官兵在前线流血牺牲，大量普通民众因战乱流离失所，如果对周作人宽恕，那么则是对这些人的漠视，对大多数中国人情感的亵渎。这一点必须要分辨清楚。

1943 年

本年，由蒋介石署名，陶希圣执笔的《中国之命运》由重庆正中书局刊行，这在中国知识界、学术界引起了不小的波澜。1942 年，为了对抗日本侵略者这一共同的当务之急，英美等国宣布废除晚清以来与中国政治签订的不平等条约。这件事从表面上看象征着中国百年国耻终于结束，中国成为名义上的世界大国。蒋介石也觉得这是一个宣扬自己政治地位与政治功绩的绝佳契机，于是就让陶希圣撰写一本符合自己政治意图的小册子，《中国之命运》于是出焉。在这本书中，蒋介石刻意凸显自己是近代中国民族主义的杰出代言人，把自己从北伐到抗战的历史描绘成带领中国摆脱民族危机的过程。此外，他于书中大力提倡中国传统道德。更为重要的是，全书用了不小的篇幅来抨击中国共产党,视边区为"封建割据"。蒋介石本以为这本书的出版,能够让自己的声望达到一个高峰,进而巩固自己的统治。但事与愿违,这本书在国民党内部就争议颇多。有人认为蒋介石如此宣扬民族主义与废除不平等条约的意义,会惹恼英美列强,不利于他们援助中国抗战。还有人认为这本书对五四新文化运动以来的新思潮评价太低,同时对中国传统道德评价过高,不利于现代化观念的普及,是一种文化上的倒退。还有一些属于自由主义阵营的亲国民党知识分子,觉得蒋介石此书表现出国民党政权的"大倒退",与他们所信奉的那一套价值理念差距太大。总之,这本书的出版,虽然有不少国民党内的御用学者为其宣扬赞美,并以书中的历史观和政治观为标准进行更大范围的学术研究,但更多的人则是因这本书而对蒋介石心生不满,使得国民党统治越来越离心离德,同时也从一个侧面呈现出蒋介石所想象的"大国地位"颇为虚幻。与此同时,中国共产党组织了一系列文章来批判这本书,揭露蒋介石的真实用心,剖析国民党统治集团的基本性质,有力地传播了左翼学术,涌现出不少学理性与时代感兼具的论著。

1944 年

本年,国民党在豫湘桂战场上的大溃败,使得其国内外声望一落千丈,各种弊病进一步凸显。而除了正常的学术活动与一直持续着的学术论争,这一年最重要的学术事件,莫过于延安《解放日报》全文转载左翼学术领袖郭沫若的《甲申三百年祭》。明清之际的历史在近代中国影响甚广,许多不同立场的学者在不同时期都关注过这一问题,他们或是借此来抒发民族主义情感,或是用当时的政治乱局来影射现实中的政治现象;或是从文学的角度借研究当时的著名文人来浇心中块垒。在这篇文章中,郭沫若叙述了明末的政治斗争史与农民起义史,揭示了明末政治的腐败,以及李自成领导的农民起义军能取得胜利与胜利之后迅速变质衰亡的原因。毛泽东说,中国共产党要将这篇文章当成整风文献来读。他的这番话,就是强调党要时刻牢记不能脱离群众,不能沾染上国民党式的政治陋习,保持艰苦奋斗的作风与品质。在此之前,党内展开了广泛的整风运动。这并非如今天的一些所谓历史研究所说的那样仅仅是一场"权力斗争",而是关系到能否保持党的优良传统,能否树立正确的政治路线。抗战以来,中国共产党在干部队伍方面,一是大量知识青年来到延安,他们固然补充了干部队伍,但他们自身所带有的小资产阶级习气并未完全被克服,他们对党的路线、方针、政策的掌握还有待提高;二是随着各地敌后根据地的建立,出现了一些山头主义的倾向,这十分不利于党的统一领导;三是以王明为代表的错误的政治路线还没得到系统全面的清算,未能在党内形成对路线问题的统一认识。因此,整风是一件十分必要的事情。经过延安整风,长期存在于党内的教条主义得到批判,树立了把马列主义基本原理与中国实际相结合的毛泽东思想,克服了干部队伍当中的小资产阶级习气和山头主义,使党的凝聚力与战斗力得到明显的提升,为中国革命的最后胜利奠定基础。从这个背景出发,可以更好地理解《甲申三百年祭》在当时的学术与政治意义,包括为何国民党要组织写手对之进行批判。

1945 年

本年 8 月,日本宣布战败投降,八年之久的全面抗战以中国取得最后胜利而告终。这是鸦片战争以来中国反侵略战争的重大胜利,一洗近百年的国耻。这对中国人而言是一个值得纪念的历史时刻。但是,人们在当时更对中国未来的时局有着各种各样的思考。中国将往何处去,中国能否从此换来长久的和平,全面抗战中大后方的腐败景象能否被清除,中国能否成为名副其实的世界大国,这些成为当时政学两界热议的问题。不过,人们越来越意识到国民党的统治已经千疮百孔,中国共产领导的边区与根据地呈现出欣欣向荣的景象,这象征着中国新旧政治力量的根本区别。不过不少中间派的学者、政客、民族资本家,一方面不满意国民党的统治,一方面又对中国共产党没有较为详尽的认识,因此他们幻想能够起到居中联络的作用,作为国共两党之外的另一支势力,代表中国"中间阶级"的诉求,促进和平谈判。这种心态在抗日战争胜利之后普遍存在于知识分子群体当中。秉持这一观点的知识分子在进行历史、政治、社会、经济等领域的学术研究时,经常既想要西方资产阶级式的自由,又想要社会主义国家里的平等,既想在政治制度上复制西方资产阶级民主,又想在经济政策上师法苏联的经验。虽然其出发点固然是好的,但是对这两种不同政治经济道路之间的本质区别缺少较为深刻的认识。此外,这样的设想其实在很大程度上是与当时中国的现实脱节的。因为许多知识分子或许没有意识到,当时中国绝大多数人口都是饱受饥寒与剥削之苦的农民,他们的基本利益如何在现实当中得到表现,如何彻底改变他们的生活状况,这才是思考中国未来发展时的重中之重。那些知识分子所宣称的自由和民主,基本上是城市里中产阶级的政治想象,这就预示着他们的这些想法在之后的历史发展中很难成为接地气的主流意见。当然,还有一些学者选择坚定地和国民党政权站在一起,以一种表面上"诤臣"姿态为其说话。胡适和傅斯年就是这类人的典型。

1946 年

本年,国共关系的走向与变局是中国学术界、文化界关心的头等大事,围绕军事摩擦、新政协人选与召开时间、国共之间军力分配、解放区地位等问题,中国共产党与国民党展开针锋相对的斗争。虽然国民党内部一些头脑清醒的人士认识到以当前中国共产党的实力,以及国民党内部的腐败丛生,后者根本没法与前者进行武力上的对抗,因此主张和谈解决纠纷。但蒋介石本人对自己的实力抱有不少幻想,觉得只要有美国的支持,他的"剿共"大业就能够成功。同时以CC派为首的国民党内部极右势力一直鼓吹与中国共产党对抗到底,这些声音一方面对和谈产生极大的干扰,一方面正好迎合了蒋介石的心意。不过,学术界的主流看法基本上对中国共产党较为同情,颇为欣赏广大解放区的建设,同时对于国民党政治的腐败与落后十分不满,尤其是经济上日趋紧张,让包括知识分子群体在内的城市中产阶级怨声载道。在此情形下,在学术界与文化界颇有影响的中国民主同盟就日渐与中国共产党走到同一条战线上,而一些真心追求光明的学者,也开始对国民党展开了十分强烈的抨击。这让国民党右

派势力非常不满，特务机关开始将魔爪伸向这些人。本年 7 月 11
日，李公朴在昆明被国民党特务暗杀。7 月 15 日，闻一多在悼念李公
朴大会上，忍受着因经济困难而连日饥饿带来的折磨，发表著名的
《最后一次的演讲》，当天下午即被国民党特务杀害。这一事件，轰动
全国，虽然蒋介石在表面上把相关负责人撤职查办，但依然不能平息
民愤。其中，李公朴长期从事民主运动，早已具有进步思想。而闻一
多的态度变化则很有代表性。闻一多在 1920 年代，还是一名比较狂
热的国家主义者，相信中国青年党的政治道路能够让中国走向富强。
抗战以来，他一度支持蒋介石，希望后者能让中国真正摆脱危机。但
国民党在大后方的腐败与无能，使他渐渐看清了前者的本质，同时西
南联大活跃的民主运动，也让他有机会了解到中国共产党的政治主
张，因此，他的思想发生了比较明显的变化。就此而言，闻一多的心
路历程，堪称抗战胜利前后不少学者政治立场转变的缩影。

1947 年

本年，关乎中国未来的两种命运的决战开始了。中共中央主席
毛泽东发表《新年祝词》。中国人民解放军总司令朱德发表元旦广播
词，提出 1947 年的十大任务，号召解放区军民为在今年停止反动派
的进攻，收复失地，进行土地改革，发展生产，加强支援前线工作，声
援国民党统治区人民的独立、和平、民主运动而努力。虽然国民党的
军队一度在战争中处于攻势，并且短暂地占领了延安，但是人民解放
军在战斗中不断壮大，开始从内线作战转移到外线作战，为下一年较
大规模地消灭国民党军队打下了基础。在战争的过程中，中国学术

界开始进一步分化。左翼知识界开始较为系统地批判国民党统治,揭示其各方面的黑暗面,同时论述新民主主义的政治、经济与文化主张,用学术的方式宣传党的政策和路线。可以说,解放战争期间的左翼知识界显现出极强的宣传能力。与之相对,亲国民党的知识分子开始抨击中国共产党的政策与主张,同时努力把亲美的国民党政权描绘出"自由阵营"中的一员,经常以自由主义的视角来大谈国内政治经济问题。虽然他们表面上也对当时的社会现象进行了一些批评,但总体而言是想象未来的中国是一个非社会主义的、与美国关系紧密的中国。比较明显的例子,胡适于本年在《观察》第3卷第7期上发表《争取学术独立的十年计划》,主张"在十年之中建立起中国学术独立的基础",提出中国高等教育"应该有一个自觉的十年计划",即"在十年之内,集中国家的最大大力量,培植五个到十个成绩最好的大学",使其成为"第一流的学术中心"和"国家学术独立的根据地"。从文字上看,这些建议自然很漂亮,但是在胡适笔下,似乎看不到当时中国的真实情况,尤其是在国民党越来越黑暗的统治下,不但学术研究难以正常展开,就连大部分知识分子的基本生计都成了问题。撤去这些最基本的时代问题与社会矛盾不谈,而去想象一些在当时条件下难以实现的东西,这凸显出自由主义知识分子在思考中国问题时的一些内在缺陷。

1948 年

本年3月27日上午,中央研究院评议会举行第五次年会第二次大会,共25名评议员出席会议,开始以无记名的方式,分别对数理、生物、人文三组推荐的院士候选人进行全体即席投票,首轮投票选举产生 67 名院士,包括数理组 24 名,生物组 21 名,人文组 22 名,4 月 1 日,中央研究院正式公布首届院士名单。自 1927 年成立以来,中央研究院作为中国的最高学术研究机构,对于现代学术的发展起到了不少的作用。以人文研究而论,虽然其研究风格很受傅斯年个人喜好的影响,但由于有比较健全的组织体系、比较安定的研究氛围,因此还是培养出不少在文史研究领域卓然有成的学者。这次在国民党统治已经摇摇欲坠情况下的院士选举,虽然一定程度上表现出对于现代学术研究翘楚的敬意,具有一定树立榜样的作用,但在人选上其实透露出了胡适和傅斯年等人的思虑。以人文组为例,选谁当院士,在很大程度上要看其和胡适等人的关系如何。虽然胡适表面上提议让郭沫若当院士,但明眼人都能看出,在中国人民解放军节节胜利,国民党军队兵败如山倒之际,作为左翼文化领袖的郭沫若,怎么可能去接受一个行将败亡的政权下的学术机构的院士头衔,胡适此举,自然是想借机彰显自己的"宽容"与尊重"学术自由",但对比一下他对钱穆这样认同国民党政权,但坚持中国传统价值的学者的态度,就能比较清楚地看到他这些说辞的真实面貌。与此同时,本年 4 月 30 日,中共中央发布纪念"五一"劳动节口号,号召"全国劳动人民团结起来,联系全国知识分子、自由资产阶级、各民主党派、社会贤达和其他爱国分子,巩固和扩大反对帝国主义、封建主义、反对官僚资本主义的统一战线,为着打倒蒋介石建立新中国而共同奋斗",提出"各民主党派、各人民团体及社会贤达,迅速召开政治协商会议,讨论并实现召集人民代表大会,成立民主联合政府"。相比于今人津津乐道的第一届中研院院士选举,这或许才是当时更受学术界瞩目的事情。

不少知名学者和文化人或是响应号召,北上参与新政协的筹划工作,或是在私下里认同此举。就连当选的第一届中研院院士,大部分在新中国成立之后选择留在大陆,和胡适、傅斯年等人一路追随国民党政权到底的是少数。

1949 年

本年,中华人民共和国成立,中国开启了新的历史。新中国的成立,彻底推翻了长期压在中国人民身上的三座大山,涤荡了旧社会的污泥浊水,为中国未来的发展奠定了政治基础。对于学术而言,从本年往前追溯,民国学术呈现出以下几个特点:首先,学术流派繁多。因为民国时期是中国政治、经济、社会、文化发生激烈转型的时代,为了思考现实中存在的各种问题,为了以新的角度认识中国的过去,展望中国的未来,人们汲取着各式各样的知识,形成彼此不同的观点。与其同时,随着现代大学体制在中国的出现,各种因地域、体制、人脉、学风等因素而形成的学术圈子也随之出现。各种各样的学术观点加上学术圈子,导致民国学术流派颇多,众声喧哗。其次,整体学术水准有限。今天不少人常常想象民国时期"大师"辈出,学术成果空前绝后,这在很大程度上是反历史的。不可否认,这一时期有一些既对中国传统有较为扎实的功底,又对域外新知保持开放态度,进而形成自己独到的、具有典范意义学术观点的人,但这毕竟是少数。大多数学术从业者,要么由于时局动荡而没有机会接受较为完整且扎实的教育,致使旧学功底有限;要么沾染上了急功近利的习气,常常因袭改写域外著作以为己用,一些看似原创性的观点,如果仔细追究,也多为对域外理论的简单介绍或模仿,因此,整体的学术水准并不怎么高。加之当时没有比较完善的学术审查机制,许多学术论著颇有"天下文章一大抄"之风。最后,偏重人文学科,自然科学与理工科的成果不足。民国时期经济发展水平有限,中国的工业建设成就不足,自然科学发展缓慢,因此,一个现代国家所应具备的关于这方面的研究,在民国学界显得十分有限。虽然培养了一些相关领域的人才,但在数量上并不突出。而且本土的自主研发、自主创新能力更是十分薄弱。由于今天的民国学术史研究多为人文领域的学者进行,因此比较多地关注文史哲、政治、法律等学科的状况,对于理工科与自然科学关注不足。所以,对于这方面在民国时期的落后面貌,缺少比较充分的认识。但无论怎样,这段历史时期的学术,依然值得人们予以重视,在汲取其中有价值的思想遗产同时,更要给予它一个较为准确的历史定位,这不仅关系到如何认识历史,更关系到我们对未来中国学术与文化发展的基本态度。

后　记

　　2019 年的夏天,经常在微信里和一些在全国各地工作的从事人文社会科学研究工作的朋友聊起历史教育与历史观的问题。几次去外地开会期间抽空一聚,也常谈及此事。我们都觉得今天十分需要一些从当代全球局势发生深刻变化和中国新的实践出发,兼具学术性与普及性,在主题与内容上更"接地气"的通史性质著作,来提供给关心中国发展的人,特别是正在成长起来的 90 后与 00 后读,为大多数人思考相关问题提供一些历史方面的参考。在经历了很可能在人类历史中留下重要印记的 2020 年,我更觉得此事极有必要。

　　虽然今天关于如何写历史、写历史的侧重点在哪里,有着各种各样的讨论,但我依然比较"固执"地认为,作为一门学科或一种著述体裁的历史,还是应该将重点放在分析时势变迁中的政治兴衰得失之上。判断一本历史著作是否优秀,主要的标准也应该是考察其中是否对某一具体时期的政治实体何以兴、何以衰、得在何处、失在何处有较为深刻的判断。就经而言,《左传》《史记》《资治通鉴》以来的中国历史学传统,在今天仍有十分重要的意义。

撰写历史、自然离不开借助各种概念工具与理论话语。对此,导师姜义华教授曾说:"不顾中国的实际,奉源自西方的一些名词、观念、思想、理论为不可移易的绝对真理,宁可削足适履,强令事实与实际迁就那些名词,而不愿真正从中国的事实、中国的实际出发,创立自己的话语表达体系。这在很长一段时间中,曾是中国思想界、学术界乃至理论界一种相当普遍的现象。只有积极投身社会大变革的实践,敢于勇猛无畏地面对实际,对先前的全部名即话语表达体系进行客观的批判性的全面审视,才有可能建立起名实尽可能互相契合的我们自己的话语表达体系。"

本书就是这样一个尝试。希望能着重叙述一些中国现代思想史上的关键问题,呈现许多值得人们重视、借鉴、反思的思潮,能够为思考当代的中国与世界问题提供一些历史的视角。

全书主体内容,在我给华东师范大学历史系的本科生专修课上大体已讲过一遍。撰写过程中参考了课堂录音、课前写的提纲、读材料时做的笔记。有些部分曾经以学术论文的形式在《开放时代》《探索与争鸣》《苏州大学学报》《现代哲学》《复旦政治哲学评论》《古典学研究》等刊物发表。工作以来最大的感受就是发表论文真是太难了,因此由衷感激这些刊物予以录用。此次纳入书中,做了一些修改,在结构上尽量能通俗、流畅、连贯。关于南京国民政府的那一讲现行全文发表于《东方学刊》,重新审视晚清士人"开眼看世界"一讲全文发表于《杭州师范大学学报》,对此也深表谢忱。

感谢刘隆进兄促成此书出版。没有他的前期工作,本书的写作将无从谈起。我们既是同乡,也是同学,在武汉读书时,彼此宿舍还是"对口寝室"。隆进兄旧体诗写得极好，从前在桂子山求学，我还能搜肠刮肚地胡诌两句向他请益，如今荒废已久，深感惭愧。得以再次在家乡的出版社出书，有一种很强的亲切感。

此外，全书完稿之后，感谢高思达同志先行看过一遍，提出了许多宝贵的修改意见。感谢傅正同志与盛差偲同志，平日里的交流观点与互通材料，让我在撰写本书时受益良多。感谢我经常参与其中的几个微信群里的师友，虽然天各一方，但从大家平时的聊天里，我获取了许多信息，学到了许多知识。

最后，感谢华东师范大学历史系的前辈、领导、老师、同学们平时对我的支持、理解与包容。身为系里的一分子，我感到十分骄傲与自豪。

王　锐

2020 年 3 月 27 日

于沪上枣阳路长风公园旁

2021 年 2 月 8 日改订于南宁民歌湖畔